[英国]基思·格林特 著　马睿 译

领导力

牛津通识读本·

Leadership

A Very Short Introduction

译林出版社

图书在版编目（CIP）数据

领导力/（英）基思·格林特（Keith Grint）著；马睿译．—南京：译林出版社，2019.12（2024.3重印）
（牛津通识读本）
书名原文：Leadership: A Very Short Introduction
ISBN 978-7-5447-7157-3

I. ①领…　II. ①基…　②马…　III. ①领导学　IV. ①C933

中国版本图书馆 CIP 数据核字（2017）第 274041 号

著作权合同登记号　图字：10-2019-263号

领导力　[英国] 基思·格林特 / 著　马　睿 / 译

责任编辑　许　丹　何本国
装帧设计　景秋萍
校　　对　张　萍
责任印制　董　虎

原文出版　Oxford University Press, 2010
出版发行　译林出版社
地　　址　南京市湖南路 1 号 A 楼
邮　　箱　yilin@yilin.com
网　　址　www.yilin.com
市场热线　025-86633278
排　　版　南京展望文化发展有限公司
印　　刷　江苏凤凰通达印刷有限公司
开　　本　890 毫米 ×1260 毫米　1/32
印　　张　9.625
插　　页　4
版　　次　2018 年 3 月第 1 版
印　　次　2024 年 3 月第 5 次印刷
书　　号　ISBN 978-7-5447-7157-3
定　　价　39.00 元

序 言

王 辉

有关领导力的书籍已经出版很多了，尤其是从国外翻译过来的有关领导力的著述更多。那么，基思·格林特这本《领导力》有什么特色，或者为什么要出版呢？基思·格林特先生是英国华威大学（University of Warwick）领导力研究领域的教授，在这一领域进行了多年深入且扎实的研究，著述颇丰。他不仅在牛津大学赛德商学院担任研究员，还是英国社会科学院的院士，由他撰写的关于领导力的书自然是十分专业，又非常权威的。难能可贵的是，这本小书深入浅出、条理清晰，就领导力的最基本问题一一进行了专业而又易读的解答。

整体来看，这本书有三个特点。第一，简洁而系统。这本书的中译本不超过八万字，非常简洁。在这个信息非常容易获得，同时又是信息碎片化的时代，人们似乎很难对一些大部头的书产生兴趣或者读下去的勇气。因此，这本书的短小很容易引起人们的兴趣，使读者能在比较短的时间内很快读完。同时，这本书又不失系统。作者从基于地位、个人、结果和过程的领导力等方面对它的定义进行了系统描述，随后从领导力研究历史的沿革，什么样的人会有领导力，到如何获得领导力等方面都进行了比较详尽的论述。读完之后，会对领导力的概念及其影响因素有一个系统且深入的了解。

本书的第二个特点是它有着不同于同类书籍的内容。例如，作者在第二章详细地描述了“领导力不是什么”，使我们从另外一个视角很好地理解了领导力与管理等方面的不同。又如，作者在第七章中提出了追随者的问题，这也是与以往有关领导力的书籍有所区别的地方。追随者，或有关追随力（followership）的研究是当代领导研究的一个新视角和新课题。前人有关领导力的研究过多地关注了领导应该是什么样的人，领导做什么才能有影响力等方面，然而正如作者所说，“领导力的所谓‘精华’遗漏了追随者，而没有追随者，任何人都不可能成为领导者”。从追随者的角度来研究领导力，会帮助我们对这一概念有一个更加全面的认识。

第三，这本书的作者既有企业管理实践的经验，同时又对领导力的相关文献进行了深入的研究和整理。作者引用大量来自政界、企业界和公共管理领域的真实案例，详细地说明了领导力的概念，以及如何产生领导力、发展领导力等内容，对来自不同领域的读者都会具有一定的参考作用。作者列举的例子不只来自西方，同时也出自中国的古典书籍和传说故事。因此，对于中国的读者会有不同程度的启发和借鉴作用。作为研究型的学者，专著的发表一定要有充分的理论和实证依据，这一点也是我喜欢这部专著的一个原因。作者在最后列出了很多参考文献，为读者就某一部分的内容进行更加详尽的了解提供了指引和参考。

领导力这一概念本身是抗拒解释的，这一点格林特在书中也做出了明确的阐释，并解释到这就是为什么大部分有关领导力的文献仅仅激发出了讨论的热度，却极少迸发出独特洞见的原因。但是在探索为何领导力会如此难以定义上，会衍生出一系列重要的基本问题，格林特在本书中详加探讨的正是这些基本问题。作者作为公共领导力研究领域的权威，对于每一问题，从学术的角度切入，辅以翔实的文献研究，也引用历史上的政治领导、公共管理事件，使得本书不仅专业，可读性也很强。不管是研究领导力的学者还是从事领导实践的管理者，我相信读后都会获得不少启发。同时，本书的译文质量也很不错，语言自然流畅，注释翔实，为本书增色不少，非常值得一读。

目 录

致谢 1

第一章 领导力是什么？ 1

第二章 领导力不是什么？ 16

第三章 领导力曾经是什么？ 35

第四章 领导者是天生的还是后天培养的？ 54

第五章 领导者是谁？ 73

第六章 领导者是如何领导的？ 89

第七章 追随者又如何？ 106

第八章 离开领导者能行吗？ 122

术语表 138

索引 144

英文原文 151

致谢

这本小书是我在过去二十多年里，跟许多朋友、同事和学生进行无数次谈话的集大成。其中，我想感谢以下诸位：约翰·安东纳基斯、约翰·阿特金森、理查德·巴德姆、约翰·贝宁顿、戴维·博尔杰、约翰·布拉顿、史蒂芬·布鲁克斯、艾伦·布里曼、布里吉德·卡罗尔、彼得·卡斯、安迪·科尔曼、戴维·柯林森、里斯·考齐尔、丽贝卡·考克斯、苏·多普森、麦克·唐恩、加雷斯·爱德华兹、保罗·埃利斯、盖尔·费尔赫斯特、扬尼斯·加布里埃尔、阿曼达·贾尔斯、乔纳森·戈斯林、戴维·格兰特、彼得·格雷、麦克·哈珀、琼·哈特利、朱莉娅·霍基、理查德·霍姆斯、克莉·伊万尼斯金、布拉德·杰克逊、基姆·詹姆斯、多丽丝·杰普森、德鲁·琼斯、欧文·琼斯、约翰·尤普、安德鲁·卡卡巴兹、米哈埃拉·凯莱门、南内尔·基奥恩、唐娜·拉德金、博热·拉尔森、吉姆·劳利斯、帕特里克·莱昂纳德、萨拉·刘易斯、詹姆斯·麦克卡尔曼、凯文·莫雷尔、安·墨菲、雅尼娜·纳哈比埃特、德布拉·内尔森、希拉莉·欧文、肯·帕里、爱德华·佩克、吉莉恩·皮尔、莱斯利·普林斯、特拉西·里弗斯、罗宾·赖德、吉姆·斯科尔斯、博厄斯·沙米尔、乔·辛普森、戴维·西姆斯、阿曼达·辛克莱尔、乔治娅·索伦森、吉莉恩·斯坦普、马克·斯泰恩、约翰·斯托里、斯特凡·斯韦宁松、马克·汤普森、丹尼斯·图里什、欧文·图尔比特、琳达·苏·沃纳、霍利·惠勒、马丁·伍德、斯蒂夫·伍尔格和马歇尔·扬。我还想感谢那些没有署名的审稿人，特别是最终审稿人。最后，我工作和生活中除此之外的一切，都要感谢我的家人：亚当、贝基、凯蒂、克里斯、丽贝卡、里奇，当然还有桑德拉。

第一章

领导力是什么？

引　言

领导力是什么？这么说吧，在对领导力苦思冥想了近3 000年，又潜心“钻研”了一个多世纪之后，我们似乎还远未就其基本含义达成共识，遑论其可否传授，抑或其效果能否衡量和预测。之所以如此，不可能是因为缺乏兴趣或资料：2003年10月29日这一天，在英国亚马逊网上出售的“领导力”相关书籍就多达14 139种。短短六年后，该数字又增加了将近三倍，达到53 121种——清楚地表明在未来很短时间内，有关领导力的书籍种数将超过阅读它们的人数。你多半会觉得信息增加必然意味着理解深化，这是人之常情。然而很遗憾，与我们开始出版这么多资料之前相比，如今人们对于何为领导力的理解更是差之千里，看似与其定义的“真知”渐行渐远。此言不虚，图1就展示了我本人研读过的相关文献。我在1986年前后开始阅读领导力文献时，就已经在不同的领导岗位上工作过一段时间了，所以

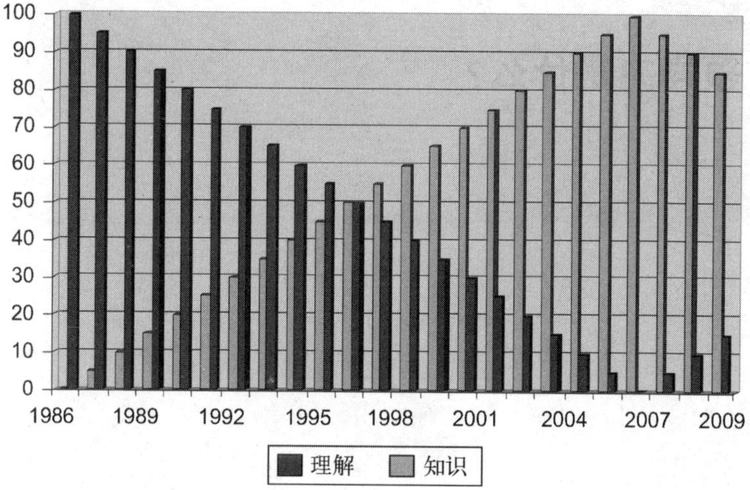

图1　领导力：知识与理解

那时我虽然所读甚少，但已经从生活这所大学中学到了关于该主题的一切。后来我读的资料越来越多，才意识到自己此前所知的“真理”全都是沙上筑塔，因此随着知识的增加，我的理解
1 反而退化了。2006年最是艰难，我阅读了数百部乃至上千部著述，最终却证明了苏格拉底的说法——智慧的唯一源泉，乃是体味到自己的无知。我觉得我目前正在逐渐恢复，总算扎实地确定了这样一个结论：在其最根本的意义上，作为个体领导者，领导力的所谓“精华”遗漏了追随者，而没有追随者，任何人都不可能成为领导者。的确，不妨将此作为领导力的最简单的定义：“有人追随。”

那么我们当如何考察这一课题呢？为领导力下定义之所以重要，不光是要在文字游戏中为它界定一个空间，也不仅仅是一个诡辩游戏；确实，我们不需要就定义达成共识（虽然各个组织内部或许应该如此)，但我们至少应该能够理解彼此的立场，以便在论战中知己知彼。毕竟，如何定义领导力，对于组织的运作或者不运作的方式及其奖惩对象，都有着至关重要的意义。逾50年前，W. B. 加利[1]称权力是一个“本质上存在争议的概念”。加利指出，许多概念，例如权力，都存在“使用者应如何正确使用它们的无穷争议”，以至于争议似乎无法解决。例如，要讨论布 2
什或布莱尔是不是“好的”领导者，恐怕众说纷纭，难以定夺，由于辩论各方对于何为“好的”领导者的定义不同，达成共识的希望极其渺茫。

所以我们无须就定义达成一致，但需要知道那些定义各是什么。首先不妨考察一下最流行的书籍中关于此事有何说法。许多这类书籍都建立在自传或传记类叙述的基础上，这样就把领导力和被视为领导者的**个人**关联起来。还有些将领导力定义为一个**过程**——或许是领导者所采纳的风格，或许是“意义建构”之类的过程(韦克[2]的说法，即“使未被充分理解且相互矛盾的信息变得合理的过程”)，又或者是领导者的具体实践。有些在定义领导力时只考察有权之人的所作所为——一种从**地位**角度切入的方法。其定义往往与权力的定义密不可分，汲取了韦伯和达尔[3]的原创思想，即权力(因而领导力也是如此)是迫使他人违背自身意愿做某事的能力。这一视角往往将领导力锁定

① 沃尔特·布赖斯·加利(1912—1998)，苏格兰社会理论家、政治理论家、哲学家。——译者注。除特别说明外，本书脚注均为译者所加。

② 卡尔·爱德华·韦克(1936—)，美国组织理论家，以在组织研究中引入了“松散的联合”、“内观”和“意义建构”等概念而得名。他是密歇根大学罗斯商学院的伦西斯·利克特讲席资深教授。

③ 罗伯特·达尔(1915—2014)，美国政治学家，当代政治学巨擘，民主理论大师。

为动员某个群体或社会共同实现某种目的——是一种从**结果**角度切入的方法。本书后文中还会谈到这些方法中的某一些，但除了标示这些定义的不同属性之外，它们非但未能拨云见日，反令我们如堕雾里。看来对领导力的定义的确见仁见智，且即便这些定义有相似之处，却也过于复杂，让大多数试图解释何以存在差别的人无从下手。不过分歧似乎是围绕着四个争议领域展开的，它们分别将领导力定义为**地位**、**个人**、**结果**和**过程**。

这一四重分类法并未声称自己无所不包，不过它应该囊括了我们对领导力的大部分定义。此外，这一分类法也没有高下之分：它并未声称某一个定义比另一个更重要，而且与共识视角相反，它赖以建构的基础是**可以**互不相容的。事实上，我们或许不得不选定当前讨论的是哪一种领导力形式，而不是试图无视
3 差异的存在。不过，领导力的经验实例很有可能会包含上述四种形式的元素。如此一来，我们就有了四个主要选项：

- 将领导力定义为**地位**：“领导者”所处的**位置**使之成为领导者？
- 将领导力定义为**个人**：“领导者”拥有的**个性**使之成为领导者？
- 将领导力定义为**结果**：“领导者”实现的**成就**使之成为领导者？
- 将领导力定义为**过程**：“领导者”行事的**方式**使之成为领导者？

所有这些都是“理想型”，根据韦伯的主张，“真实的”实证

案例或许根本不会以任何纯粹的形式存在，但这确实帮我们更好地理解了领导力这一现象，以及与之相伴的千头万绪、盘根错节——因为对不同的人来说，领导力的意义截然不同。因此，这是一个探索模式，是为世界建构意义的注重实效的尝试，而非试图将世界划分成多个“客观”的片段，让它们分别映射我们所认定的现实。在考察了上述四种不同的领导力研究视角之后，我会指出，正因为存在这些差异，人们迄今很难就领导力的定义达成一致意见，也正是因为这些差异，这一模式对领导力的执行和分析至关重要。

定义领导力

基于地位的领导力

传统观念认为，领导力与组织中的某一个空间位置有关——有些是正式的，有些是非正式的。因此，我们可以把领导力定义为处在某个垂直——通常是正式的——等级结构中，某一地位的人所从事的活动，该地位给予他们领导他人所需的资源。这些人“居于我们之上”、“高人一等”，是“上级”，等等。事实上，他们显示出我们所谓“主管领导”的特质。我们通常就是这样看待垂直等级结构中的首脑的，不管是CEO（首席执行 4
官），还是军事将领，还是校长或其同类。这些人领导的方式是通过自己的地位对庞大的下级网络实施管控，任何必要的变革往往都是顶层驱动的。该“驱动力”的存在还暗示着组织运作的机制假设，以及主管们所拥有的强制力量：将军可以下令行刑，法官可以监禁他人，CEO可以处罚乃至解雇员工，如此等等。

这一垂直架构的一个相关方面是表面看来平行的权力和

责任架构。既然领导者是“主管”，那么按道理，他或她能够确保自己的意愿得以执行。但虽说正式的领导者可以**命令**下级服从——且通常之所以能够如此，原因之一就是资源的不平衡——这种服从却从来不是铁板钉钉的。事实上，可以说权力本身就涵盖一种与事实相悖的可能性，是一个虚拟动词语态而不仅仅是动词——它可能会走向反面。的确，完全可以说，权力与其说是造成服从行为的原因，不如说是它的结果：当且仅当下属服从领导者的命令时，领导者才是有权力的。如若不然，我们就无法解释哗变——只有当下属有能力说“不”，也有勇气承担后果时，这种军事等级结构中的反抗行为才有可能发生。

当我们进而考察带头领导时，这种将领导力限定为垂直等级结构内部某一地位的做法也会暴露出其局限性，带头领导是一种水平视角，其领导力在很大程度上与垂直等级无关，而通常是通过某个网络或某种动态分层结构（灵活而流动的等级结构）形成的非正式体系。“带头”领导可能表现为好几种形式，其与主管领导的结合点可能出现在某个等级结构底端的次末级。例如，在军队中，这样的领导可能出现在下士一级，他们有一定程
5 度的正式权限，但可以通过身先士卒的方式来确保自己在普通士兵（他们的追随者）中的地位。的确，对军队的成功而言，基层领导的领导能力可能非常关键。这么说吧，有句老话说军士是“军队的中流砥柱”，还是很有道理的。

不过更常见的情况是，我们会通过某个时尚先锋——这是走在追随者“前头”的人，无论是服装、音乐、文化、商业模式，还是别的什么时尚——来考察带头领导。这些领导者在不拥有任何正式权限的情况下，为大批时尚追随者引领潮流。但带头领

导也包括指点迷津之人，既有为人带路的专业向导，也有在某次周日漫步中，知道如何通过最佳路线带领一群朋友到达某个共同目的地的随便什么人。两种指路人都通过在前方带路的角色而展示了领导力，但两者都未必是某个正式等级结构中的正规设置。为解释这一方面的含义，我们甚至可以追溯到英语中“leadership”一词的词源。英语中“leadership”一词最初的几个词源分别是古德语“*Lidan*”，意为“走”；古英语“*Lithan*”，意为旅行；以及古挪威语“*Leid*”，意为寻找航海路线。

带头领导的另一层意义，是将某个原本被禁止的行为合法化。例如，不妨考察一下希特勒公然公开的反犹主义言行如何让追随者们的反犹主义宣言变得正当合法了。此外已经有人指出，诸如自杀之类的做法或涂鸦之类的反社会行为，因为“带头领导”的“许可”而令其他人争相效法，因此这类行为往往会快速泛滥，社会行为近乎变成了某种瘟疫。

如此说来，这一地位层面的领导力会因其正式或非正式架构的程度，以及垂直或水平构成的方式而异。主管领导暗指资源和权限在某种程度上被集中起来，而在某些情况下，带头领导 6
或许暗指更接近于没有权限的领导。然而这是否表明，相对于领导者所处的地位而言，领导者的性格与领导力并没有那么息息相关呢？

基于个人的领导力

是不是你的个性决定了你能否成为一个领导者？当然，这呼应了传统的特质观念：某领导者的性格或特性。作为这一观念的最佳范例，不妨想想那些人格力量超凡、追随者完全是因为其个人“魅力”而不离不弃的领袖们。讽刺的是，虽然我们付出了极大努力来将理想的领导者简化为他或她的基本特性，诸如该领袖的基本性格特征、能力或行为，但简化本身同时也贬低了其价值。这个过程很像是一位研究领导力的科学家变成了厨子，忙着把某一位著名领导者的基本特性放在平底锅上煎炒烹炸，从而把该领导者简化为一串基本特性。最后再把烹饪过程剩下的残余物取样分析，把具体的物质分解成不同的化合物。然而悖论是，虽说某些化学残余确有此效力（比方说，人们往往认为海洛因是把他人“带入”歧途的罪魁祸首），对“领导力是什么”的问题却未予解释，因为脱离了追随者或具体背景来分析领导者不啻是缘木求鱼。

另一个互补或相反的论点是将领导力大致定义为集体的而非个体的现象。根据这一观点，关注点通常会从某一个体正式领导者转向多位非正式的领导者。比方说，不妨考察一下组织事实上是如何取得成就的，而不是过于关注CEO说组织应该取得怎样的成就。这样一来，我们就能追踪非正式的意见领袖所发挥的作用，看他们如何说服同事们求同存异、大干快上或消极
7 怠工，诸如此类。本书第七章会回过头来考察这个问题。

无论如何，以这一标准界定的领导力基本上是根据哪一个或哪一些人是（正式和非正式的）领导者来定义的，这样一种观点或许与领导者及其追随者之间，或各个领导者之间的情感关系有关。最为极端的情况是，这种情感关系会让“人群”中的追随者们无法鉴别正义与邪恶的行为。

虽说西方人总是迷信英雄主义个人，将其视为领导偶像，我们却完全不清楚这样的例子能否脱离社会单独存在。例如，牛

顿或许可以声称自己“领导了”万有引力的发现，但事实上那是牛顿与罗伯特·胡克[1]和埃德蒙·哈雷[2]共同努力的结果。或许还应在这里对作为手段和作为目的的领导力加以区分。举例来说，流水线是工人们被“领导”进行劳动的**手段**，但最终的**目的**并非由机器发起，而是由存在但隐形的领导者（们）建构的。那么，领导力的目的——结果——到底有多重要呢？

基于结果的领导力

基于结果来考察领导力或许更合适一些，因为没有结果——领导力的目的——便没有多少支持性证据。“有潜力”成为伟大领导者的人或许成千上万，但如果没有机会发挥潜力，如果该领导力没有产生直接的成果，那么逻辑上就很难称这些人为“领导者”，除非是在谈及“失败的”或“理论上的”领导者——也就是事实上没有多大成就的人。另一方面，有一种倾向认为，结果既是领导力的首要标准，也应该归功于领导者：例如，既然公司利润增加了200%——这是公司的首要目的——我们就应该对领导者给予适当的奖励。但这里还有另外两个问题需要深入考察。第一，我们为什么、又如何能把一个组织的集体成果归功于个体领导者的行为？第二，假设我们可以通过因果 8
关系把二者联系在一起，为实现那些成果所使用的方法能否在任何程度上决定领导力的存在？

第一个问题，即把成果的源头追溯至个体领导者的行为，存

① 罗伯特·胡克（1635—1703），英国博物学家、发明家。他提出了描述材料弹性的基本定律——胡克定律，且提出了万有引力的平方反比关系。

② 埃德蒙·哈雷（1656—1742），英国天文学家、地理学家、数学家、气象学家和物理学家，曾计算出哈雷彗星的公转轨道。

在巨大争议。一方面，好几个从心理学出发的领导力研究表明，领导者所起的作用是可以衡量的，但更倾向于社会学的作者往往会否定这类衡量方法的有效性。因此我们或许有明显的成功或失败的证据，也知道当时的领导者是谁，却很少能断然声称该领导者的行为直接导致了这样的结果（见罗森茨魏希关于该问题的研究，列于延伸阅读[1]部分）。更为常见的情况是，还有大量的人和过程横亘于领导者与最终结果之间。那么你或许会问，为什么我们在追责时一般都会把目标锁定在领导者身上呢？法国社会学家埃米尔·涂尔干在19世纪末20世纪初写道，追随者们事实上希望其领导者像神一样行使权力。这给了追随者两个各自独立但彼此相关的好处：第一，所有艰难决策的责任都可以落在领导者肩上（这也就能够解释为什么领导者与追随者得到的奖励存在巨大差异了）；第二，当（事实发生而非假设）该领导者失败了，追随者们可以让他或她做替罪羊，为自己洗脱责任。反对基于结果的领导力，特别是反对“伟人”领导的结果的最极端例子，出现在托尔斯泰的《战争与和平》中，他把领导者比作行船划开的船头波——总是出现在船的前方，理论上引导着船的前进，但事实上它并没有引导，而只是受到了船（组织）本身的推动而已。

这又把我们引向了基于结果的领导力的第二个核心问题——实现结果所历经的过程有无任何实际作用？毫无疑问，办公室或学校里的霸凌者如果能成功地“怂恿”追随者们慑于惩罚的威胁而服从其命令，那么根据基于结果的标准，此人就是
9 一个领导者——前提是其强迫行为必须成功有效。然而这样一

[1] 见英文部分的Further Reading。——编注

个基于结果的研究领导力的方法就和某些观点产生了直接的矛盾，后者认为领导者之所以与众不同，依据就是领导力——据称是非强迫性的——与我们认定为“霸凌”或“专横”等等的所有其他活动形式之间，存在着某种推定的差异。领导力的大多数方面的确使用了可能被某些人，特别是服从之人认定为强迫性的动员策略。因此宗教领袖或许认为他或她的行为只不过是在向追随者揭示真理——追随者可以自愿选择是否听信。然而如果追随者坚信不遵守那些宗教信条就会让他们永堕地狱之火而万劫不复，那么他们或许会认为这也是强迫性的。同样，雇主可能也并不觉得雇佣合同是强迫性的，因为双方都是自愿签订合同，但如果雇员觉得未能按照要求的水平完成工作就会导致其被“炒鱿鱼”——与之相伴，还要备受羞辱、歧视和贫穷之苦——那么他或她也可能认定该合同是强迫性的。纵然如此，对于那些认为领导力首先是目的性的、应专注结果的人来说，实现这些结果的过程，甚或领导者是否应对这些结果负责，可能都无关紧要了。

当然，基于结果的领导力未必局限于专制独裁或无良邪恶的领导者；相反，那些极为现实的、或许显然没有什么领袖魅力，但做事效率极高之人也会显示出这一特征。他们所做的大量工作往往得不到多少关注，但对组织的运转至关重要，这种形式的领导力可能会吸引追随者的兴趣，但不会与后者建立情感关系。

就这一点而言，一个特别有说服力的例子是本杰明·富兰克林，他早期的成功似乎并非因为明确宣讲了某个令人振奋的远景目标，他也没有激发起追随者的情绪，让他们超越个人利益为大众谋福利。相反，富兰克林的实用主义领导力根植于他总 10

是能够为悬而未决的问题找到现实的解决方案，从而吸引了他人的兴趣而非激发了他们的情感。然而那些被富兰克林动员起来的人并非像某些领导力交易理论所理解的那样，只是跟他做了一笔交易。原因在于，举例来说，在鼓动费城建立警察局、开设医院、发行纸币、铺设人行道、发展照明和设置志愿消防部门等等的过程中，富兰克林的领导技能体现在说服同事们解决他们自己面对的现实问题上。这里很重要的一点是，富兰克林有没有显示出领导力，因为虽然结果很明显，确保那些结果实现的那只手却是看不见的。事实上，如果富兰克林在事业开展不久便英年早逝了，那么大部分这类不公开的联系活动可能根本不会公之于世，人们也就不会认为他是个伟大的领导者。

因此，基于结果的领导力既可以体现在领袖魅力极为突出的个人身上，也可以体现在几乎完全隐形的"社会工程师"身上；此外，它还体现在各种方法上，既包括实现的目标、获取的成果所指的"我们取得了哪些成就"，也包括"我们来这里做什么"这样一种关注目的或身份的哲学，后文还会谈到这种哲学。不过正如上文所指出的，并非每个人都认为最重要的是结果而非方法；那么，关注领导力得以体现的过程能否提供一个全然不同的视角呢？

基于过程的领导力

有一种假说认为，我们为之贴上"领导者"标签的那些人跟非领导者的行事风格全然不同——有些人"做事有领导风范"——但这是什么意思呢？它可能是说当时的背景至关重要，也可能是说领导者必须做出表率，或者这一差异属性在个体生活的早期阶段就已初露端倪，所以我们才会在学校的操场或运动场上看到有些孩子是“天生”的领导者。然而这一“过程”差异到底是什么呢？领导者就是据称能避免任何虚伪之嫌，做出我们所需要的表率的人吗？当有必要做出牺牲，或者追随者又要 11
求新的行为模式时，作为众人表率的领导者是不是最成功的？

或许如此，但考虑一下与这一理想型相悖的两个反例。第一个是，不管能否做出表率，军士长往往都有追随者。我们或许可以争辩说那些在练兵场上对士兵大吼大叫以势压人的军士长并非“真正的”领导者，但如果他们的领导过程确实培养了训练有素的士兵，我们能否据此推论说，因为军队是建立在强迫机制之上的，那里不可能展现出领导力？抑或所谓的合理领导过程取决于局部文化？也就是说，士兵本该被强迫，他们很可能不会认可其军士长或军官们通过“领导力”这样的平等主义辩论而达成共识的尝试？

第二个反例是海军上将纳尔逊[1]，此人在军事上的丰功伟绩几乎永远建立在悖论情境之中，即他要求下属绝对服从海军的规章制度，但他本人却违反了同一规章制度中的几乎每一项条款。然而纳尔逊的成功并非只是因为他屡犯军规，还因为他吸引并动员了追随者，尤其是他战舰上的那些下属军官们，也就是他的“兄弟连”。因此在某一层面上，这一过程方法或许能够囊括为动员追随者所使用的具体技能和资源：雄辩强据、施展威风、拉拢贿赂、身先士卒、骁勇善战，如此等等。在这一外表掩盖下的领导力必然是一个关系概念而非占有概念。换句话说，如

① 霍雷肖·纳尔逊（1758—1805），英国18世纪末19世纪初的著名海军将领及军事家。

果下属拒不服从，你是否觉得自己拥有高超的过程技巧就无关紧要了。这么说来，我们或许可以通过区分领导者和追随者的行为过程来识别领导力，但这并不意味着只需罗列出那些放之
12 四海而皆准的过程就万事大吉。毕竟，不能指望一位公元2世纪的罗马领导者跟公元21世纪的意大利政治家的行事作风完全一致（虽然这也不无可能），不过说到底，我们关于领导力的大部分假设仍然跟我们自己而非他人的文化语境有关——情况之复杂，无异于打开了潘多拉的盒子，根本无法在这样一部通识读本中充分展开（见楚卡尔等，列于延伸阅读部分）。

诚然，关于领导力过程的很多论述或许都围绕着“伟人”的行为展开，但长期以来，关于男人和女人的领导风格是否相同，或者他们的领导方式是否受到了各自性别的基因和文化影响，一直是个很大的争议焦点。虽然托马斯·卡莱尔笔下英雄主义的“男人”们**解决**了其追随者的问题（见第三和第四章），但可能与领导力真正相关的，还是让追随者勇敢地承担起自己的责任。的确，对大多数人而言领导力或许跟任何形式的英雄主义没有多大关系，而更是“平凡”得多的日常实践的结果，人们通过这些实践来建立和强化社会关系并进而建立和强化社会资本，不过“平凡”这一标签低估了行使这些微妙行为所需的技能和精度，因为它们都是一丝不苟地精心架构的。确实，在我们中间那些无法复制这类行为的人看来，它们似乎更像是魔术师秘而不宣的技巧——看似简单，却无法解释。因此，建立起组织运行所需的网络的人，正是那些勤勉的领导者，他们会隔三岔五地关怀追随者家人的健康状况，会始终强调追随者要跟上组织的发展方向和他们的工作进度，等等。

于是，你在自己的简历中打钩标记出来多少种领导能力，并不能证明你是个成功的领导者，因为这些必然都是脱离情境脉络的。打个比方，如果在你要施展领导力的地方不需要任何公开演讲职能，那么你有再高超的公开演讲水平，又有什么用呢？如此说来，从本质上说，胜任素质往往与个体有关——而领导力必然是一种关系现象：没有追随者，就没有领导者，不管你拥有
多少“个人”胜任素质。相反，不妨考察一下领导力“实践”的 13
重要性——不是领导者“拥有”什么，而是他们“做了”什么。然而领导者是否也会参与那些不被视为领导力的活动呢？下一
章我们就来探讨这个问题。 14

第二章

领导力不是什么？

正如第一章中所指出的，我们对领导力的定义很可能迥然不同，那么又该如何区分领导与管理？本章提出了一个区分的方法。领导力研究领域的大量著述都建立在这样一个分类方法上，即以权限也就是合法权力的不同形式来区分领导与管理，认为领导往往涉及的时间较长，代表更为战略性的视角，并要求解决新问题。换句话说，其区分在一定程度上根源于情境：管理相当于似曾相识（以前见过），而领导相当于初次邂逅（从未遇见）。如果可以这样区分，那么管理者就必须启动必要的程序——标准作业程序——来解决上一次出现过并已有经验解决的问题。相反，领导者就必须促成相关各方为前所未见或难以对付的问题制定一个创新的应对方式。

既然管理和领导是两种不同的授权方式，根源于确定性和不确定性之间的差异，那么也可以把它们与里特尔和韦伯[①]关于

① 指霍斯特·里特尔（1930—1990）和梅尔文·韦伯（1920—2006）。前者是一位设计理论家和大学教授，因发明了“抗解问题”一词而闻名。后者是一位城市设计师和理论家，1973年与里特尔合撰了关于“抗解问题”的学术论文。所谓“抗解问题”，即不存在直接运用科学理性得出的现成解决方案的问题。

“易解”和“抗解”问题的分类法联系起来。易解问题可能很复杂，但它们可以通过单线行为得以解决，且有可能曾经出现过。换句话说，其不确定性的程度有限，因此与管理有关。易解问题 15 有点像谜语——每个谜语都必有答案。因此，（科学）管理者的职责，就是提出适当的过程来解决问题。具体实例包括制定铁路时刻表、建立核电站、军训或计划心脏手术等。

抗解问题不但难以理解，而且纷繁芜杂，也就是说，我们无法将其从环境中剥离、单独解决之后再还原复位，而对环境没有任何影响。此外，不存在明确的因果关系。这类问题往往非常棘手。例如，如果试图基于科学方法（也就是说，假设它是个易解问题）建立国家医疗服务体系（NHS），就可能会提议仅根据每个人的医疗需求为其提供所需的一切服务和药品。然而随着人口老龄化加深、干预和维持生命的医学手段越来越强大、为这些干预供资的财政资源越来越紧缺，我们可能会面临需求无限增加而经济资源水平有限的境况，所以对NHS这个问题，就不可能有一个科学或医学的，也就是易解的解决方案。简言之，我们无法满足每个人的一切需求，在某些时刻，我们需要就谁获得什么及基于何种标准来做出政治上的决策。这一固有的争议领域是抗解问题的典型特征。如果把NHS当成NIS（国家疾病服务体系）来考虑，我们对问题的理解就会截然不同，因为它基本上是一连串易解问题：治疗腿部骨折相当于一个易解问题——有科学的解决方案，医院里也有医疗专业人士来提供治疗。但是如果你跑到（不好意思，一瘸一拐地跛行到）饭馆里去治疗断腿，它就变成了一个抗解问题，因为那里不大可能有人会拥有必要的知识或资源。因此问题的分类是主观的而不是客观的——

我们面临的是哪一种问题取决于我们所处的位置，拥有什么样
16 的知识。

更有甚者，NHS处理的许多问题——肥胖症、药物滥用、暴力等——都不仅仅是医疗卫生问题，它们往往是非常复杂的社会问题，涉及不同的政府部门和机构，因此试图通过建立单一的机构框架来解决它们几乎注定无果。的确，由于抗解问题往往没有“结束点”，也就是问题最终得到解决的那个点（比方说，因为我们解决了犯罪问题，从此就没有犯罪了），我们往往不得不承认，我们根本无法解决抗解问题。关于领导力，我们的传统理解恰恰相反——解决问题、果断行动且应付自如的能力。但我们不可能知道如何解决抗解问题，那么正因为我们无法知道该如何应付，果断行动就得非常审慎才行。如果我们知道该如何应付，它就是一个易解问题而不是抗解问题了。然而外界要求果断行动的压力往往会导致我们试图按照处理易解问题的方式来解决问题。当全球变暖首次作为问题出现时，有些应对方式就集中关注通过科学来解决（这是一个易解反应），表现为发展生物燃料；但我们现在知道，第一代生物燃料似乎破坏了世界上很多重要的食物资源，因此貌似解决方案的应对实际上却变成了一个新问题。同样，这也是我们在试图解决抗解问题时经常碰到的——会出现其他问题，让原始问题变得更加复杂难解。于是我们可能使情况有所改善或更加恶化——我们可以开车开得慢一些、少一些或者开得快一些、多一些——但可能无法解决全球变暖问题，我们或许不得不学会生活在一个不同于以往的世界，随遇而安、尽力而为。换句话说，我们无法从头再来，设计一个完美的未来——虽然很多政治或宗教极端主义者或许希望

如此。

这里的“我们”一词非常重要，因为它表明在应对抗解问题时，集体的重要作用。易解问题或许会有个别的解决方案，也就是说个体可能知道该如何应付。但既然抗解问题的定义就包括 17
领导者一方无法提供答案，那么理所当然，个体领导者只能提出适当的疑问，让集体参与到应对问题的尝试中来。换句话说，抗解问题需要将权限从个体转移到集体，因为只有集体参与，才有希望应对问题。抗解问题所涉的不确定性表明领导力并非科学而是一门艺术，正如我所定义的那样——是动员整个社会共同应对复杂的集体问题的艺术。

抗解问题的实例包括制定交通战略、应对全球变暖、直面反社会行为或建立国家医疗服务体系。抗解问题不一定源于比易解问题更长期的时间框架，因为如果迟迟不做决策，某个看似易解的议题可能会变成（临时性的）抗解问题。比方说，肯尼迪总统在古巴导弹危机中的行动，往往是基于向他的文职助理提一些需要时间考虑的疑问——虽然他的军事顾问总是施压，要求立即得到解答。如果肯尼迪接受了美国鹰派的建议，我们可能会看到这一抗解/易解二分法之外的第三类问题——“重大”问题，在这个例子中，很可能是一场核战争。

重大问题，也就是危机，其性质不言自明，由于决策和行动的时间大大压缩，往往会引发独裁。这里，至少就指挥官的行为而言，需要做些什么根本没有任何不确定性，因为指挥官的职责就是采取必要的决定性行动，也就是为问题提供答案，而不是启动有可能延迟决策的标准作业程序（管理），或提出疑问并寻求集体的协助（领导）。

我认为，在遇到此类转化为重大问题的危机时，我们的确
18 需要神一样的决策者果断决绝地提供危机解决方案。既然我们总是奖赏那些善于应对危机的人（而忽视那些因为善于管理而很少出现危机的人），指挥官们很快就学会了如何找出（或者把局势重新设计为）危机。当然，指挥官私下里对于当前行动是否恰当，或者将局势解读为危机有无说服力可能并没有把握，但这种没有把握的一面很可能是追随者不容易看到的。具体实例包括发生重大火车相撞事故、核电站辐射泄漏、军事攻击、心脏病发作、工人罢工、失业或失去亲人，抑或类似“9·11”事件或伦敦“7·7”爆炸案等恐怖袭击之后的即时反应。

这三种权限——指挥、管理和领导——又以另一种方式表明，那些负责决策之人的作用分别是找到适当的解决方案、过程以及提出疑问来应对问题。我本意并非另外提出一个分类法，而是想提供一个启发性工具，帮助我们理解为什么负责决策之人的行动有时在其他人看起来根本无法理解。因此，我并不是说正确的决策过程取决于对局势做出正确的分析——那可能会产生一种决定论观念——而是说，决策者往往会基于一个有说服力的局势分析来证明其行动的合理性。简言之，问题的社会建构会证明动用某种特定的授权方式是否合理。

来看始于2008年的经济衰退期间公共财政状况的例子。很多国家都陷入了是否应该削减公共开支以及应该（最低限度地）保留哪些公共开支的争论中。的确如此，各路政客似乎都汲汲皇皇地想要夺过指挥官的佩剑，让浪费公众财政税收的公
19 共部门挥霍者们吃点苦头。但这样做是本末倒置——问题的根

源是挥霍的投资银行家，而不是节俭的公共部门雇员！此外，情况往往是，当获得授权的同一个人或群体对同一问题的认知或认定分别是重大问题、易解问题或抗解问题时，甚或同一问题本身在这三个类别之间跨界转变时，该个人或群体也会在命令、管理和领导这三个角色之间转换。的确，这一转换——往往被决策者的对手视为“前后矛盾”——至关重要，因为形势总是在变化，或者至少我们对形势的认知不会一成不变。要对问题进行有说服力的描述，部分取决于决策者能否获得特定形式的权力及其对某种权力的偏好，“领导”的讽刺意味恰在于此：它是所有做法中最难的，也是许多决策者试图不惜一切代价尽量避免的。

“权力”的概念表明，我们需要考虑对待权力的不同态度以及不同形式的权力如何与这一权限分类法相契合。考虑到当前的目的，最有用的是埃齐奥尼的服从分类法，分为强制性、算计性和规范性服从。强制性权力或武力与监狱或军队等“全控”机构有关；算计性服从与公司等“理性”机构有关；而规范性服从与基于共同价值观的机构或组织有关，例如俱乐部和行业协会等。这一服从分类法与上述问题分类法完美契合：重大问题往往需要强制性服从；易解问题需要算计性服从；而抗解问题需要规范性服从——你无法强迫他人跟你一起应对抗解问题，因为问题的性质本身就要求追随者必须从主观上愿意提供帮助。

这一分类法可以用纵轴和横轴的关系图来表示，如图2所示，纵轴表示对问题的解决方案——当权之人的行为——越来越没有把握，横轴表示解决问题所需的合作越来越多。 20

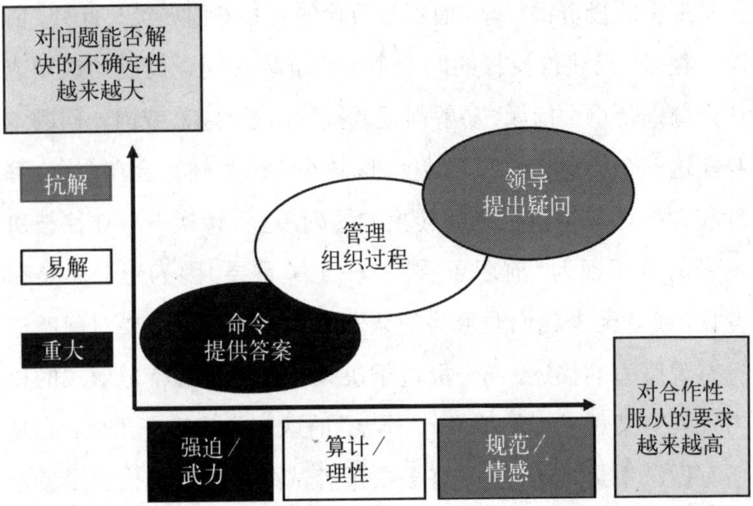

图2　问题、权力和授权的分类

这或许在许多人看来是不言自明的，但如果是这样的话，我们为什么始终无法引发这样的变化呢？要回答这个问题，我想先来谈谈文化理论，考察一些所谓的“简洁方案”。

文化与对简洁的痴迷

玛丽·道格拉斯[①]指出，我们大致可以基于两个不同的标准来了解大多数文化：网格和群体。“网格”涉及某种文化中角色和规则的重要性——有些非常僵化，例如某个政府官僚体系，而有些则非常松散或开明，例如某个非正式的俱乐部。“群体”涉及群体在某个文化中的重要性——有些文化完全是围绕群体展开的，例如足球队，有些则更具个人倾向，如企业家聚会。如果

21

① 玛丽·道格拉斯（1921—2007），英国人类学家，研究领域是社会人类学，对宗教比较研究有着强烈兴趣。

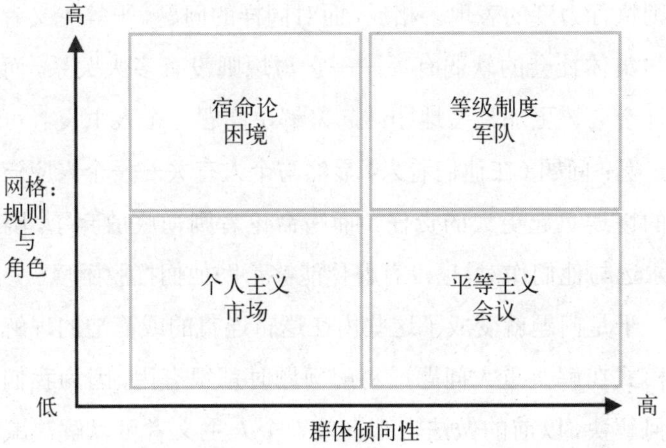

图3　组织社会生活的四种基本方式

把这些要点放在一个二乘二的矩阵中，就得到了图3。

当某种文化既是“高网格”又是“高群体”，我们往往会看到僵化的等级制度，例如在军队中，跟群体相比，个体无关紧要。当某种文化有着“高群体”倾向而缺乏对规则和角色的关注，也就是“低网格”时，就能看到平等主义文化，范例是那些认为集体会议庄严神圣、寻求共识至为关键的组织。当“网格”较低，对“群体”也同样漠不关心时，我们往往会看到个人主义文化——这是创业企业家、理性选择以及热爱市场的政客们的乐土，对他们来说，任何集体或规则概念都是对效率和自由的毫无必要的约束。最后一类是宿命论者，其群体层面缺失，身处孤岛的个体认为自己受到了规则和角色力量的破坏。

如上定义，这些文化往往都能自圆其说，且在哲学意义上也条理连贯。换句话说，等级主义者通过等级主义的透镜看待世 22
界，因而将问题理解为没有足够的规则，或者是群体或社会缺乏规则执行力度的表现。相反，面对同样的问题，平等主义者认为它与集体社会的软弱有关——它与规则没有多大关系，而更在于社会应该更加紧密地团结起来解决问题。个人主义者可不信这一套；问题（在他们看来）显然与个人有关——个人应该对自己的境遇负起更大的责任。而宿命论者则彻底放弃了，因为规则永远与他们作对，也没有群体能够帮助他们摆脱困境。

于是问题就变成了这些内在逻辑连贯的或简洁的理解世界的模式在解决重大问题或易解问题时都很有用，因为我们知道如何解决，以前的做法也都奏效。个人主义者可以解决减少汽车的一氧化碳排放问题——这是个易解问题，有科学的解决方案；但他们无法解决全球变暖这个抗解问题。平等主义者可以帮助刑满释放犯回归社会——这是个易解问题；但他们无法消除犯罪——这是个抗解问题。等级主义者可以改善针对社会公务人员欺诈行为的规则执行力度——这是个易解问题；但他们无法解决贫困这个抗解问题。确实如此，抗解问题本身无法运用简洁的方式解决，恰恰是因为这些问题本来就不属于某种单一的文化和机构，而是跨越了好几种文化和机构。但因为我们囿于自身的文化偏好，对其痴迷不已，很难迈出自己的世界，以不同的视角来看待事物。诚如普鲁斯特所言：“真正的发现之旅不在于寻找新的风景，而在于拥有新的眼光。”

为什么简洁方法无法解决抗解问题，而笨拙方案却可以

如果说单一模式（简洁）方案向来只能应对易解问题或重
23 大问题，我们就需要考虑如何在所谓的笨拙解决方案中全部采

纳三种应对方法。事实上，我们需要避开建筑师面对问题时的简洁做法——拿出一张白纸，设计全新的完美建筑——而采纳小修补匠，也就是自己动手的业余工匠的做法。用哲学家伊曼努尔·康德更直白的说法，我们一开始就需要认识到，“人性这根曲木，绝然造不出任何笔直的东西”。下面用全球变暖的例子来加以阐释。

图4总结了这个议题。等级主义者认为，问题的原因是缺乏足够的规则和执行力度——有必要制定类似《京都议定书》但更加有效的规则。然而平等主义者或许会辩称，需要改变和执行的并非规则，而是我们全体人类对地球的态度——我们必须找到更可持续的生活方式，而不仅仅是更严格地遵守规则。而在个人主义者看来，上述两个选项都未能正确理解问题，因而真正的解决方案是创造自由，鼓励企业家进行技术革新，拯救全人类。在宿命论者看来，一切当然毫无希望——我们注定要毁灭。这里的问 24
题在于，上述简洁方案中没有一个真正产生了足够的多样性，用于应对这个复杂的问题。规则或许能促使人们安全驾驶，但靠它来拯救地球很可能于事无补。我们也无法干脆放弃资源集中的城市，大家都去乡间过自给自足的生活。同样，虽然技术革新很有必要，市场压力也不无助益，但仍然无法依靠这些来彻底解决问题。的确，全球变暖或许根本就无法解决，也就是说我们无法从头再来，恢复那个未经污染的世界，又因为寻找“解决方案”的不同切入点难免会危及不同的利益，我们只能寄希望于通过政治谈判达成协议，尽可能将损害限定在可控范围内。那就需要一种非线性的甚至“扭曲的”应对之策，缝合出一个谈不上简洁甚至还很笨拙的解决方案，将上述三种理解方式结合在一起，并适当

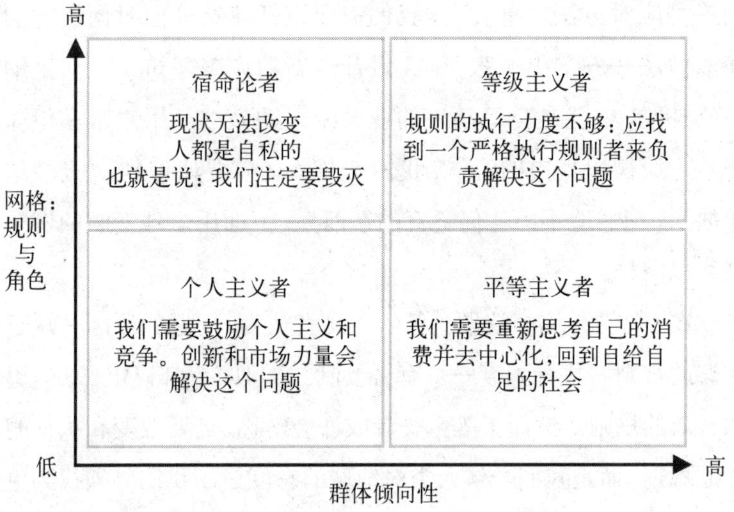

图4　应对全球变暖的简洁（单一模式）方案

采纳宿命论者的消极反应，顺从不断变化的公众意见和行动。如图5所示，我们事实上需要通过创造出一个“笨拙的解决空间”，
25 利用全部三种框架，才能有所进展。

那么，笨拙的解决方案到底应该是什么样子的呢？图6表明，一个必然笨拙的解决方案有一个必不可少的元素，就是把三种文化类型的元素结合起来，即个人主义者、平等主义者和等级主义者。在这三种类型的每一种内部都有一些技巧，一旦结合，或许能够为抗解问题撬开一个足够大的缝隙，实现些许进步。以下先逐一探讨这些类型，在此过程中我们需要认识到，每个抗解问题都可能与众不同，要有针对性地对技巧和议题加以组合，才有可能成功。换句话说，这不是个保证解决问题的“按图索骥”的做法，而是一种实验艺术形式，可能行之有效，也可能无济于事。

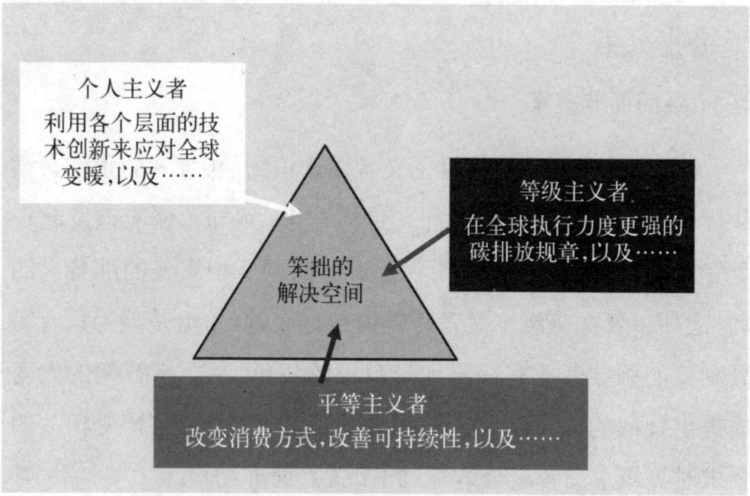

图5　应对全球变暖这一抗解问题的笨拙解决方案

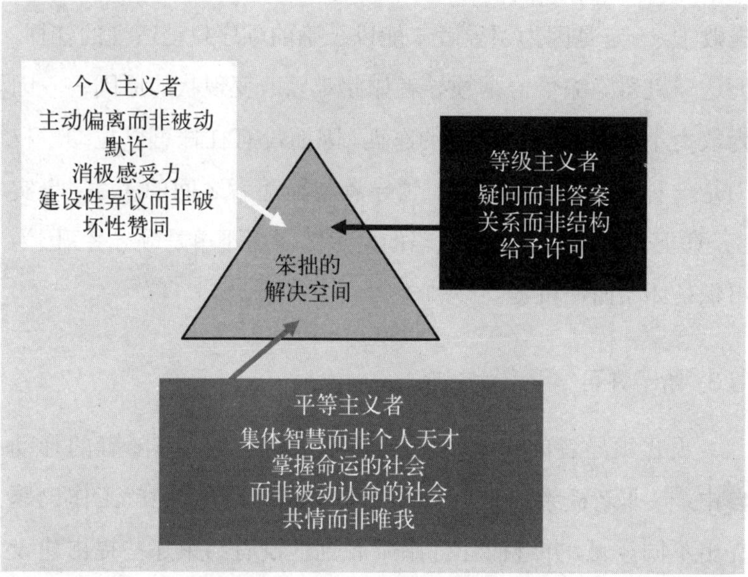

图6　应对抗解问题的笨拙方法

等级主义者

等1：疑问而非答案

这里的第一步，是等级主义者要认识到，领导者的角色必须
26 从提供答案转变为提出疑问。这样一来，领导者就应该发起一个完全不同的叙述框架，让集体做好共同承担责任的准备。的确，之所以要在等级主义者阵营内部这么做，恰恰是因为只有等级制度的领导者才有权限逆转自己的角色，从贡献答案的人变成提出疑问的人。从专家转为调查者，与这一视角转变相关的要求对等级主义者最合适不过了：关系而非结构。

等2：关系而非结构

传统上，变革的模式暗示着，如果采取了某种模式却仍然失败了，一定是因为领导者未能以正确的顺序拉动适当的杠杆。但这一机器隐喻恰恰是领导者如此难以改变现状的原因——因为权力不是可以据为己有的东西，因而没有杠杆可以拉动。权力是一种关系，变革取决于领导者与追随者之间的关系：事实上，真正开启或结束变革战略的是追随者而不单是领导者，因为组织是体系而非机器。

等3：给予许可

正式领导者的传统权限一直都大大抑制了追随者的行动自由：除非老板亲口告诉你现在要集思广益，欢迎就工作议题提出不同意见，并继而让你亲眼看到他没有约束那些提出建设性异议之人，否则就不大可能会有多少辩论，下属们会任由组织

溃败，因为他们没有获得拯救老板的许可。这就是为什么在笨拙方法中，等级主义者不可或缺，因为他们必须授权对规则加以改变。

个人主义者

个1：主动偏离而非被动默许

个人主义者往往是那些偏离规则的人，这一行为可能至关
重要。举例来说，1990年，杰里和莫妮克·斯捷尔宁[1]前往越南 27
参加救助儿童会的慈善活动。让斯捷尔宁夫妇觉得奇怪的是，在普遍营养不良的情况下，为什么有些孩子营养良好？关于营养不良，主流越南文化形成了相当主流的传统智慧——它是卫生条件差、食品分配不到位、贫困和饮水资源短缺共同作用的结果。另一方面，有些孩子——并非社会阶层最高的人家的孩子——营养良好，是因为他们的母亲——主动偏离者——无视传统文化；传统文化认为母亲应该：

- 避免被认为低级/常见的食物——例如田虾和螃蟹；
- 不要给患有腹泻的孩子喂食；
- 让孩子们自己吃饭，或者喂饭次数不超过每天两次。

相反，这些母亲：

- 使用低级/常见的食物——它们很有营养；

① 指杰里·斯捷尔宁（？—2008）和莫妮克·斯捷尔宁夫妇。两人均为美国社会发展学者，合著有《主动偏离的力量》（2010）一书。

- 给患有腹泻的孩子喂食——这对他们身体恢复健康至关重要；
- 一天中主动给孩子多次喂食（自己吃饭的孩子会把食物掉在地上，这样食物就脏了，而且孩子的胃每次只能接受一定量的食物，所以即便每天喂两次也是不够的）。

简言之，组织内的问题常常是自发产生的，但一般也都有解决方案，只不过我们通常不去寻找它们罢了。

个2：消极感受力

等级主义者往往无法接受模棱两可，个人主义者却甘之如饴。诗人济慈所谓的“消极感受力”是指能够忍受不确定性，而抗解问题注定是不确定和模棱两可的，因此真正的技能并非消除不确定性，而是设法在充满不确定性的情况下仍高效运作。
28 简言之，消极感受力能够为人们腾挪出时间和空间来思考当前议题，而并非不得不满足其他人的日程或必须果断决绝——却铸成大错。斯坦曾对“阿波罗13号”①太空任务和三里岛核事故②中的决策进行过比较，能够很好地说明问题，即在某些充满压力的情况下，经验的助益必不可少。因此发生在阿波罗13号和三里

---

① 阿波罗计划中第三次载人登月任务中的飞船。1970年4月11日升空，其后两天，服务舱的氧气罐爆炸，太空船严重损毁，失去大量氧气和电力；三位太空人使用航天器的登月舱作为救生艇。导航与控制系统没有损坏，但是为了节省电力，在返回地球大气层之前都被关闭。三位太空人在太空中面临维生系统损坏所导致的重重危机，所幸最终仍成功返回地球。

② 三里岛核事故是1979年3月28日发生在美国宾夕法尼亚州萨斯奎哈纳河三里岛核电厂的一次部分堆芯熔毁事故。该事件被归为国际核事件分级第5级，也是美国核电历史上最严重的一次事故。

岛的“重大转折事件”——当“世界看似不再是一个理性有序的系统”时——就促使负责决策的人做出了全然不同的反应。阿波罗13号的“重大转折事件”爆炸使宇航员面临食物短缺、氧气不足、体力不支、饮用水不够和生还希望渺茫的境况。但地勤人员没有顺从直接蹦出结论的天然倾向，而是对问题进行了缓慢而仔细的分析，通过制作一个临时的二氧化碳涤气器（这是典型的小修补匠的做法），使得阿波罗13号安全返回地球。相反，在1979年的三里岛核灾难中，“重大转折事件”的发生使他们立即采取行动，不经意地造成了局势进一步恶化。实际上，决策者的确果断，却做出了错误的决策，让情况变得更糟的是，后来所有表明问题尚未解决的证据都遭到了他们的否认。因此，在这类情形下，能够容忍焦虑并确保它既不会升级（导致绝望）也不会被否认（导致不作为），能够产生不同的意义建构行动。

个3：建设性异议而非破坏性赞同

最后，个人主义者善于抵御等级主义者和平等主义者发出的服从诱惑，无论是服从规则还是服从众意。自米尔格拉姆和津巴多[①] 1960年代著名的服从实验以来，我们知道，大多数人在大多数时候都会服从权威，即便那会导致无辜的第三方受苦——只要追随者接受其理论依据、能够免责，而且他们只是逐渐地、一点一点地施加痛苦（“造成损害”）。换句话说，面对抗解问题时，领导者的难题不是确保有人赞同而是确保有人提出

---

① 指美国社会心理学家斯坦利·米尔格拉姆（1933—1984）和心理学家菲利普·津巴多（1933— ）。这里的实验就是所谓的“米尔格拉姆实验”，又称“权力服从研究”，旨在测试受测者在面对权威人士下达的命令，要求其做出违背良心的行为时，人性所能发挥的拒绝的力量到底有多大。

29 异议。对独裁者来说，获得赞同相对比较容易，但它无法应对抗解问题，因为这类赞同往往是破坏性的，而破坏性赞同恰与不负责任的追随相伴，将导致全然无用的框架，根本无益于应对抗解问题。我们事实上需要的是建设性的反对者，他们愿意告诉老板，后者的决策是错误的（举例来说，就像在第二次世界大战中，艾伦·布鲁克陆军元帅频频对丘吉尔提出批评）。那么平等主义者又如何——需要他们贡献些什么呢？

平等主义者

平1：集体智慧而非个人天才

一般来说，我们会把成败都归于个别领导者。事实上，成功或失败越重大，我们越有可能这么做，即便我们通常并没有什么证据表明事件的发展与个体有关。然而当我们真正考察成败的原因时，会发现它往往是社会行动而非个体行动的结果。例如，英国零售企业家阿奇·诺曼曾在1991年把阿斯达公司从破产边缘挽救回来，在1999年以67亿英镑的价格把它卖给了沃尔玛公司。但在这一重大成功背后，并非某个天才的个人努力，而是一个才能出众的团队共同作战，包括董事会级别的贾斯汀·金（后来就任英伯瑞公司CEO）、理查德·贝克（后来就任博姿公司CEO）、安迪·霍恩比（后来担任哈利法克斯苏格兰银行CEO，继而又入主博姿公司），以及艾伦·莱顿（后来出任皇家邮政的董事长）。简言之，阿斯达的成功是集体智慧而非个人天才的结果。这一视角对抗解问题尤其重要，因为它们要求集体反应，这是系统而非个人的典型特征——必须由大家共同承担责任，而不是错误地让领导者一力担当。

平2：掌握命运的社会而非被动认命的社会

英国兰莱斯特郡布朗斯通的当地社区领导者安·格洛弗因为把自己所在的被动认命的社区转变为“掌握命运的社区”而受到赞誉，她动员邻里团结起来对抗一伙从事反社会行为、用 30
恐怖控制为害一方的年轻人。恐怖蔓延曾一度让社区失去活力，把它变成了由孤立个体组成的一盘散沙——被动认命的社区——每个人都在抱怨流氓青年的问题，但都无能为力。当格洛弗说服一大群人团结起来走出家门去面对那伙流氓时，流氓组织就离开了，其成员也最终被清除出乡里。这一实例自然证明我们应该勇敢行动，并愿意承担面对困难的风险，但还不止这些；它说明我们要认识到，必须积聚社会资本来培养一种集体归属感，才能建立一个掌握命运的社区。

平3：共情而非唯我

最后一个平等主义技巧是能够站在他人的立场上，建立共情，从而理解他人，这是应对抗解问题的前提之一，但如何获得这一技巧呢？琼斯的答案是成为你所在组织中的人类学家，投入一些时间和精力去站在自己追随者的立场上，体验一下那些你希望投身于集体事业之人的生活，因为如果你无法理解他们看待问题的视角，又如何能够动员他们呢？这与我们通常获得组织运作知识的方法截然不同，因为我们知道，人们在小组访谈或问卷调查中所说的话并不能反映他们真实的世界观。许多CEO和公司领导者已经开始采用定期前往生产第一线工作一段时间的做法，但很多人还没有，于是当等级制度底层对问题的反应与小组访谈或最新员工调查问卷的预测不一致时，会让他们措手不及。

结　论

很多当代议题之复杂，似乎都能够证明这一从易解问题和
31 简洁方案转变为笨拙方案的做法更适合应对抗解问题。但事实上有很多议题都是易解而非抗解问题，确切地说大多数议题都是如此，只需要人们恪守本分即可，不需要老板伸长手臂，事事亲力亲为。真正的危险在于，我们已经变成了自己文化偏好的囚徒——等级主义者对发号施令上瘾，平等主义者沉迷于合作型领导，个人主义者坚持把一切问题都当作易解问题来处理。我们本该在自己的方法被证明无效时培养一种笨拙的做法，结果却一味地寻求简洁方案。这或许也能解释为何变革如此举步维艰——因为，比方说，当公共部门组织与合作伙伴共同应对酗酒或反社会行为等抗解问题时，合作伙伴们无法（或拒绝）授权彼此来牵头行动。同样，当各个国家试图解决类似全球变暖这样的全球性问题时，同一种平等主义抑制力量也往往会妨碍进步。要重新思考我们的做法，一种方法是认识到等级主义者也可以发挥作用：合作型领导也需要有人来牵头。正如人们在加利福尼亚州看到的，如果需要绝大多数投票表决增加公共开支，而只需要三分之二多数的立法者表决增加税收（或制定预算）时，有时你会发现平等主义者太多、太碍事了。但自古以来一直如此吗？领导者曾经的领导方式是否全然不同？下一章就来回
32 答这些问题。

第三章

领导力曾经是什么？

为何要为起源大伤脑筋？更何况，起源当从哪里算起？首先应当指出，对研究领导力的学者而言，“起源”乃是有记载的历史之初，而非智人之始。自有记载以来，任何具备相当规模和存续时间的组织和社团都曾有过某种形式的领导，该领导往往表现为一个人，但并非历来如此——通常是男人，却并不永远这般。这未必是说领导一贯并将始终至关重要或不可或缺，当然更不表明其雄性特质，但它却暗含着我们一直都有领导者这一事实。那么，我们当如何证明领导的确不可或缺，或者领导形式和风格是否随时空发生了变化呢？

在很大程度上，我们关于古代领导力的知识主要依赖于书面文献的存在，这就引出了领导力的第一课：一般而言，历史都是由胜者书写的，这既包括获胜的军事领导者，也包括掌权的政治团体。在前一类别中，不妨想想为什么我们对亚历山大大帝或尤利乌斯·凯撒的胜利倒背如流，却对斯巴达克斯知之甚少，对整个古代不断撼动奴隶社会根基的成百上千次奴隶

暴动更是几近无知。答案一目了然，那就是亚历山大和尤利乌斯·凯撒要么自己书写历史，要么吩咐专业人士为其撰写历
33 史，而斯巴达克斯没有留下任何书面记录，在奴隶主的记录中，提到其他奴隶领袖之处更是寥寥无几。因此需要预先警告诸位，在阅读任何古典时期领导力的记录——当然，当代领导力的记录也是一样——时，需要对资料来源保持警醒。那些记录并非事实信息的中立记载；相反，它们是为实现某一特定目的而进行的偏颇记录。

在某种程度上，某个故事是否被记载下来，首先取决于该叙事是否包含被认为意义重大的内容。也就是说，我们倾向于只记录那些在一定程度上不同寻常或非凡罕见的事件。如此一来，就没有多少专著讨论两千年前的中国人如何经营一块小小的农场，也没有多少资料帮助人们了解同一历史时期，高卢的凯尔特部落在相对和平时期的领导风格。但我们有那个时期凯尔特人与罗马人作战的记录，也不乏同一历史时期中国战争首领的记载。然而，关于高卢人与罗马人之间战争的文本是罗马人的文本：首先因为凯尔特人基本上是没有文字的社会，主要还是口头文化，其次则是因为，大体说来，罗马人取得了胜利。同样，能够经过漫长的历史时期保留下来的东西往往是实体的文本和人工制品，而不是口头叙述，因此我们关于非文字社会领导力的了解往往是根据其他人的记录重建的，而那些记录往往是贬抑的。从我们根据考古记录对有文字以前的古代文明的了解来看，由博爱的领袖领导、与邻近部落和平共存的时期实在是凤毛麟角。

这样看来，战争显然是领导实践早期发展的一个关键部分。

从如今中东地区的阿卡德的萨尔贡[1]（约公元前2334—前2279）到埃及大帝拉美西斯二世[2]，从公元前3000年左右的克里特岛文明到同一时期印度河流域的哈拉帕文明，再到中国黄河流域那些筑有城墙的聚居地，我们知道，军事领导在人们追求生存和
统治的过程中发挥了举足轻重的作用。同样，这也不是声称领 34
导力起源于战争，或者军事领导是古代时期领导力的最重要元素——我们对这些时期的了解远远不够，无法对此证实或证伪。但的确如此，有些最重要的古典时期领导力文本要么与作战有关，也就是普鲁士军事理论家卡尔·冯·克劳塞维茨所谓的“以其他方法延续政策”，要么事关政策本身。古典时期和文艺复兴时期尤其如此，下面要先考察这两个时期，随后再转向近现代文献。

古典时期领导力研究

在欧洲以外，考底利耶[3]于公元前321年前后为如今印度境内的孔雀王朝撰写的《政事论》，列举了一系列供领导者考虑的实用建议。然而要说第一个不但在自己的时空范围——古代中国——声名赫奕，至今仍然不断吸引商业执行官们从中汲取营

① 阿卡德帝国的创建者。在阿卡德语里，“萨尔贡”意为“正统的国王”或“合法的国王”，他是阿卡德人，因为在公元前23世纪到公元前22世纪间征服苏美尔城邦而闻名。

② 埃及大帝拉美西斯二世（约公元前1303—前1213），古埃及第十九王朝法老，其执政时期是埃及新王国最后的强盛年代。他是法老塞提一世之子，在位期间进行了一系列远征，恢复了埃及对巴勒斯坦的统治。

③ 考底利耶，公元前4世纪的古印度政治家、哲学家。系婆罗门种姓，曾协助旃陀罗笈多一世（约公元前320—前298年在位）获得权力，建立孔雀王朝。他本是古代塔克西拉大学的一位老师，擅长权谋，所著的《政事论》为古印度重要的政治文献，后人称之为“印度的马基雅维里”。

养的指导性文本，当属孙武（公元前400？—前320）[①]的《孙子兵法》。事实上，关于《孙子兵法》中那些格言警句的真正作者是谁，世人并无把握，其中很多有可能是由孙武的门徒和学生撰写的，该文本以对话的形式呈现——在“孙子”的鼓励下，好几个人物共同参与讨论——也支持了这一猜想。然而该文本关于领导力的主旨非常明确：“三军之众，百万之师，张设轻重，在于一人，是谓气机。”（《军争》20）[②]确立了这一主旨之后，《孙子兵法》便以对话形式，为军事将领简明扼要地列举了最重要的战略战术元素。

在西方人看来讽刺却符合其源于道家的极简主义精华的是，《孙子兵法》中最为重要的启示之一居然是军事将领只有在
35 不得已之时才应开战，因为“是故百战百胜，非善之善者也；不战而屈人之兵，善之善者也”（《谋攻篇》）。这样看来，孙武认为要取得胜利，就必须讲究战略，因为兵法就是如何避免**不必要的**冲突的艺术。

“阙”是这一哲学的必然结果：如果不得不作战，就需要尽全力避免正面冲突，因为那会占用大量资源并造成大量伤亡，且要比打乱敌军的作战计划或破坏其军需危险得多。如果必须与敌军正面冲突，且没有把握一举击溃对方，那么就应该“遗阙”，给敌人留下一条退路，否则敌人就不得不死战到底，而那样一来最终的结局如何，就很难说了。

另一个看似矛盾的建议是不给自己留退路：换句话说，全

① 此生卒年可能有误，一般认为孙武的生卒年为约公元前545—前470。——编注

② 本书作者引用的这一句事实上出自今天的《吴子兵法·论将第四》，疑似作者引用的是塞缪尔·格里菲斯（1906—1983）翻译的版本（*The Art of War*, Oxford University Press, 1963），其中保留了历代战略家对《孙子兵法》的注释和添加。

力以赴，背水一战。孙武说："帅与之期，如登高而去其梯。"这看似与遗阙规则相反，但退路是留给敌人，而不是同盟或追随者的，因为如果同伴们都觉得受到威胁又看到了一条方便的退路，很有可能选择全身而退。然而如果没有退路，也就是到了孙武所谓的"死地"，他们就不得不全力为生存而战，正是追随者为领导者拼尽全力的这一点，体现了孙武著作中的道家思想。如他在《九地篇》中所说："投之无所往，死且不北，死焉不得，士人尽力。"

孙武还固执地认为，军中事务应该留给军事专家处理，掌握政权者不该插手。"白大人而救火也，未及返命而煨烬久矣。"
（《谋攻篇》）[①]或者如《九变篇》中指出的，"君命有所不受…… 36
苟便于事，不拘于君命也"。[②]

大约与孙武在中国向军事将领传授兵法同时，柏拉图（公元前427/428—前347）警告希腊人，民主产生的政治领导与其说代表希腊文化的繁荣，倒不如说对希腊文明构成了直接的威胁。在柏拉图看来，遴选领导者的选举制度根本未能形成严肃讨论的论坛，而是产生了一个马戏团，因为它鼓励领导者们去迎合暴民——"危险的大型动物"——的最低级的本能，"暴民"大量出现在柏拉图这一领域的很多著述中。柏拉图在《理想国》中指出，暴民会愿意选出给自己承诺最多的随便什么人，哪怕这会让他们所处的社会（他比作一条船）面临险境。因此，民主无法确保船只在最适合当船长（柏拉图所谓的"哲君"之一）的那个人

① 本书作者这里引用的不是《孙子兵法》中的《谋攻篇》，而是北宋武学博士何去非所言，出处不详。此外，作者在上文和这里对"谋攻篇"的翻译也不统一，上文是"Planning a Siege"，这里用的是"Offensive Strategy"。

② 这里前半句的确节选自《九变篇》，但后半句引自曹操对《孙子兵法》的注释。

领导下顺利航行，反而确保了大众煽动家大获全胜——这必然会把船只直接引向毁灭的礁石。

但如何识别最适合领导之人呢？在柏拉图看来，不言而喻，只需考察一下人们的专长便可识别出他们的技能：我们不会请园艺师为我们造船，也不会请农民来管理经济。然而让柏拉图深感失望的是，一旦涉及“道德”知识，暴民们便个个自称专家，因而也就没有专家了。正是出于这个原因，柏拉图坚决反对诡辩家和教授修辞学或公共演讲的伊索克拉底[①]，因为这只会鼓励人们更看重形式而非内容。柏拉图最为害怕的是，即便本打算以道德的方式领导、为社会谋福利的人，也会受到该制度的腐蚀，因为领导者对于社会的良好运作至关重要，而腐败的领导者必然会毁灭“他”自己所在的社会。柏拉图的学生之一亚里士多德（公元前384—前322）也认为雅典的确深受腐败领导者之
37 害，但他对这个问题的反应与柏拉图不同。他的著作《修辞学》在一定程度上揭露了“公共演说的伎俩”，亚里士多德认为，它们已经腐蚀了雅典的公共生活。

文艺复兴时期领导力研究

亚里士多德之后大约1 800年，地中海的同一地区出现了另一本书，不但成为那个时代关于领导力的首屈一指的著述，在我们的时代也有着不可撼动的地位。这不是说尼科洛·马基雅维里的《君主论》甫一问世便颇受欢迎，恰恰相反，它是16世纪最**不受欢迎**的指导性文本。对马基雅维里本人而言，这无疑是双

① 伊索克拉底（公元前436—前338），古希腊雅典著名的演说家。

重讽刺。首先，因为他撰写《君主论》是为了在自己的前雇主那里恢复一些政治信任和声望；其次，因为马基雅维里撰写的是一部说明性而非指导性著作。换句话说，马基雅维里认为他描写了当时政治世界的本来面目，而不是在某个神秘而无法实现的乌托邦里，政治应该以何种面目出现。正是贯穿《君主论》始终的这种政治现实主义导致它立即受到当时的宗教和政治领袖的谴责，当然这也是它在今天大受追捧的原因。按照马基雅维里的说法，他撰写这本书的依据不是理论而是历史事实，但它却被天主教会列为禁书，未收录在教会的《书目索引》中。

《君主论》写于1513—1514年，彼时马基雅维里的家乡因内战外侵而四分五裂。马基雅维里试图为所有的政治领袖，尤其是为美第奇家族，即他的恩主和佛罗伦萨昔日的名门望族，撰写一部指南。因此，《君主论》不光是为讨好美第奇家族而写，更是呼吁人们拿起武器保卫佛罗伦萨以及通过占领佛罗伦萨来保卫意大利免受“野蛮人”入侵，他所谓的“野蛮人”是指西班牙和法国侵略者。

马基雅维里在《君主论》中树立的一个主要榜样，是1492年成为教皇亚历山大六世的罗德里戈·博尔贾的私生子切萨雷·博尔贾①。切萨雷·博尔贾带领罗马教宗的军队威胁剥夺佛 38
罗伦萨的独立，但马基雅维里在切萨雷身上看到了一种全然不同的领导力，此人杀死了自己选拔的军官雷米罗·奥尔科，因为后者在治理罗马尼阿时显得过于残酷了。马基雅维里回忆道：

---

① 切萨雷·博尔贾（1475—1507），瓦伦提诺公爵，是意大利文艺复兴时期的军事长官、贵族、政治人物和枢机主教；教皇亚历山大六世与情妇瓦诺莎·卡塔内之子。切萨雷在加入教廷、晋身枢机主教以及弟弟乔凡尼逝于1498年以后，成为教廷史上第一位在任内辞职的枢机主教。随后其父将教皇领地内的一部分领土分赐给他做领地。

"……在一个早晨雷米罗被斫为两段，曝尸在切塞纳的广场上，在他身旁放着一块木头和一把血淋淋的刀子。这种凶残的景象使得人民既感到痛快淋漓，同时又惊讶恐惧。"[①]（第七章）切萨雷随后又邀请那些密谋反对他的人前来参加晚宴，并在其饕餮之时命人把他们全都杀了。马基雅维里因而将切萨雷作为真实政治的良好典范，因为他认为，切萨雷通过有选择地使用暴力而恢复了和平。当时的大多数领袖都公开鼓吹另一条道路，即行事磊落，光明正大，但在马基雅维里看来，在一个不道德的世界，光明磊落只能导致最卑鄙的小人执掌大权。他在《君主论》中指出："因为一个人如果在一切事情上都想发誓以善良自持，那么，他厕身于许多不善良的人当中定会遭到毁灭。所以，一个君主如要保持自己的地位，就必须知道怎样做不良好的事情，并且必须知道视情况的需要与否使用这一手或者不使用这一手。"[②]（第十五章）因此：

> 切萨雷·博尔贾被人认为是残酷的。尽管如此，他的残酷却给罗马尼阿带来了秩序，把它统一起来，并且恢复和平与忠诚。如果我们好好地考虑到这一点，就会认识到切萨雷比佛罗伦萨的人们仁慈得多了，因为后者为着避免残酷之名反而让皮斯托亚被毁灭了。
>
> （第十七章）[③]

---

① 译文引自潘汉典译：《君主论》，商务印书馆1986年版，第34页。
② 译文出处同上书，第73—74页。
③ 译文出处同上书，第79页。

事实上，马基雅维里并不是说领导者都应该卑鄙龌龊，而只是说为了保护社会的利益（这一点在《论李维》中有更加明确的论述），君主必须不择手段——为的是顾全大局。因此人的行为应该放在具体的形势背景中考虑，而不该放在某个神秘的道德世界中单独分析。当然，问题是如何定义“大局”。 39

而在回答他自己提出的设问句“究竟是被人爱戴比被人畏惧好一些呢？抑或是被人畏惧比被人爱戴好一些呢？”时，马基雅维里毫不含糊地选择了站在畏惧一边。

> 我回答说：最好是两者兼备；但是，两者合在一起是难乎其难的。如果一个人对两者必须有所取舍，那么，被人畏惧比受人爱戴是安全得多的。因为关于人类，一般地可以这样说：他们是忘恩负义、容易变心的，是伪装者、冒牌货……可是到了这种需要即将来临的时候，他们就背弃你了。因此，君主如果完全信赖人们说的话而缺乏其他准备的话，他就要灭亡……因为爱戴是靠恩义这条纽带维系的……只要对自己有利，人们便把这条纽带一刀两断了；可是畏惧，则由于害怕受到绝不会放弃的惩罚而保持着。但是，君主使人们畏惧自己的时候，应当这样做：即使自己不能赢得人们的爱戴，也要避免自己为人们所憎恨。
>
> （第十七章）[①]

① 译文引自潘汉典译：《君主论》，商务印书馆1986年版，第80—81页。

现代领导力研究

托马斯·卡莱尔——很多人认为他是关于领导力主题的首位“现代”作者——曾在1866年就任爱丁堡大学校长的就职演说中，兴奋地提到了马基雅维里和奥利弗·克伦威尔两人，卡莱尔将克伦威尔比作英国内战时期绝对必要的诸多君主之一。事实上现代时期领导力研究的兴起——与工业社会的兴起同步——可以追溯至卡莱尔在更早的1840年发表的演说，因为崇拜和迷恋历代“伟人”，他认为普通人的角色纯属“多余”。他所建构的个人英雄主义模型代表了维多利亚时代人们关于领导力的普遍设想：它不可更改地是阳刚的、英雄的、个人主义的，有着规范化的倾向和本质。它源于你依据自己所处时代的文化规范应该做些什么；的确，跟古典时期和近代零星出现的同一模型别
40 无二致。

该模型似乎成为整个19世纪下半叶的主导模型，直到19世纪末，第一个专业管理团队开始取代原始的“英雄主义的”所有人-经理人时，才受到质疑。那以后人们认为，随着工业规模和后向合并（backward integration）水平开始产生巨型工业（特别是在美国），需要大量行政管理人员来确保组织连贯性，领导力的背景——因而也包括其“要求”——从英雄主义的个人转变成为理性主义的系统和过程。这类组织领导力模型中有很多都来源于军队、文职机关、邮局和铁路，大多将领导力确定为正式等级结构内部的行政职位。继而随着这些庞然大物所释放的劳动生产率的增长，开始鼓励激烈的市场竞争并侵蚀利润率，人们的注意力又很快转向了节约成本战略和科学管理。科学管理

的创始人F. W. 泰勒就专注于管理层不惜损害工人的利益而严格控制知识，在细化劳动分工的同时，大大降低各个工作岗位所需的技能。在这种情况下，领导力就被重新设计为“知识领导力”，领导者成为大量生产知识的保有者，因而产生了可以控制生产的权力——与以前由作坊工人对生产加以控制形成了鲜明对比。

1920年代的经济萧条正好与领导力模型的下一个重大转变在时间上重合，就本书讨论的目的而言，那一次重大转变又重新强调规范性权力的作用，偏离了前20年一直占主导地位的科学系统和过程的合理性。这个向以往的规范性模型的“回归”最初起源于1920和1930年代在通用电气公司位于芝加哥附近的工厂进行的霍桑实验。在那里，为优化劳动条件而进行的泰勒式科学实验据称产生了第一个困扰，继而让人们意识到，劳动是无法客观测量的，因为测量行为本身就改变了经验，因而也改变 41
了那些被测量之人的行为。这一所谓的“霍桑效应”后来又引发了一系列相关试验，最终先是说服了通用电气公司，继而又说服了整个美国各家公司的管理层，让他们明白工人只能通过规范而非理性获得激励，他们倾向于集体主义而非个人主义的组织文化。

可以说，上述交替出现的领导力模型——先是19世纪下半叶卡莱尔的“规范”模型，接着是20世纪前20年泰勒和福特的“理性/科学”模型，继而又被霍桑实验的“规范”模型回归所取代，而这最后一种模型又在1930和1940年代被巩固成为“人际关系”方法——反映了两个更为笼统的现象：首先是当时的经济周期，其次是当时的政治模式。这些经济周期构成了康德拉捷夫[1]颇有争议的经济长波理论；政治周期倒没有那么多争议，也更有趣，因为我们似乎不可能脱离1920年代末和1930年代全球大规模兴起的共产主义和法西斯运动而单独讨论工业，更有可能的情况是，在这些运动中表现出来的领导力模型，通过在当时看来合理的一种时代精神被折射在工业中。换句话说，在由规范性地依附于集体意志——不过这种集体意志体现在对党派领袖近乎崇拜的忠诚中——的群众政治运动风起云涌的时代，人们似乎自然而然地认为，领导某个工业组织的最佳方式是反映出这样一种假设：应该通过规范而非理性的方式组织劳动——组织劳动之群体的领导者应该是代表群众的明显意愿的原型人物。

第二次世界大战结束之时，经济再次出现繁荣，在西方开始占主导地位的领导力模型也再次从群众和英雄的规范性偶像崇拜——表现为共产主义和法西斯掌权——转变为对情境的理性分析占优势的模型，这种科学方法曾经大大激发了主要战胜国即美国的作战能力，也是根植于那个国家的个人主义文化内部的一种方法。于是就有了美国的自我实现运动的兴起，尤其体现在马斯洛的“需求层次”中，它强调领导者需要先解决追随者的健康和安全需求，然后追随者才能够关注“更高级”的需求；同时也体现在麦格雷戈[2]用“Y理论”（人性是合作的，因此应当

---

① 尼古拉·康德拉捷夫（1892—1938），苏联经济学家，提出康德拉捷夫长波，认为资本主义经济发展过程中存在着周期为50年左右的景气与萧条交替的长期波动。

② 道格拉斯·麦格雷戈（1906—1964），美国麻省理工学院史隆管理学院教授，还曾于1948年至1954年期间担任安托荷学院院长，并曾在印度加尔各答管理学院任教。他的《企业的人性面》（1960）一书深刻地影响了教学领域。在该书中，麦格雷戈主张在一定的环境中，雇员可以通过权威、引导、控制、自我控制而达到激励效果。

通过鼓励来领导）替代“X理论”（人性是自私的，因此应该通过控制来领导）的思想中。

随着对特质理论越来越多的批评，以及密歇根大学和俄亥俄州立大学的研究工作，领导力研究的趋势又偏离规范，回到对情境的合理理解上。这两所大学的研究工作为一个激进的新动向权变理论奠定了基础。在权变理论的总体框架之下，依靠有可能永无穷尽的特质和超人魅力的理论脆弱性——表面上——受到了沉重打击。自那以后，人们真正关心的不再是由一个最有魅力的领导者来领导一群最崇拜他的追随者，而是能够合理地理解形势，并做出适当的反应：也就是我们在上一章讨论过的论调。

自这一权变理论的初期以来，我们经历的“进步”历程先是回归，强调有着彼得斯和沃特曼[①]喜爱的（规范性）“卓越文化”的领导者有多重要，继而又到了1990年代企业重组革命的（理性）教育，最终来到了当代变革型和激励型领导理论的发展，其背景自然包括恐怖主义、全球变暖、“信用紧缩”以及神权政治和宗教原教旨主义的兴起。这些转变也引起了1980和1990年代的新公共管理运动，举例来说，在该运动的背景下，通过市场的扩张以及目标和业绩管理系统的约束，英国的公共部门由懒 43
散官僚的巨无霸转变成为反应迅速的服务提供者。

以上这些，再加上人们对情商的重要性、身份认同领导以及制定激励性远景和使命的关注，似乎使得起初的规范性特质方

① 指美国麦肯锡咨询公司的托马斯·彼得斯（1942— ）和小罗伯特·H. 沃特曼（1936— ），二人在合著的《追求卓越——美国企业成功的秘诀》一书中提出了革新性文化理论，认为超群出众的企业有一套独特的文化品质，正是这种品质使它们脱颖而出。

法的回归成为必然：看起来，我们是朝着过去前进了一步。因此，近年来我们（再度）受制于激励型个人，这些人天生拥有当代领导者碰巧都有的各种基本胜任素质，而在出现灾难性后果时，人们也会归咎于那些素质。

领导力的发展规律

本文关于领导形式的二元转换的论点并未得到普世公认。的确，对这一规律——如果真有规律可循的话——的理解方式不一而足。首先，随着时间的流逝，我们对领导力的理解只能越来越趋于复杂和理性，图7显示了这种递进的改善。学习历史的学生定会在这种发展态势中看到辉格党式的乐观激进，即事物总体来说朝着越来越好的方向发展。另一方面，有两种二元模型表明，人们对变化的解释截然不同：图8显示了领导力的集权和分权模型的钟摆式交替——这通常都是建立在关于组织学习和游戏的假设之上的，因此随着制度僵化的开始，曾经一度高效的模型会变得无效。相反，图9则保留了二元模型，但其因果机制与构成语言的二元结构有关：夜/昼，黑/白，死去的/活着的，等等。在这里，科学与文化的关系对变化构成了天然的语言屏障，一旦某种领导风格的效能被消耗，钟摆就会朝相反的语言学
45 方向摆动，直到该模式也走到了尽头为止。

其次，某种政治模型不但会将变化置于语言的对立界限之中，而且会将它置于更广阔时代背景的政治策划之中，在后一种情况下，看似“正常”的东西只会在当时的政治意识形态框架之下才显得正常。图10显示了这样一种视角。因此，泰勒主义之所以成为风尚，不仅仅因为它是科学的因而也是理性的，而且也

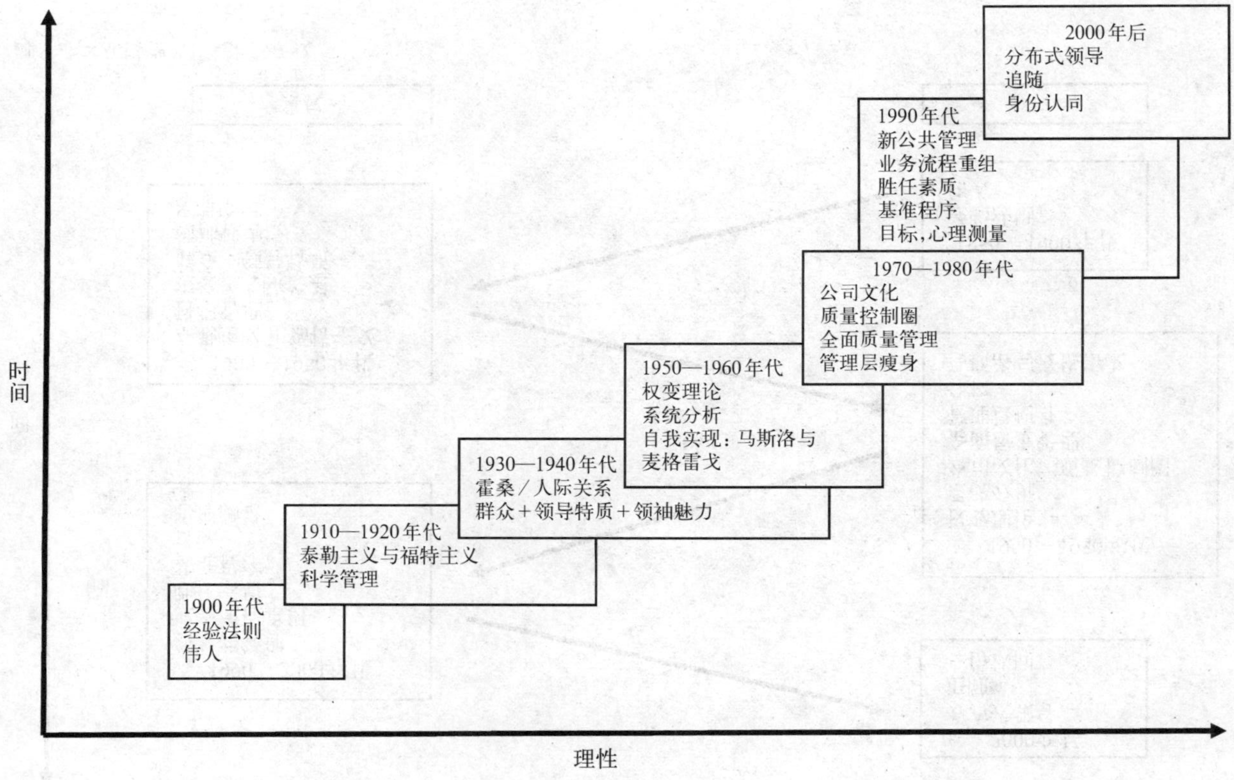

图7　随时间变化越来越趋于理性的领导力

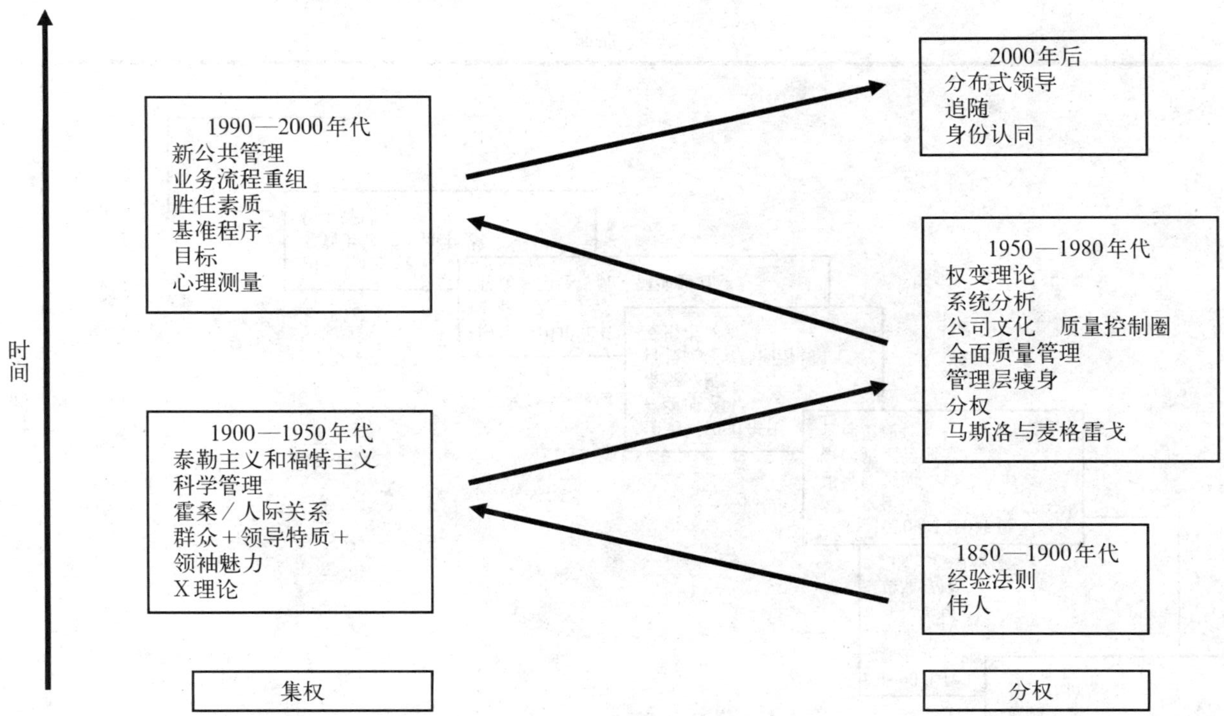

图8　二元模型A：集权-分权

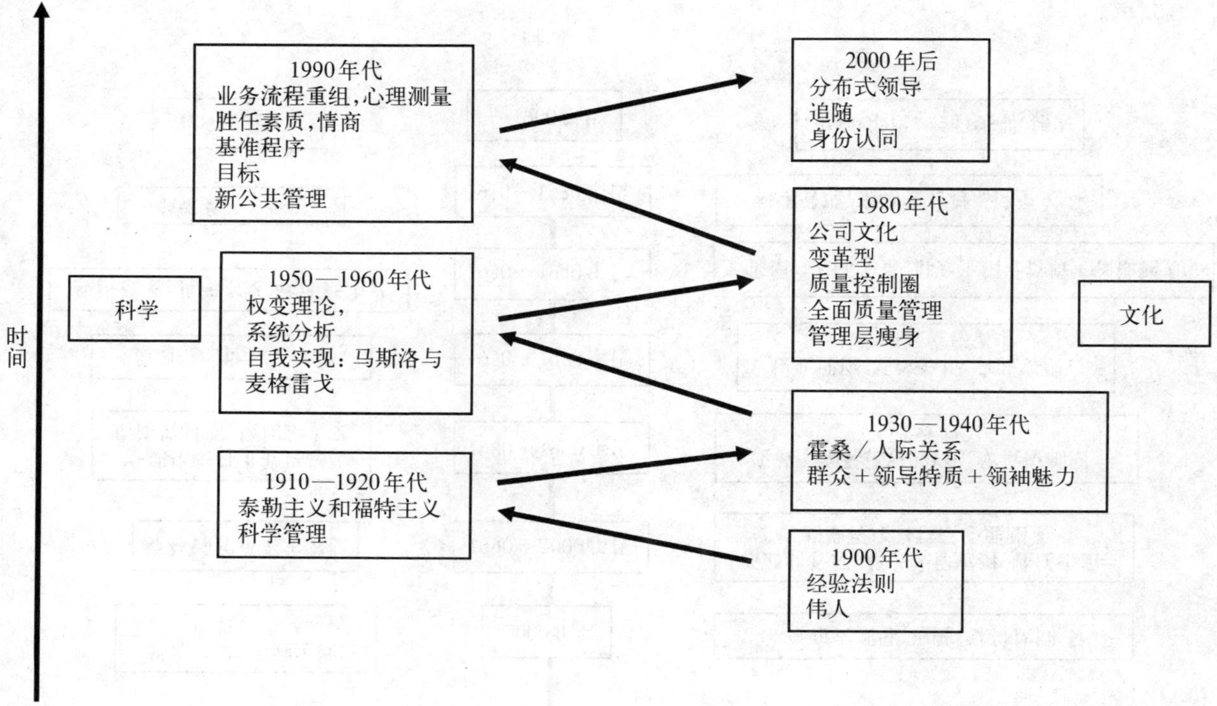

图9　二元语言模型B：科学与文化

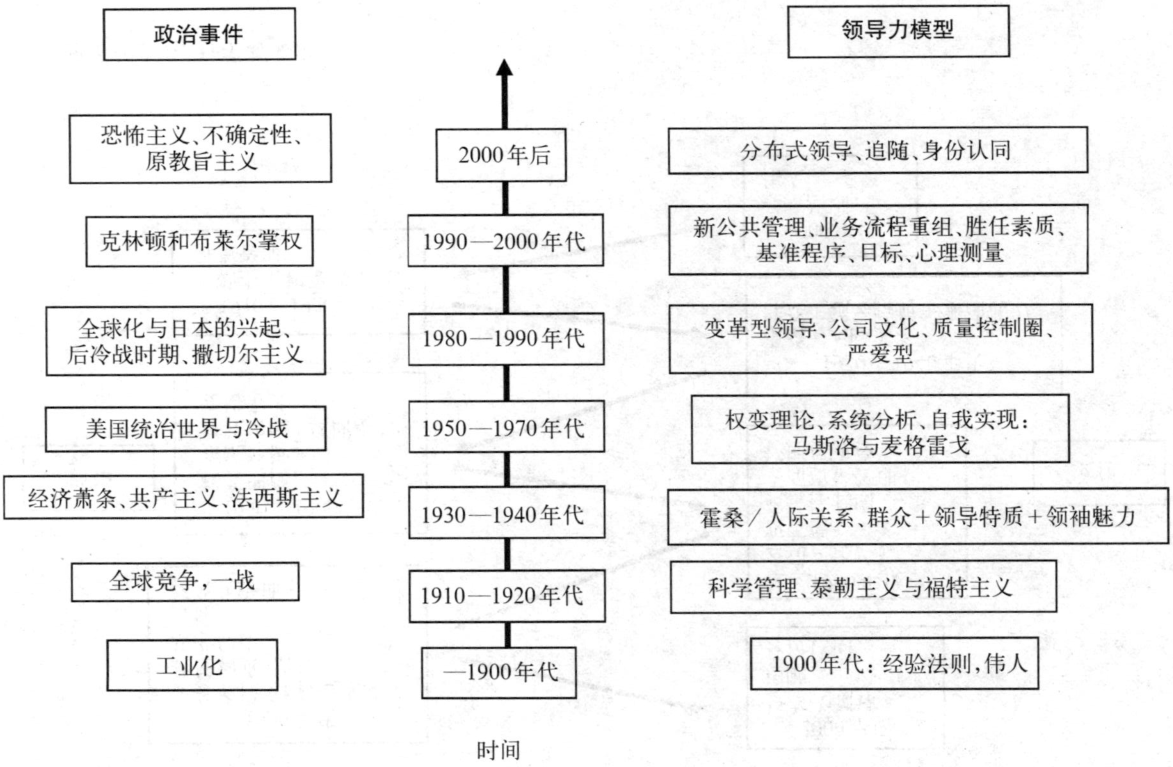
政治事件
恐怖主义、不确定性、原教旨主义
克林顿和布莱尔掌权
全球化与日本的兴起、后冷战时期、撒切尔主义
美国统治世界与冷战
经济萧条、共产主义、法西斯主义
全球竞争，一战
工业化
2000年后
1990—2000年代
1980—1990年代
1950—1970年代
1930—1940年代
1910—1920年代
—1900年代
时间
领导力模型
分布式领导、追随、身份认同
新公共管理、业务流程重组、胜任素质、基准程序、目标、心理测量
变革型领导、公司文化、质量控制圈、严爱型
权变理论、系统分析、自我实现：马斯洛与麦格雷戈
霍桑／人际关系、群众＋领导特质＋领袖魅力
科学管理、泰勒主义与福特主义
1900年代：经验法则，伟人

图 10　政治时代精神

因为在一个又一个科学界的突破逐渐改变劳动世界、种族改良运动开始在美国文化中占据优势的时代，人们会自然而然地认为存在一种配置、控制和领导劳动的最佳方式。同样，当欧洲政治开始陷入共产主义和法西斯主义的圈套，人们也似乎必然会认为，最佳的领导方式不是通过对个体的科学管理，而是通过魅力型领袖对情绪化的群众加以操控。第二次世界大战一结束，当时的霸权力量美国在各处复制了自己的科学和个人主义管理方法，将其作为默认的领导力模型，只有当日本的威胁在1980年代（重新）出现时，才又发生了朝向更偏重文化的领导观念的大转变。而当这些在1990年代再次失去动力时，随着新公共管理和目标测量等做法占得上风，风向又转回到了整个谱系的科学一端，其在21世纪的前十年再次被颠覆，因为世人对全球变暖、金融灾难、政治腐败、恐怖主义和犯罪的道德恐慌不断扩散，将争论焦点再度导向了身份认同领导等方法的文化派系。

最后，很有可能根本就没有什么规律可言，这些只是学者和咨询顾问们传播的历史碎片的集合，他们希望最好能对某个没有意义的事物建构意义，或至少能出售自己建构的规律作为谋生手段。领导力的历史或许根本就是一个失败接着另一个失败，但它本有可能更糟：它本有可能是同一个失败不断重复。所以我们不妨努力一下，起码能避免这后一种更糟的情况发生。 49

第四章

领导者是天生的还是后天培养的？

“领导者是天生的还是后天培养的？”这或许是我在教学生涯中被问得最多的一个问题了。通常我都会以不同的措辞回答说“两者兼有”：我们对此实在所知不多，无法做出任何非此即彼的断言（不过那也未能阻止人们继续提出同样的问题）。本章，我想提出一个四重分类法来探讨一下这个问题，对前提加以扩展，不仅包括“天生的还是后天养成的”，还包括“是集体的还是个人的”。这不是回避问题，而是试图明确，如何回答这个问题取决于所讨论的是哪一种领导力。首先来看最传统的回应，即领导力是个人的、天生的——这是卡莱尔的观点；然后考察这一个人主义观念的后天培养的变体，可追溯至古代雅典人。继而探讨集体主义观点，先考察雅典人的“天然”死敌斯巴达人，最后再讨论卡尔克斯式观念，即在实践社团中培养出来的集体主义者。这一四重分类模型的图示见图11。

图12显示了与“领导者是天生的还是后天培养的？”这个问题有关的两张照片。第一张是格鲁吉亚的一个学校团体，画

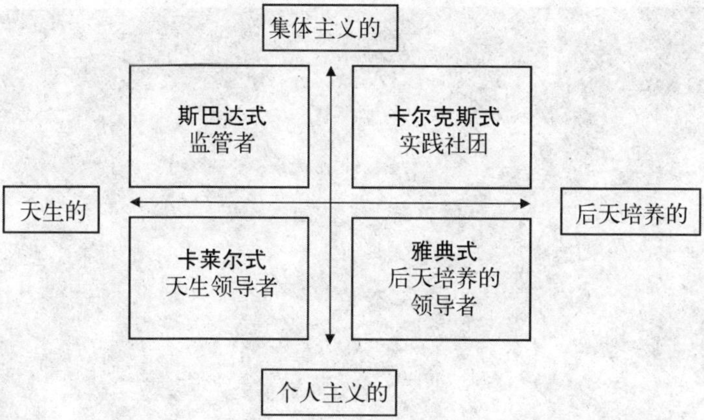

图11　关于领导力培养的一种分类法

圈的人物是少年斯大林。第二张是奥地利的一个学校团体，画圈的人物是少年希特勒。两人在照片中都处于领导者所在位置——后排中间位置，这一点令人心惊，也是巧合。斯大林是组 50
织照相的人，他负责收费，把利润据为己有——他似乎是个“天生的”领导者。希特勒没有参与组织照相；要说起来，他在学校里根本是个不起眼的人物，是个没出息的废物。事实上，第一次世界大战期间希特勒曾在巴伐利亚后备步兵兵团服役，该兵团的高级长官在谈到当时的希特勒时说：

> 希特勒不是个特别引人注目的人物……（不过）他是个出色的士兵。他是个勇敢的人，踏实可靠、寡言少语而谦虚低调。但我们找不到提拔他的理由，因为他缺乏作为领导者不可或缺的品质……我最初认识他时，希特勒根本没有任何领导才能。
>
> （引自刘易斯，2003：4）

图12　斯大林和希特勒。第比利斯宗教学校的斯大林（上）和莱昂汀学校的希特勒的照片（下）

然而短短几年时间，希特勒变成了20世纪最有影响力的领导者之一。这是怎么回事呢？有人说希特勒——在第一次世界大战末期曾被英国人的毒气弹所伤——曾被撤离前线，跟很多同伴一样，宣称自己永久失明了。但在其他所有士兵都要求退 51 伍时，希特勒却要求重返前线。既然没有一个士兵永久失明，军队高层这时也就知道了大多数人都企图蒙蔽（这还真是蒙蔽的本意）上峰，逃避这场已经失败了的战争，不过他们觉得希特勒一定是精神有问题，于是就把他送到一个精神病医生那里。那位精神病医生又宣称，只有被“选中”成为拯救德国之人，希特勒的视力才有可能恢复。这个故事后来的发展自然是希特勒恢复了视力，并逐渐“了解”到，他命中注定要担当远比陆军下士重要得多的大任。这个小插曲是真是假无关紧要，问题在于很多领导者之所以能够取得非凡成就，都是因为相信某种命中注定的力量。那种命运是由神明事先告知的（圣女贞德、奥利弗·克伦威尔、马丁·路德·金、弗罗伦斯·南丁格尔）还是某种历史力量使然（成吉思汗、纳尔逊子爵、斯大林、巴顿将军、温斯顿·丘吉尔），都没有其结果重要：它似乎能够产生一定水平的自信，促使其铤而走险，这两者都被追随者认定为伟大领袖的鲜明特征。当然，也有很多这类“命中注定的”领导者壮志未酬身先死，只不过我们不曾听说过他们的故事罢了。相反，只有成功者的故事会传颂千古，其宿命的传说令后人心荡神驰。事实上在这样的例子中，询问“领导者是天生的还是后天培养的”本属多此一举，因为他们可能生来“普普通通”却因为某种经历而转变成了“卓尔不群的”人。但这种类型的领导者有什么重要意义呢？

卡莱尔式：天生的领导者

托马斯·卡莱尔（1795—1881）坚信“真正的”领导者——英雄——都是天生的而非后天培养的。那些“只会喝酒吹牛”的群众无法产生自己的领袖，而新的资产阶级老板“工业巨头”
53 整日只会汲汲于赚取更多的物质财富。在卡莱尔看来，伟大的领导者不可能是在特权的濡化教育后出现的，而只能通过个人原生的——也就是“自然的”——天赋，再加上一种尼采所谓的“权力意志”而产生。卡莱尔的英雄是“天生的领导者”却不是“天生伟大”，因此他列出的名单包括穆罕默德、路德、（后来成为的）腓特烈大帝、克伦威尔和拿破仑——这些人都（和他自己一样）天生就有“自然意志”和领导能力，除此无他。因为正如卡莱尔所说：

> 世界历史就是人类在这个世界上所取得的种种成就的历史，实质上也就是在世界上活动的伟人的历史。他们是民众的领袖，而且是伟大的领袖，凡是一切普通人殚精竭虑要做或想要得到的一切事物都由他们去规范和塑造，从广义上说，他们就是创造者。我们所见到的世界上存在的一切成就，本是来到世上的伟人的内在思想转化为外部物质的结果，也是他们思想的实际体现和具体化。可以恰当地认为，整个世界历史的精华，就是伟人的历史。
>
> （卡莱尔，2007：1）

卡莱尔很可能会对他所处时代的人们关于领导力所持的演

化观报以同情——该观点认为领导力是人类在一个需要集体行动方能采集食物和保护种群、存活下来的时代演化出来的对协调问题的应对机制。狩猎-采集者社会的日常活动或许是我们借以考察更新世（大约从180万年前到1万年前，即最后一个冰川时代末期）期间人类领导力早期模式的最接近的实例了，在那一时期，50—150个智人组成半游牧的、有亲缘关系的群体开展活动，大概在20万年前从非洲的起源地出走四散。最后一个冰川时代结束之后，定居农业的发展产生了大量储备和资源，或许人们正因此而宁愿抛弃狩猎-采集者文化，以及与其各种同期变体相关的平等主义和参与式领导模式。简言之，盈余的产生或许促使人们朝着更为静态的社会发展，其领导者是有能力保护/ 54
剥削所在社会并消灭对手的军阀，霍布斯谈到在“污秽、野蛮和短命”的生活中，所有人反对所有人的战争时，大概所指的就是这个。

在演化生物学家看来，在连年战争的条件下，对领导者的选择或许会重点关注相对较少的一群“雄性领袖”，也就是卡莱尔的“英雄”。随后发生的各种各样的自然选择淘汰了一切，只留下最适应的，或者说只留下了最适于担任领导职位的人，但这同时意味着当代的各种组织形式被认为“不适合”我们（几乎没有发生）演化的领导形式。事实上在这种观点中，对领导力的要求是人类所固有的，时空变换，斗转星移，那些要求却相对固定。

事实上要确定哪些特质是人类天生固有的实在难乎其难。首先，我们很难在人们受到教育的影响之前对他们进行评估——评估婴儿的领导能力绝非易事。更何况有些行为本来就没有逻辑可循：比方说，如果繁殖的结果更有利于领导者而非追随者的话，还怎么会有人甘居某一位领导者之下呢？

这种观点往往认为，人类显然普遍适用且亘古不变的领导力与我们的动物本性有关，因为动物中间的领导力似乎是不变的，也是最为等级森严和残酷暴虐的。比方说，狮群中的领导模式主要是由母狮负责狩猎和照顾幼狮，而雄性领袖在摄食和交配方面享有特权。但并非所有动物都采用同样的领导模式：以斑鬣狗为例，它们的性别角色就是相反的——雌性的体量大于雄性，因而前者控制交配过程并领导鬣狗群；雄性进行大部分的狩猎，而雌性控制雄性，并可以优先获得被雄性杀死的猎物。有
55 些演化观点暗示说，雌性之所以能在斑鬣狗群体中占据统治地位，是因为雄性没有分担抚育幼兽的职责；很奇怪怎么没有人把这种领导策略传授给猎豹。狼群稍有不同：由一对老大领导2—12只狼组成的家庭单位，担任领导的那一雌一雄单独负责哺育后代。狼群内部存在着严格的等级阶序，雄性老大领导捕食和守卫地盘，雌性老大领导幼崽。

但如果说人类领导力是动物世界的镜像，那么我们应该最像我们最近的遗传近亲黑猩猩才对。然而德瓦尔关于黑猩猩的论述表明，领导力并非由体量决定，也不一定是黑猩猩天生固有的，而是由占优势的雄性在年长雌性的支持下结盟形成的。此外，博姆指出，对当代狩猎-采集者的分析表明，领导者时时处处会受到“逆向统治等级”的抵制——后者结成暂时的同盟，共同反抗暴君。事实上，领导者的合法化取决于追随者而不是领导者。

如果我们真的是自身基因的“牺牲品”，那么我们或许还想

质疑一下自由选择或自主权的概念。与决定论相对，意志力就是指行使自由意志或主动选择，因此，如果人类行为是由生物基因决定的，就消除了领导力的主动元素，或许就很难确定个体的责任了。这样一来，我们可能根本不用负责，也就没有领导力可言了。事实上，如果说性格是遗传得来的，那么这种观点的逻辑结论表明，那些有着“犯罪基因”的领导者无须对带领犯罪团伙作恶负责，哪怕其造成了重大人员伤亡或大量钱财被盗等等。而如果我们坚持认为行动是由生物要求决定的，而个体对其没有任何主动控制权，那么我们甚或应该考虑寻找一种领导力基因来**迫使**他们行动。古代雅典人大概根本不这么看；在他们看 56
来，领导力是后天培养，而不是先天就有的。

雅典式：后天培养的外行

“雅典式”是指以古代雅典公民（只包括男性）为典范的领导力学习模式，他们通过相对较高的社会出身再加上博雅教育，并适当地辅以“培养人格”的体育教育，来获得领导职位。最初接受教育的时间段是8—14岁，富裕阶层的男孩子会接着上学，直到18岁，按照规定，那以后会有两年时间在军中服役。其目的是要培养（男）孩子，让他们通过参与往往是独立思考的省察式学习，为雅典公民提供下一代通世故、有担当的领导者。这些领导者认为自己是“后天培养的外行”——他们不是填鸭式教育系统的成果，后者培养出的是他们的死敌斯巴达人那样的职业士兵；相反，他们是最为文明的社会培养出来的最知书达理的人。至于当代读者觉得有奴隶存在，且女性社会地位低下的社会根本算不得文明社会，就是另一回事了。

整个19世纪，英国军队里就采用这种领导力培训的“后天培养”做法，结果形成了一个极为忠诚、勤奋和实用的上层阶级军官群体，但他们没有什么想象力，对科学技术也不感兴趣或不予支持。这造成了英国在第一次世界大战前半段，特别是1930年代的困境，以及英国全面丧失技术领先的地位。无论商场还是陷入僵局的战场都需要创业家的胸怀和丰富多元的想法，然而他们的做法却造就了“监护制”伦理规范，它提倡责任感和浪漫的理想主义却不理会创新组织结构、程序和战略。结果，人们
57 对军事理论或战略漠不关心，却过于倚重作战军官的个人主动性，以及英国人良好的“常识”。

这样一来，领导行为就成为下属们无法参与的事情——德国军队却一直都在培养下属的参与感——而主要源于一种交换机制：用家长作风来换取忠诚，用威严来换取尊重。结果，领导者们有义务像对待自己的孩子一样对待士兵，士兵们则必须像孝顺父母一样服从军官的命令。正如1914年第一国王兵团的一位中尉所说：“士兵们太像幼儿了。离开了我们，他们什么也做不了……这大概能够在部分程度上解释为什么军官的伤亡比例如此之大。”因此，军官群体所获得的特权不一定会引起士兵们不满——只要那些特权不会破坏军官们照顾士兵的社会责任，而这所谓的照顾往往都是些微不足道的小事，比方说记得某个士兵的生日、询问其家庭生活，以及尽可能改善士兵的伙食，等等。

“斯巴达式”：监管者

卡莱尔和雅典模式本质上都是个人主义领导模式，前者认为领导力是天生的，后者认为领导力是后天培养的，但斯巴达

模式却不遗余力，甚至有些走火入魔地鼓吹集体主义，亦毫不掩饰其自然主义态度：领导能力的确是许多斯巴达人天生拥有的，但为了社会的共同利益必须对其加以约束，且必须在集体主义框架下对其加以改善。此外，只有通过同样的领导系统对追随者进行培训，让他们服从监管者的领导时，领导力才有可能得到充分有效的发挥。该监管过程在婴儿出生时就开始了，由一个长老会对每一个婴儿进行评估，把那些被定义为“软弱”的婴儿留在泰格托斯山的山坡上过夜，把他们的生死交给命运。 58

斯巴达人把年龄在7—18岁的男孩们送到阿高盖（*agôgê*，字面意思是“抚养”，类似饲养动物），该机构集教育、社会化和军训为一体，将男孩子们变成合格的勇士。斯巴达教育的内容很少包括省察式学习，最重要的是培养对国家的忠诚。教育那些男孩子的首要目标是建立一支忠诚尽职的军队，13岁时，他们要接受一位义忍（*irens*）的指挥，后者是一些20岁的下级领导者，培养其指挥经验的目的正是为了在大批勇士中注入斯巴达式领导特质。少年们还必须经历一段“隐藏期”，那段时间他们须到乡下去独自生活，或在自我管理的小团队内生活，还要参与杀死斯巴达奴隶的行动，那些奴隶有的被认为过于强壮，有的可能怀有领导的野心。18岁时，会挑选出一组人加入精锐的皇家卫队，再从那里走向正式的军事领导职位，不过军事训练一直要持续到30岁才会结束。但在斯巴达，就连忠诚也有着一种集体主义而非个人主义的倾向：每年一度选出的民选五长官——监督人——宣誓支持双王，但条件是双王必须维持法治。因此，如果某一位斯巴达国王坚持领军作战（他可以这么做），民选五长官中的两位长官将始终伴其左右，并向国内汇报其言行操守。

明显参照了选择领导并将其集体化的斯巴达式做法、距离我们更近的例子，恐怕就是希特勒青年团的各级组织了。特别是在各所阿道夫·希特勒学校里，德国男孩们要在战场上和家乡接受领导力训练。1921—1925年出生的德国人中死于战争的比例为三分之一，但曾在阿道夫·希特勒学校受训的人有50%命丧沙场。到1935年，年龄在10—18岁之间的所有德国人中，有一半都是希特勒青年团团员，1926年出生的人中入团的比例高达90%。事实上1939年以前入团还是自愿的，但很少有人拒
59 不入团。希特勒青年团采取军事化组织，包括由150人的群体组成的分部一直到由10名男孩组成的少年团小组（女孩组成的叫少女团小组）。“青年领导青年”是希特勒的口号，不留任何盲点：单1934年一年，就有12 727名希特勒青年团（14—18岁）领袖，24 660名少年团（10—14岁，女孩子组成的叫作少女团）领袖参加了287次领导培训课程。上完这些包括体育和军事训练及意识形态洗脑的课程之后，这些年轻领导者会领取关于如何领导追随者的手册，其内容详尽，每节课都包括导言、歌曲和课文。不允许有任何讨论或分歧，但最重要的经验似乎是周末营和夏令营，那些短期训练营积极进行社团建设，通常是确保12岁以上的每一个孩子都能轮流领导自己的少年团小组或少女团小组。“那样一来，”一个男童学校的一位教职工写道，“他就能够学习发号施令，并在潜意识中获得自信的力量，要想命令他人服从，这是十分必要的。”成功完成了少年团和希特勒青年团的训练之后，会有少数人入选某所奥登斯堡（党卫军学校），这些学校将斯巴达精神奉为圭臬。“我们这些培训青年领袖的人希望看

到的，”一位培训教师在1937年说，“是一个以那个古希腊城邦为榜样的现代政府。选出人口中最优秀的5%—10%来治理国家，其他人则必须工作和服从领导。”然后，这些未来的领袖会在福格尔桑党卫军学校学习一年的“种族哲学”，继而在克罗辛茨学习一年的“人格培养”，最后在松特霍芬学习一年的行政管理和军务。在1935年的结业会操上，纳粹党组织部长罗伯特·莱伊[1]说：

> 我们想知道这些人的心中有没有领导的主人翁意志，简言之，就是统治意志。纳粹党及其领袖们必须渴望统治……我们乐于统治，不是为了成为暴君或在施虐的专制政权中获得快感，而是因为我们坚定不移地相信，不管形势如何，只有一个人可以领导，也只有一个人能够负责。权力 60
> 当属于那一个人。
>
> （引自诺普，2002）

在纳粹看来，这最终的“一个人”当然就是希特勒，随着战争的深入，希特勒开始日渐背离纳粹的集体主义核心以及战前德国鼓励下属发挥主动性及领导者与追随者相互反馈的军事理念（任务式指挥），这极大地加速了希特勒的溃败。例如，显然，在1939—1941年入侵波兰、西欧和苏联期间，希特勒与将军们进行过多次谈话并倾听他们的意见，虽然他并非总是采纳他们的建议。希特勒只有一次亲自干预过入侵波兰的行动，还被

[1] 罗伯特·莱伊（1890—1945），纳粹德国政治家，1933至1945年任德国劳工阵线领导人，在纽伦堡审判中自杀。

冯·伦德施泰特驳回了。然而当入侵苏联的行动在1941年冬受挫之后，希特勒开始“亲自过问”武装部队的大小事务，也不再倾听将军们的意见了。于是随着战争的推进，希特勒与下属的对话变得越来越单向，他接收到的信息不再来自建设性的反对者，而是来自破坏性的赞同者。也就是说，随着独立思考的人被排除在顾问圈外，他收到的建议的质量急剧下降，以至于他所能听到的建议只剩下那些下属认为他想听到的，而不是他需要听到的。

与此相反，二战开始时任职于海军部，且因为某一位塔尔伯特上校不同意他的反德国潜艇战略而将其开除的温斯顿·丘吉尔，却在担任首相之初招募了很多就他所知最独立的自由思考者。因此，他邀请了厄内斯特·贝文加入战时内阁并担任劳工及国民服务部长，此人曾是1926年大罢工的领袖之一，而丘吉尔镇压过那次大罢工。确实如此，他甚至与自己最痛恨的两位
61 政敌张伯伦和哈利法克斯伯爵共事。在军事领域也是一样，虽然他与艾伦·布鲁克意见不合是人尽皆知的，两人常常争论得面红耳赤，但丘吉尔仍然把他留下来，因为丘吉尔知道，只有这样的人才有勇气和不屈不挠的独立精神提供他所需要的逆耳忠言。这种独辟蹊径的领导力学习法就是第四种学习模式——卡尔克斯模式——不可或缺的重要元素。

卡尔克斯式：实践社团

第四种领导力学习方式，即卡尔克斯式是后天培养的观念加上集体主义倾向。事实上，它指出领导者既非无所不知也非无所不能，因此领导力必须在整个组织分布开来；此外，这样一

种深入或分布式领导是可以通过培养习得的，它能够获得社会支持，我们也不需要仅仅依赖“天性”来让领导力走上正轨。这一观念还声称，参与社会实践是人类学习的基本过程，因此学习是一项集体或社会活动而不是个体活动。的确，正如温格所说，学习事实上是通过一种“实践社团”发生的，在该社团中，参与社会实践构成了一种社会化社团，并因而构成了一种可以被领导的社会身份。

> 有史以来，人类组成了各种社团，将集体知识积累起来形成社会实践——实践社团。部落就是个早期的例子。更近代的例子包括中世纪对行业加以管理的行会，以及共同确定某一特定研究领域内的有效知识的科学社团。不那么明显的例子包括地方园艺俱乐部、病房内的护士、街头流氓团伙，或者定期在咖啡厅里集会、分享经验、互通消息的一群软件工程师。
>
> （格林特引用温格，2005：115—116）62

然而实践社团的成立并不仅仅因为物理距离接近，还必须由参与者“共同参与”，否则“社团”就不会发展成为“实践社团”。此外，实践社团并非只有亲密友爱的乌托邦理想，它的本质定义是共同实践和集体智慧，而不是和谐的关系。

我还想指出，一般人总是想当然地对这一关系加以臆断，但其实是追随者教会了领导者如何领导。事实上重要的不仅是经验，还有省察的经验。大多数父母学做父母也体现了这一逆向学习方式：孩子们教会了他们如何做父母。或者正如杰拉尔德·曼利·霍普金斯[1]所说,“儿童为成人之父”。霍普金斯或许意在暗示男孩最终总会成长为男子汉,正如一粒橡子总会长成橡树。但我想在这里提出一个不同的解读:孩子们教会了自己的前辈如何成为父母。

虽然有很多关于育儿的书籍,但大部分探讨如何做父母的书籍只能源于“育儿”经验。毕竟,只有在自己的孩子身上尝试过之后,你才会知道别人的方法是否有效。理论上,父母都会教育孩子要做个好孩子,但后者当然有办法对大部分这类良好建议置之不理。如若不然,天下的父母就不会发愁孩子捣乱、坐在超市的地板上耍赖,也不会有青春期的孩子去尝试酒精或毒品,没有人深夜不归,或者房间乱得像刚刚被打劫过似的。既然这些时常发生,父母占据的资源优势(体能、语言、法律支持、道德要求、零花钱来源、禁止外出的威胁等等)的效果就相当有限。因此,关键问题是,父母必须通过倾听孩子的声音并对其做出反应来学习为人父母之道。事实上我们都是从自己的孩子身上学习如何做父母的:刚出生的婴儿觉得我们抱的方法不对、让他
63 们不舒服了,就会哭,我们会调整姿势;他们饿了会哭,让我们喂食;他们累了会哭,让我们拍着睡觉。每次——是事实而非假设——我们做错了(或者他们觉得我们做错了),他们都会通过啼哭、挣扎、生气或者随便什么方式让我们知道。当然,我们随后必须自行决定怎么做,是“教训他们”学习一点儿自控或是其他什么,但这些是否奏效不光是我们说了算,我们往往必须通过这一不断变化的关系来协商妥协,最终找到自己的育儿方式。

① 杰拉尔德·曼利·霍普金斯(1844—1889),英国诗人、罗马天主教徒及耶稣会神父,去世后在20世纪声誉大增,使他成为最负盛名的维多利亚诗人。

的确，虽然经验有时能让育儿变得容易一些——孩子越多就越好带，但情况不一定如此，或许因为每一个孩子与父母的关系都截然不同，以及/或每一位新生的孩子都会改变以前的亲子关系模式，以及/或因为有些人的学习过程就是比较困难。

这里最重要的问题或许是父母在何种程度上从孩子那里获得反馈。在父母-子女相对还算对称的关系中，还有可能是父母学到的最多。换句话说，当孩子被父母压制——或者相反——时，关系双方的任何一方都绝不会学到很多或日渐成熟。确实如此，很多父母能够较为出色地完成极难的任务，原因之一或许就是孩子的反馈往往比成人追随者或下属更加开放和诚实：如果父母的做法“不当”——这是由孩子而不是由父母界定的，孩子的意见很快就会传到父母的耳朵里。这一点在蹒跚学步的孩子身上就很明显，他们说话之坦诚，可能会让人难以忍受，此外每当我们遇到那些雷厉风行的领导者的孩子时，也能强烈地感受到这一点：他们的孩子们似乎往往能对他们直言不讳，说的话是我们这些可怜虫下属们连想都不敢想的。如果把这一学习模式映射在领导力上，其含义就是，虽然领导者都觉得自己在教导追随者如何服从，但事实上教导的主要工作是由追随者们完成的，领导者大部分时间都在学习。这样一来，我们不妨把杰拉尔德·曼利·霍普金斯的话改写成：“追随者乃领导者之师。” 64

总会有些领导者学不到，有些追随者教不了，此事不可避免，但领导力的秘诀之一很有可能并非一串天生的技能和胜任素质，或者你有多少领袖魅力，或者你有没有愿景或实现该愿景的战略，而是你是否有能力从追随者那里学到东西。那种学习观念无疑是深嵌在领导力的关系模式之中的。我还想指出，不对称的问题对于成功的领导也至关重要。也就是说，一旦领导者和追随者之间的关系无论在哪一个方向上是不对称的——软弱/不负责任的领导者或软弱/不负责任的追随者，那么组织的成功就可能无以为继，因为双方能够得到的反馈和学习微乎其微。事实上，学习与其说是个体认知事件，不如说是一个集体的文化过程。

如上文所述，这一从下属那里学习如何领导的问题并非什么新奇的异想天开，事实上自古典时期以来，它就一直是领导力的一个明显特征。例如在希腊神话中，特洛伊战争期间，忒斯托耳（阿波罗的一位祭司）的儿子卡尔克斯是迈锡尼国王阿伽门农手下的预言家。阿伽门农想保证自己获胜，就找到了特洛伊人卡尔克斯。于是卡尔克斯来到德尔斐神庙，宣称希腊人要想胜利，必须要让阿伽门农付出巨大的代价：他得献出自己的女儿伊菲革涅亚，这场战争要打十年，且除非阿喀琉斯为希腊人而战，否则就无法保证他们获胜。于是阿伽门农不得不相信一位特洛伊人——他昔日的敌人——的话，因为他无法信任自己“天然”的盟友希腊人提供的信息。

这样一来，这种“卡尔克斯式”方法就超越了领导力学习最致命的弱点之一：用建设性异议取代了破坏性赞同。我的意思是，既然没有哪一个领导者拥有足够的知识或权力实施高效的领导，那么领导力就必然是集体事务。然而，随着领导者在组织等级阶序中步步高升，周围往往会聚集一群马屁精——那些不
65 折不扣的“唯唯诺诺之人”在反馈中只会奉承而根本不知诚实为何物。相反，组织要想获得长期的成功，就需要建设性的反对者——那些能够且愿意为正式领导者提供可能会令后者心中不

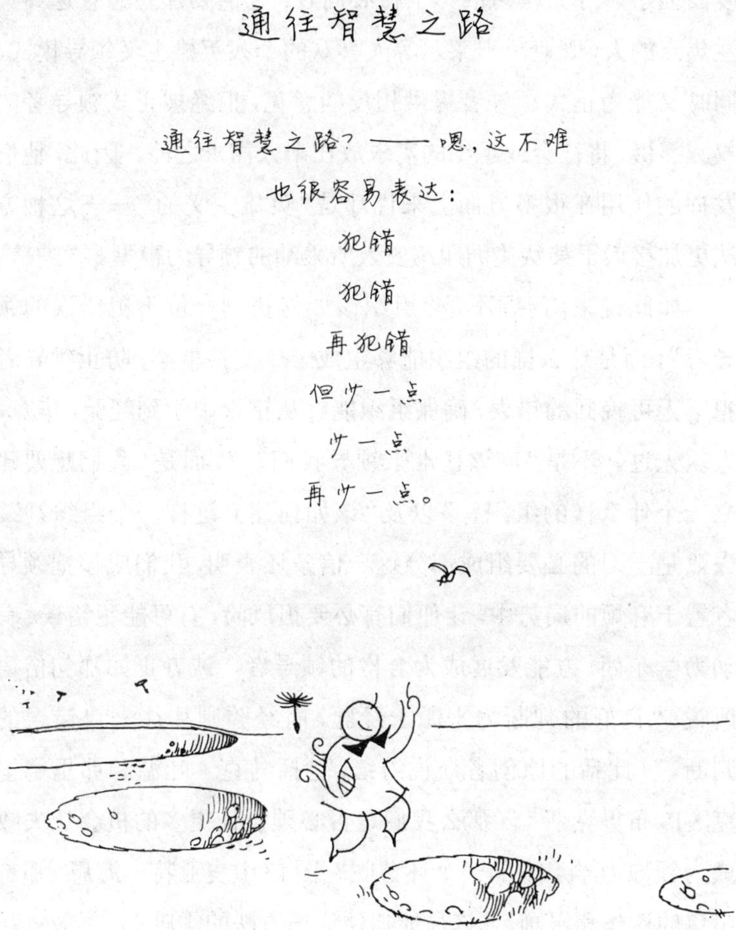

图13　通往智慧之路

悦，但要想学会如何领导就必须倾听的反馈。阿伽门农的问题
66 就在于，只有非希腊人能够提供这样的建议，而那恰恰从一个角度凸显了领导力学习的一个核心问题：它需要那些愿意远离关注焦点的人，既避免卡莱尔等人喜欢的个人英雄主义领导模式，同时又能为正式领导者提供相反的意见，拒绝被正式领导者的权威震慑，将社会或组织的需求放在个人需求之前。因此，他们发挥的作用在很多方面上来说都是“英雄主义的”——这种方法更加接近于某些美洲印第安人所采纳的领导力模型。

如此说来，问题不是“组织该如何找到一位不犯错误的领导者”，而是什么样的组织能够生成一个支持框架，防止领导者犯下无可挽回的错误，确保组织能够从错误中学到经验，毕竟，人孰无过。不是“应该让谁来领导我们？”，而是“我们想要建立一个什么样的组织？”以及“该如何建立这样一个组织？”。失败是学习的必要组成部分这一信条还表明，我们应该把领导者置于麻烦的局势中，让他们有必要担风险、有可能犯错误、有动力学东西，方能发展成为合格的领导者。或者正如那句俗语所说：“良好的判断力来源于经验，而经验则往往来自错误的判断。”（此话的原创者众说纷纭，包括马克·吐温和弗里德里克·P. 布鲁克斯[①]。）那么我们是否必须设计更多的机会让失败成为领导力学习中的一个环节呢？图13中皮亚特·海恩[②]那首
67 出色的诗作和漫画，或许最能抓住这一方法的实质。

---

① 弗里德里克·菲利普斯·布鲁克斯（1931— ），美国软件工程师、学者，1999年图灵奖得主。他曾任IBM公司系统部主任，著有《人月神话》一书。该书被视为软件工程的重要书籍。

② 皮亚特·海恩（1905—1996），丹麦数学家、发明家、设计师、诗人和作家。

第五章

领导者是谁？

THWαMPs

根据格拉德韦尔的说法，美国第29任总统沃伦·哈定也被公认为美国历史上最糟糕的总统。他在任三年一事无成，而且威廉·G. 麦卡杜参议员曾说，一般来说，哈定的讲话就是“一大套华而不实的辞藻游移不定地找寻一个落脚的主旨”。哈定离职后，人们发现他在职那几年没少过丑闻和腐败，然而他在任期内却一直颇受欢迎。格拉德韦尔指出，这跟一个普遍存在的倾向有关：人们总是忍不住根据自己对某人的体格和性格的第一印象来判断他有无可能成功。由于哈定是一位高大英俊（T&H[①]）的原型领导者，又是一个自信（虽不无空洞）的演讲者，人们自然而然地会觉得他能够成就一番伟业，就像我们常常把组织的成功归于个体领导者，但他们通常提不出什么证据表明

① T&H，“tall and handsome”的首字母缩写。

这一相关性能够真正代表因果关系。事实上，体格和归属判断之间有着很强的相关性。例如，格拉德韦尔自己在对财富500强公司进行分析后发现，大部分CEO都是平均身高稍低于六英尺的白人男性。事实上将近60%的人的身高不低于六英尺，而在其他美国成年男性中，这样身高的比例只占15%。那么我们可不可以首先断定，大部分西方领导者似乎都是高大英俊的白人
68 男性，也就是THWMs[1]呢？

倒也未必。虽然人们普遍认为身高对领导者所获的评价起到重要作用（越高越好），也确实有不少矮个子领导者。例如，本-古里安[2]身高五英尺（1.52米）；亚西尔·阿拉法特、圣雄甘地、金正日、侯赛因国王、尼基塔·赫鲁晓夫和德米特里·梅德韦杰夫都只有五英尺三英寸（1.6米）；而女王伊丽莎白二世、佛朗哥、海尔·塞拉西[3]、西尔维奥·贝卢斯科尼、昭和天皇、尼古拉·萨科齐、斯大林、T. E. 劳伦斯和霍雷肖·纳尔逊也都不到五英尺六英寸（1.66米）。另一方面，美国一直以来的研究表明，身材较高者的收入也高于身材较矮者——2007年，身高增加一英寸与收入增加1%存在正相关，肤色较浅者的收入也要高于肤色较深者。

尽管如此，重要的女性领导者打破男性主导模式的例子也历来不少。例如在本书撰写期间，联合国192个成员国中就有23位女性国家元首，何况早在公元前3000年就有女王统治埃及了。然而这些往往是例外，而例外的存在，恰恰证明了无论时空

① THWMs，"tall handsome white males"的首字母缩写。

② 戴维·本-古里安（1886—1973），以色列第一位总理。

③ 海尔·塞拉西（1892—1975），埃塞俄比亚的国王（1928—1930年在位）和皇帝（1930—1974年在位）。

如何变换，男性主导始终是基本规则。

那么如今看来，都是些什么样的人物在做领导者呢？卡普兰的分析指向了一个更加脸谱化的模式——CEO们不光是THWM，还是典型的雄性领袖：好斗、高效、坚韧、拥有特权且毫不妥协。这样一来，我们就可以把缩写词改成享有特权、高大英俊的白人男性领袖了，也就是THWαMPs[①]（倒是比THWMs好念一点儿）。然而卡普兰的数据源是私人股权公司的CEO们……看来也就是在我撰写本书期间陷入金融灾难的那个领域。或许这一人格类型能够解释为什么，按照安德鲁·克拉克的说法，在全球最大的保险公司AIG（美国国际集团）接受了美国政府850亿美元防止破产的紧急救助贷款（2008年9月17日）五天后，该公司全体人员竟花费了44万美元在加州的一家顶级海滨度假村休假一周。或者如众议院监督和政府改革委员会主席亨利·韦克斯曼2008年10月8日对时任莱曼兄弟公司CEO的理查德·福尔德所说："你的公司破产了，我们的经济也陷入危机。但你还有4.8亿美元。我要问一个最基本的问题：这公平吗？"第二天，AIG又收到了美国政府378亿美元的追加贷款；那一定又是一场盛大狂欢。事实上狂欢一定至今未停：1999年，英国CEO与员工的收入平均比例从47倍上升到128倍，利洁时公司CEO巴特·贝希特高居榜首，达到了1 374倍（贝希特2008年的收入为3 700万英镑，而这家总部位于斯劳的跨国公司的雇员平均收入为26 700英镑——相当于英国的平均水平）。贝希特倒也不必担心自己木秀于林：2007/2008年度，富时100公司中前25家公司的董事平均 69

① THWαMPs，"tall handsome white alpha-males（of）privilege"的首字母缩写。

收入均超过了1 000万英镑（数据引自《卫报》）。

所以我们这里真正需要关心的不是公平与否的问题，提出公平问题的言外之意可能是，与公司资源相比，平等对待追随者才是领导者成功的要诀。那显然不是事实。历史上残忍暴力、奴役剥削以及许多其他“不公平的”领导者通过狰狞恶毒的行为获得成功的例子比比皆是。或许论证要从两个方面来进行。第一，只有在与公平有着文化关联的情境下，公平才是评价领导者是否合适的一个标准。在危机时期，例如在战时，大多数追随者大概会觉得生存比公平更重要。然而2008年10月，当全球股市遭遇金融危机时，以前人们关于公司成功比公平重要的论断发生了逆转，美国国会之所以迟迟通不过救市方案，原因之一就是因为人们认为这不公平——不该偏向据称不惜损害纳税人利益的肇事方，即银行家，还指望纳税人替银行家们自己犯下的错误买单。第二，回到本书第二章的论点，我们或许能够看到，有效的领导类型取决于（1）当前提出要求的局势如何，以及
70 （2）某些领导者在架构和重构局势时有多大的说服力，以便在呼吁多方采纳他们本人提议的行动时，起到一呼百应的效果。

在许多国家，公平往往跟多样性有关，而就在大多数这类国家中，顶层精英多样性水平的标志又往往是——多样性。例如，《观察家报》2008年10月进行的一次民意调查要选出英国100位最有影响力的黑人，评选委员会看似避免了老套的提名程序，以防名单里充斥着黑人歌星和体育明星。相反，评选的依据是他们的“影响力”，其定义是：“改变事件走向和改善人们生活的能力。”男性中排名最高的是穆罕默德·易卜拉欣博士，这位创业企业家为将手机引入非洲做出了无可匹敌的贡献。而女性中

排名最高的是斯科特兰女男爵，她在学校期间，曾有一位职业发展顾问跟她说，她职业生涯的顶峰差不多就是当上森宝利公司的主管。她后来成为英国第一位担任王室法律顾问的黑人女性，2007年又成为第一位女性总检察长。正如在该名单男性中排名第五位的英国平等及人权委员会主席特雷弗·菲利普斯所说：

> 必须证明少数民族社区中有人在公共生活中发挥重要作用，随时愿意承担起整个社会的部分责任，而不仅仅是狭义地关注少数群体的利益……人们有两个刻板印象：愤怒的男黑人和苦难的女黑人，事实上我们大多数人不属于这两类中的任何一类。如果人们不再觉得黑人就应该被归于这两个脸谱化的类型，他们或许能够透过表面，也就是肤色，看到每个个体的内在特点，而不是将他们归于某一个类别。这种思维练习能够有所助益，必将让很多人的生活发生重大改变。

在当前由巴拉克·奥巴马主掌白宫的美国，2008年有色人种占总人口的三分之一，或34%。但谈到最高职位的政府官员的比例，比如国会议员，只有15%是非裔、拉丁裔、亚裔美国人或印第安人，只有24%是女性。非营利组织的情况也大同小异，84%的非营利组织是由白人领导的。此外42%的非营利组织只为白人社区提供服务。过去我们受到的教育让我们以为，这个问题事实上最好以历史视角来看待——显而易见，西方领导者过去一直是白人男性，但这一点正在发生改变，虽然改变的速度很慢，但在不久的将来，我们定能看到管理精英群体的组成体现出更大的多样性。但这并非不言自明的事实。

合作资产管理机构2009年进行的调查表明，富时350公司中只有3%的公司CEO为女性（只有四家公司的董事长为女性，占1.3%），有130家公司的董事会层级没有女性。的确，女性在董事会席位中的比例只有9%，但这不可能是因为缺少平等机会政策，因为94%的公司都出台了这类政策。2008年，女性在300家顶级欧洲公司中所占的董事会席位只有不到10%，但过去几年我们看到这个数字有少量增加，不是因为多样性政策的稳步推行，而是另有原因；举例来说，挪威的公司（自2003年起）有立法要求，法律规定每个公司的董事会必须有至少一名女性成员。事实上，挪威目前正在所有上市公司中推行40%的最低目标。斯堪的纳维亚国家在性别平等运动中领先，但欧洲其他国家还有一定的差距。

在美国，专业和管理岗位中有一半是女性，但在这句肯定性别平等的笼统陈述背后，可以看到一个熟悉的规律：女性往往在慈善组织和公共部门中的代表性更高，而考察的级别越高，能够看到的女性就越少。例如，财富500强公司中只有15位女性CEO。

当然，大多数公司董事会的女性人数不足与其说源自男性
72 的偏见，倒不如说与这样一个严峻的事实有关：女性在董事会中所占比例与公司的财务表现偏弱之间存在相关性。这的确有可能是因为男性更胜任会计工作——不过我很怀疑这种说法——然而不管有多少家会计公司（英国的会计人员数目大大超过其他主要竞争对手；美国的律师数目也远超别国），它们似乎都没

能帮助许多公司在2008年的金融危机中绝处逢生。相反，我们应该关注“相关性”这个词，把它与“因果关系”区分开来，因为在这里，因果的方向至关重要，如图14所示。

此图表明，相对于男性获得任命的一般情况而言，只有现状糟糕得多时，女性才会获得任命——这就意味着女性面临的任务要艰难得多，也意味着我们可以在较差的业绩与女性之间建立相关性——但事实是业绩差导致了女性得到任命，而不是相反。的确，就任命之后的公司业绩而言，许多研究都表明，男性 73
和女性的差别微乎其微，但也有些研究表明性别多样性与业绩提升之间存在正相关——至少当董事会中的女性能够胜任时是如此；而基奥恩还提到，由于过去数千年来女性一直受到排斥，关于领导者，她们会提出一套全然不同的问题。

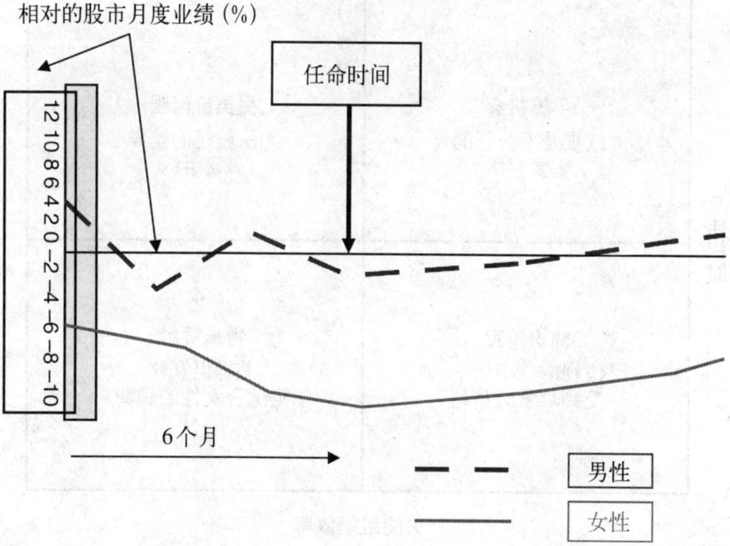

图14 董事会中的女性与公司业绩

我们该怎样应对领导者群体缺乏多样性的问题呢？说起来，那要取决于你站在什么立场上。如果你就是一位希望保持现状的THWαMP，那么显然没什么可应对的。但如果你觉得有必要做出改变，那么还取决于你认为问题的根源是什么。图15再现了阿尔韦松和比林对性别不平衡问题的分类法。方框1代表认为两性没有差别，且出于伦理原因，应该改变现状的人。这
74 往往会引发立法变革，如前文提到的挪威政府的立法。方框2持同一种伦理观，但认为两性存在着根本差异，因此立法变革不会产生什么成果。真正的解决方案应该是让女性创建另一类组织，的确，由于有些女性认识到在传统的男性主导的组织中，那层玻璃天花板无法突破，近年来由女性创立的新企业的数目确

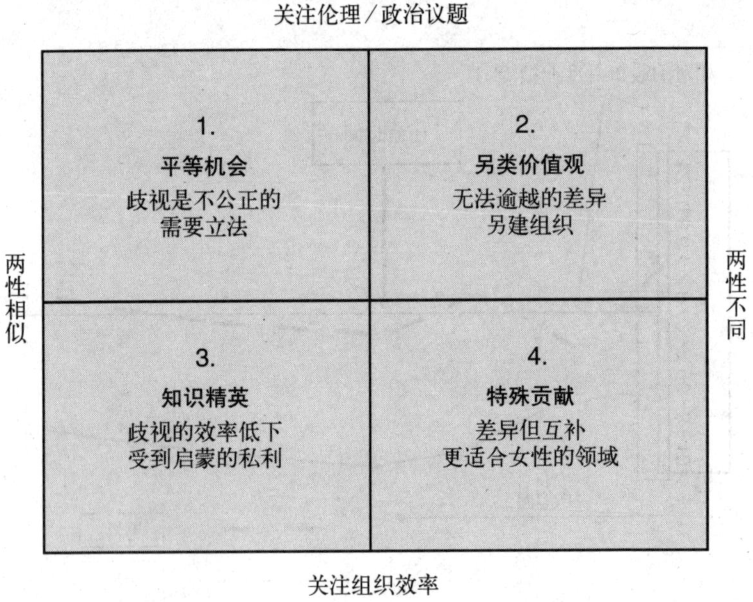

图15　性别：因与果

实看似有所增加。方框3认为两性基本上没有差异，但采取了一种效率而非伦理态度，认为既然如此，就应该采纳知识精英领导的做法，以免“浪费”女性的天分。最后的方框4是一种倾向于效率的态度，但认定两性存在差异，且关注女性如何能够为组织做出“特殊贡献”。

现在关键是要认识到，问题的解读与解决方案之间存在联系，因为它解释了为什么人们会提出不同的变革策略，以及如果这些策略失败了，为什么反对者会试图重新架构问题，将其归于不同的类别。事实上，我们不认为男性和女性之间存在很大差异，因为两性在一般的智商测试中的结果，以及性格特质，都没有明显差异，甚至西欧和北美的女性往往还比其男性对手的成绩更好。至于该如何解释业绩差异，似乎最重要的因素其实是不对称的家务负担、性别歧视以及先入为主的性别设定等现实原因，还有男性建立的工作网络较强，更能确保其获得更有挑战性的职位并取得更好的业绩。实际上，人们认为女性（其社交网络往往强于男性）作为领导者要比男性更有同情心——如果真是如此，这一行为特征又被认为没有男性领导者被普遍认为所具备的积极进取特征那么有力。当然，有些女性领导者也会采纳一种更有冲劲的风格，但这些行为往往又被看作“不得体”。无论如何，女性在取得成功的路上总要面对各种各样的困难和障碍。 75

当然，这也给了有些人足够的理由在事后宣称“我说的没错吧”，因为我们似乎总是在顷刻之间做出关于领导者及其战略的决定，因此如果支持他们而他们后来又成功了，对呀，我们早就知道的嘛。而如果他们失败了，那就一定是情况发生了变化，一定有人搞破坏，或者其他什么借口。这倒也不新鲜。已经有不少证据表明，对领导者做出即刻判断（不管正面还是负面）非常普遍。美国军队在第一次世界大战期间选拔军官的根据也是同样的套路：被认为有吸引人的特质——要么是无可辩驳的THWαMP类，要么只不过有“开朗可爱的性格”——的申请者被认定为更聪明、更勇敢也更（得体地）积极进取。或者正如爱德华·李·桑代克[①]所说，一见之下就会产生“光环效应”（或者说那些魅力稍逊的应征者有“魔鬼效应”），这扭曲了人们关于其整体性格和潜力的推断。

不妨考察一下如何将胜任素质模型套入上述情形。许多胜任素质模型的架构都建立在对现有领导者的胜任素质进行分析的基础之上，然后再把它们精炼成一目了然的清单，再围绕所需的胜任素质框架制定聘用方法。但看看这个过程吧：它利用现有的一群领导者，把他们的成功归于据称对成功起到重要作用的胜任素质。你八成已经看出来这里面有循环论证的嫌疑了吧，没错。真正需要做的，是把成功和不成功的领导者群体，或领导者和追随者群体进行比较，看看（成功的）领导者有哪些不同之处，再去追溯其与成功之间有无因果联系。否则，我们就不知道我们得到的是相关性还是原因。正如我们已经看到的，身为THWαMP可能与成功的组织相关，这当然可能是因为身为THWαMP是成功组织的前提条件，但也同样有可能是因为成功的组织只会雇用THWαMP。所以，我们须有十足的把握确信现有的胜任素质框架的确是成功（或失败）的原因，否则就要十分

① 爱德华·李·桑代克（1874—1949），美国心理学家，心理学行为主义的代表人物。他从研究动物的实验中领会到它们的学习过程，提出了自己的联结主义理论：刺激（S）–反应（R）公式。他被认为是教育心理学的奠基人，著有《教育心理学》（1903）。

警醒，尽量不要采取这一途径。

如果已经有了能够反映人口构成的非常多样化的领导群体，就无须担心这个问题了——那就意味着多样化的组织将不断复制各自的偏见，因此多样性还会继续，但不会发生改变。不过，既然组织往往是由THWαMP领导的，我们可能还会看到下一代领导者中出现更多的THWαMP。这只是按照自己的形象进行选择，还是另有原因？

社会认同理论

如果考察一下社会认同理论的功用，或许能对另一种解释略窥一二。这一观点认为，我们一贯倾向于把其他人归为有利和不利这两大类，前者是因为他们支持我们自己的身份认同，后者则是因为他们被认为是异类。这种身份认同过程在个人和群体层面都存在，因此在某些特定情况下，我们会把某些个人看作是群体的代表，而不是独一无二的人。的确，个人身份“我”不可能离开社会身份“我们”而独立存在。该理论继而指出，一旦被归类，我们会认为内集团（我们）内部的差异要小于内集团和外集团（他们）之间的差异。此外，内集团的规范和套路（多半是有利的）会产生特定的对比标准，来确保自我提升。例如，住在破烂廉价公寓里的年轻姑娘们有可能会觉得超模们也不比自己强到哪儿去，而且根本无法在这样艰难的环境中生存下去——这样一来，该对比标准就重建了姑娘们自我提升的社会身份。

另外，整个过程产生了能够效法群体社会身份的**原型**并导致其成员**丧失个性**，他们因为看上去如此相似而可以互换：我们定能就与集团有关的事务达成一致，我们往往会支持新制定的集团规范，我们还认为群体的利益高于自己的个人利益。结果，"我们"认为自己都具备那些正面的属性，因而我们都一样，而对"他们"都持负面看法，在这一点上，"他们"基本上也没有区别。这有助于让我们对自身、对当前现状和自己可能的行为不至于那么没有把握，对"他们"也是一样。

这样的原型很少被如此明确地表达出来，因此无法指望人们把它们写成众人一致首肯的清单；何况时过境迁，随着情况发生变化，它们也会改变，如果群体成员身份变得更重要了——往往是在外来威胁面前，它们的重要性也会增加。对领导力而言，其后果是那些最接近群体原型的成员有可能最有影响力——只要情况保持不变，他们就会成为领导者并一直担任要职。既然这一影响力与原型而不是个人有关（虽然群体成员不这么看），那就意味着一旦情况发生变化，就会产生新的原型，而这又解释了为什么原型偶像会突然丧失影响力。例如在1930年代，很多英国人认为丘吉尔是个危险好战的特立独行者，但当英国遭遇威胁时，他就成了自我认知的原型人物的完美代表——一个在危险面前坚韧不拔的勇敢的英国人，因此他变得很受欢迎，很快便官至首相。然而战争一结束，他的性格——并没有改变——又被认为不符合战后世界领导者的要求了。对于战后英国来说，性格更加温和包容的克莱门特·艾德礼才是符合需要的原型领导者。

因此，原型性取决于情境的稳定性，尽管如第二章所述，任何领导者都可以将架构和重新架构"情境"作为自己的武器。不过，领导者们还是可以利用以下几种强化原型模式的技巧来延长自己对局面的控制：

- 强化现有原型——更像“我们”中间的一员，而不是代表某种“出众的”特质或表现得像“他们”中的一员。
- 找出并打击内集团的不轨之人——这是把建设性或非建设性异见重新架构为“叛徒”行为的做法。
- 将外集团妖魔化，以分散人们对内部问题的关注。
- 捍卫集团——彰显对内集团成员的宠信，而无须在集团之间维持公平。

这样一来，该领导者就有可能成为内集团的原型：

- 此人最能代表共同的社会身份。
- 此人能够代表内集团成员共有的相似性——将群内相似性最大化；并代表其与旗鼓相当的外集团的差异——将群间差异最大化。
- 此人让“我们”觉得自己不同于“他们”——且比“他们”优越。

2009年6月发生在伊朗的暴乱是很好的例子，表明这种观念如何解读领导者在受到胁迫时所做的决策。这还解释了在面对压力时，为什么“群体思维”（群体压制内部异见人士的倾向）在各个群体内部都能占得上风，以及为什么在较为稳定的组织和机构，少数派、非原型个人和群体很难突进领导岗位。

并非不可能，而是很难。事实上，当危机爆发时，原型领

导者的地位通常得到了强化。例如，2008年夏，当戈登·布
79 朗力图为后布莱尔时代的工党展示另一种愿景时，他作为英国首相的地位受到了严重威胁。但2008年秋金融危机一爆发，工党内部立即团结起来，寻找一个在金融危机时期最能满足要求的原型人物并寻求其保护，所有要替代他的想法都被抛弃了——当时最合适的人选无疑是戈登·布朗，这位前财政大臣的脸上始终都是一副严厉、负责而认真的表情。然而讽刺的是，九个月后，当议会内部报销丑闻爆发，同一位英国首相再次面临强烈反对时，他却未能履行财政“巫师猎手”的使命，因此当人们的不确定性减弱，便纷纷寻找替罪羊，解决方案当然是把所有的罪责都推到一个领导者——戈登·布朗身上。

但原型领导者的成功不只依赖于说服“我们”，让我们相信我们不同于且优于“他们”，也在于说服“我”和“你”成为“我们”。幸运的是，那对领导者们而言倒是不难，因为它并不依赖于对“事实”的理性分析，而是依据人们情绪化的且往往是无意识的反应。事实上，所要做的不过是本尼迪克特·安德森[1]所谓的“一点想象力”。他的意思是，既然我们永远不可能知道其他人到底像“我们”还是像“他们”，只需想象一种情形即可。这样一来，第一次世界大战战壕两侧的士兵们无论是在生活质量、收入、习惯还是其他方面，彼此之间都要比跟各自的领导者更接近一些，这一点就没那么重要了。真正重要的是“他们”显然跟“我们”截然不同，而那就把“你”和“我”变成了“我们”，其凝

① 本尼迪克特·安德森（1936—2015），美国著名学者，专门研究民族主义和国际关系，康奈尔大学荣休教授。代表作为《想象的共同体》（1983）。

聚力足以让我们愿意与“他们”作战。

在英国和法国国家身份的建立中，这一点都发挥了重要作用，因为有足够的理由表明，革命的法国军队在拿破仑的带领下与惠灵顿麾下的英军作战之前，大多数英国国内的人会认为自己是英格兰、苏格兰、威尔士或爱尔兰人——而不是英国人。同样，“法国人”或许觉得自己是布列塔尼人、诺曼底人或者各自故 80
乡随便什么地方的人——而不是法国人（确实如此，当时法国境内的大多数人不说法语，而是说某种地区方言）。然而，那场战争导致两个国家彼此敌对，冲突促使拿破仑和惠灵顿走上了领导岗位，不仅成为作战将军，而且成为各自“新生”国家的原型人物。因此，我们在阅读那段时期的文献时，会看到两位原型领导者代表各自的国家展开了相互竞争。人们不认为拿破仑和惠灵顿是两个同样位居高位的个人，而把他们看成是两个死对头国家的代表人物——这两个国家正是在战争的严峻考验下形成的。以下形容性格特征的词汇表说明了这两个人和国家是如何逐渐被认定为敌对双方的。

惠灵顿	**拿破仑**
喜欢独处	喜欢与民同乐
顽固不化	富有想象力
后勤保证	战略先行
绅士	新贵
腐败渎职	天赋异禀
自由	平等
稳定	动荡
谨慎	冒险
将士兵视为“人渣”	将士兵视为“家人”
实用主义者	中央集权者
谨小慎微	志向远大

最后让我们回过头来重新考察本章开头提出的问题。在本章开头，我们讨论了沃伦·哈定是一个颇受欢迎但效率很低的领导者，以及产生光环的第一印象会让我们对领导者的解读发生偏差。那就意味着我们需要对微观领导的议题非常小心才
81 是。这是指我们或许太过关注领导力的理性方面——愿景、政策、领导者的经验——而不够关注领导行为的情感层面，即人们如何诠释很小的行为、话语、眼神、身体语言等等。当然，关于情商的著述堆积如山，对情商一词的解释也千差万别，但我们应该意识到，情商高的人并不比情商不高的人在道德上更优越。例如，希特勒就是操纵他人情感的高手，但这可没让他在客观上变得道德。何况正是因为情感是非常有力的动员因素，我们才应该对其重要性加以限制——毕竟，那是我们为什么要生活在一个法律体系内，而不是任由某个暴君凭借自己的喜怒操纵我们的原因所在，对所有不喜欢暴君的人来说，他的情商再高，也只能是负资产。然而我们还是更喜欢那些能够记住我们的名字、能让我们感觉更亲切的领导者，而不喜欢那些连屈尊说一句“你好”都不肯，却有一套精细的政策来应对这个我们根本不懂的复杂世界的领导者。的确，他们一点儿都不像“我们”；他们更像
82 “他们”。

第六章

领导者是如何领导的?

关于特质、斯克鲁奇和锦鲤

诸位或许还记得第三章中提到的被公认为第一位“现代”领导力学者的托马斯·卡莱尔和他的“伟人”观点。但既然这种观点的经验支持极其有限，理论依据又明显不足，为什么它至今仍有众多拥趸呢？毋庸讳言，原因之一就是许多人至今还在为复杂问题寻找简单的解决方案：当信贷紧缩开始破坏整个经济基础时，我们不去深入考察形势的复杂性，反而更想找到一个替罪羊（我们会在下一章再回来考察这种现象）。寻找英雄（及反派）还能让我们逃避责任，对领导者保持一种巨婴心态，这种心态很可能源自我们幼年时期与父母或类似权威人物建立的关系。

尽管如此，到第二次世界大战结束之时，为应对战时军队中军官选拔过程出现的问题，早期的特质理论有了一定的发展演变，开始提出不同于“伟人”理论的其他道路。这些早期理论指出，领导

83 者拥有不同于非领导者的特殊素质/品质，这些似乎包括：

- 健谈；
- 聪明——但领导者和追随者之间的智商差异不能太大；
- 主动性和承担责任的意愿；
- 自信；以及
- 善于社交。

但没过多久，人们就明显看到，这些特质需要放在特定的情境之中，方能被认定为影响领导力的重要因素。的确，另一个明显的事实是，很多得出负相关结论的研究尚未发表，因而整个领域存有偏见。尽管每一项研究（跟当代的胜任素质模型一样）产生了明显不同的特质，人们仍然坚持想当然地认为，只要我们考察得足够深入，就一定能发现传说中的金奖券——那一串**真实存在**的特质。然而既然我们很少把成功和不成功的领导者放在一起进行对比，既然我们很少拥有无可争议的证据来证明领导者的行为对组织业绩提升起到了客观上可以衡量的作用，就仍然有两个问题亟待解决。

首先，对胜任素质的测试是客观的吗？例如，第二次世界大战期间，平民进入美国武装部队各部门服役之前进行的智商测试系统，就跟任何教育或其他智商测试一样漏洞百出——其结果表明经过测试的人中有四分之一是文盲，而一半白人和90%美籍非裔人士的智力年龄还不足13岁。由于那些测试包括像“斯克鲁奇是以下哪部小说中的人物：《名利场》、《圣诞颂歌》、《罗慕拉》还是《亨利五世》？”以及“哪一个术语被用于指代文艺复兴时期艺术的空间透视法？”这样的问题，我们可以确信，这些测试根本未能体现出很强的科学和文化客观性。但现实结果是一直到战争即将结束之时，大多数美籍非裔士兵才得以进入直接作战部队。

其次，到现在为止，我们甚至根本没有关注追随者。如果有一个根据特质来说天赋极高的领导者，但一群下属根本没兴趣 84
追随该领导者，又当如何？于是就产生了另一个问题：特质表现为某一个人所持的资产，而领导力是一种关系。这有点像从商业水族馆中买来最好的锦鲤，但忘了家中根本没有水塘来养它。

行为/风格方法

就在盟军部队还在忙着罗列选拔军官的一长串特质的同时，库尔特·莱温[①]开始了一套实验，想看看领导者的行为，而不是他或她的特质，对组织成功有无任何影响。莱温本人就是从纳粹德国逃出来的。在其著名的“少年俱乐部实验”中，莱温总结道，一般来说，当独裁领导者在场时，少年们（追随者们）会服从他的领导，而当他不在场时，他们就会逃避劳动。相反，采取自由放任做法的领导者无论在场还是不在场，少年们都不会干多少活儿，而民主领导者无论在不在场，都能让（大致）一半少年富有成果地劳动。结论是，民主的领导者能在追随者中产生最高的满意度——但同时指出，效率最高的追随者还是在独裁者当场强迫下劳动的那一群人。

① 库尔特·莱温（1890—1947），德裔美国心理学家，现代社会心理学、组织心理学和应用心理学的创始人，常被称为“社会心理学之父”，是群体动力学和组织发展研究的先驱。

这种对满意度和生产效率的区分后来成为很多研究的基础。密歇根大学的研究表明，领导者要么是**生产导向**——其追随者被看成是生产要素，是为达到某一目的所使用的手段；要么是**雇员导向**——其追随者被看成是一项关键的资源。俄亥俄州立大学对空乘人员行为的调查后来又再现了这一基本的任务/人员之间的二元对立（不过他们称之为“定规”和“关怀”），并得出结论，领导者能够同时进行两种活动，而不必做出非此即彼的选择。布莱克和莫顿①在其“管理方格”中很好地体现了这
85 一二元对立，图16就重现了该管理方格。其中，领导者要么脱

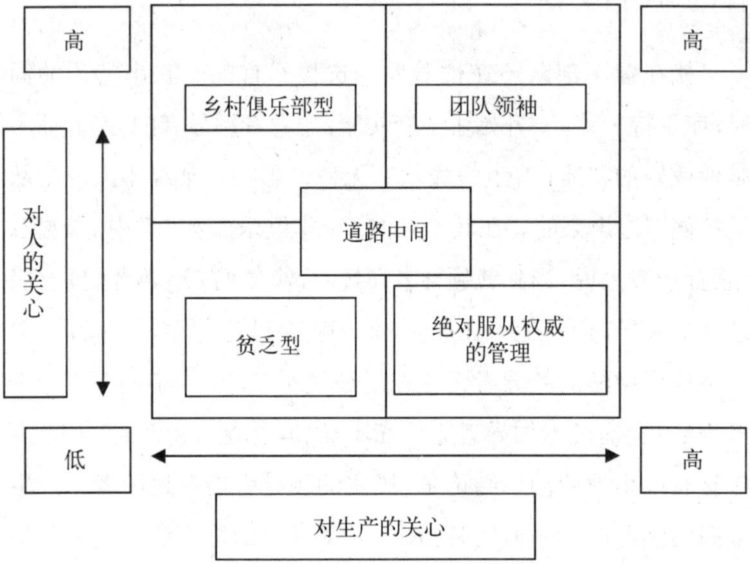

图16 布莱克和莫顿的管理方格

① 指罗伯特·布莱克（1918—2004）和简·斯莱格里·莫顿（1930—1987），两人在1964年出版的《管理方格》（1978年修订版改名为《新管理方格》）一书中提出了“管理方格理论”。

离任务和人，体现出一种“贫乏型”风格；要么对人而不是任务表现出较大关怀——仿佛他们在领导一个乡村俱乐部，其存在的唯一目的是为成员谋福利；要么可能不顾及人的需求而只关注任务——这是一种绝对服从权威的管理风格；他们当然可以采取图表正中间的做法，或者最后一种，就是对任务和人同时表现出极大的关怀，采取“团队领袖”的工作作风。有趣的是，自1960年代中期问世以来，这一方格就颇受欢迎，但其关于团队领袖是可能的亦是最优的管理风格的关键假设，迄今还没有显著的实证支持。

权变理论

就在管理方格开始流行的同时，随着关注焦点从领导者的风格选择（任务或人）转移到情境能够在多大程度上决定哪一种风格实际有效，发生了另一个明显的观念转变——这就是权 86
变理论的起源。

弗雷德·菲德勒[①]以他的“最不受欢迎同事”评价方法开启了这场变革，其保留了任务/关系的二元对立。菲德勒假设领导者们要么看重任务要么看重关系，且这一点是无法改变的，但该倾向是否有效，取决于情境是否有利。因此这可以进行如下定义：

- 领导者的**职位权力**——领导者评价和奖励业绩、惩罚错误并对群体成员进行降职处理的合法权限；

① 弗雷德·菲德勒（1922— ），美国华盛顿大学的商业和管理心理学家，20世纪工业和组织心理学首屈一指的研究人员之一。

- 团队任务的**结构**——完成工作的规则、条例和程序的数目和明晰度：结构越周密复杂，领导者就越能更好地把控；
- **领导者-成员**关系：要么积极，要么消极。

这些变量继而会生成有利、不利或中性的情境。

有利的领导情境包括：

- 任务结构周密复杂；
- 职位权力很大；
- 领导者-成员关系良好。

在此情境中，群体期待直接被告知应该做什么，而不希望被征询意见，因此任务导向的领导风格最为有效。

不利的领导情境包括：

- 任务结构零散混乱；
- 没有多大的职位权力；
- 87 领导者-成员关系糟糕。

在此情境中，群体也同样期待被告知应该做什么而不希望被征询意见，因此（仍然是）任务导向的领导风格最为有效。只有在中性情境中——也就是位处有利和不利情境之间，因而领导者有适度的权力、适度的支持和较为复杂的任务时——才有必要征询意见以确保被采纳，在且只有在这种情境下，关系导向的领导风格才最为有效。

那么当领导者们发现自己处在"错误"的情境中又当如何呢？这么说吧，由于领导者无法改变自身的倾向性——这是菲德勒的观点——他们所能做的只有试图改变情境。何以如此？为什么在有利或不利的情境下，追随者们需要的都应该是任务型领导呢？菲德勒的解释是，这一切并非都能解释清楚；的确有一个"黑匣子"在起作用，所以我们不知道何以如此，但事实的确就是这样。更合适的说法是，它在一定的限度之内有效：至少现在情境是人们的关注焦点，也就是说我们家里有养锦鲤的水塘，这就意味着，领导者或许很难在一切情境中都获得成功。但我们尚不清楚某种性格设定能否预测行为，遑论领导成功与否，而且我们看似仍然没有太过关注追随者的性质或其与领导者的关系。此外正如第二章所述，领导者之所以能够成功，部分取决于他们能够重新架构"情境"，令其看似不同，并因而可以作不同的解读。

赫塞和布兰查德[①]的"情境领导力理论"显然认可领导力中确实存在上述多个变量，但他们认为，领导者根本不可能处理这么多错综复杂的信息，因而应该关注最重要的变量——领导者与追随者之间的关系，因为如果追随者决定弃领导者而去，再说什么都是枉费口舌。这继而促使他们指出，领导者的行为应该根据追随者的成熟水平加以调整——后者会随着时间发生变

① 指行为科学家、企业家保罗·赫塞（1931—2012）和美国作家暨管理专家肯尼斯·哈特利·布兰查德（1939— ）。

88 化，且往往遵循以下轨道：

1）**无能力无意愿**——最不成熟：告知/指令型领导风格。

2）**无能力有意愿**：宣传/指导型领导风格。

3）**有能力无意愿**：参与/支持型领导风格。

4）**有能力有意愿**——最成熟：放权型领导风格。

实践证明，这是高管市场上最成功的领导力模型之一：它直观、简单而易懂，但它的问题同样是很少有实证支持它的有效性。一个原因是，这一模型意味着其所关注的追随者总体成熟水平有可能根本不存在；换句话说，追随者们所代表的成熟水平不一，不会仅仅反映为一个总分常模。另一个原因是他们并没有阐明其所谓的“成熟”到底是指什么——它跟信心、技能、努力、动机、顺从有关吗？如果是这样的话，这些变量的权重又各是多少？此外，我们这里使用的是谁对于追随者成熟度的解读：是领导者的，还是追随者的？领导者的（不）成熟又当如何——谁说他们跟这一等式无关了？

在“领导-成员交换理论”——这个术语最初的叫法更加魅诱：“垂直对子联结理论”——看来，领导者无法跟追随者们建立一种“均衡”的关系，相反，他们跟不同的下属建立不同的关系，但随着时间流逝，这些关系可以分成两个明显的类别，每个类别都是通过领导者的初始行动而建成的。一是内集团，领导者会给他们更多的自治权，让他们更多地负责结构散乱的任务，如果集团对此反应积极，那么会有更多的互惠行动来确认这一集团的成员们就相当于行政长官的“代理人”。但如果领导者没有让其他下属看到同样的可能性，或者如果领导者认为他们的反应不够有建设性，那么久而久之，这些下属就会变成“外集团”，也就相当于“临时工”而非代理人。这一集团跟领导者的关系纯粹建立在合同（或交易）的基础上：他们到点出勤、工作敷衍、按劳领薪，回到 89
家里就把工作抛诸脑后了。不过，虽说他们不用像内集团成员那样承担繁重的工作职责，他们对自己的就业前景却没有把握——因为他们将是最先丢掉工作的一批人。

同样，这一直觉观念迄今也只有极少量的实证支持，何况外集团成员的愤怒有可能会抵消领导者与内集团建立良好关系所带来的裨益。此外，如前一章所述，外集团很少能够代表与内集团的原型化相关的特征，虽然其建立往往会对整个组织的有效性起到反作用，但它事实上或许是群体的一种“正常”反应，甚至是社会生活不可避免的一个方面。因此对于领导者来说，成功的真正秘诀是不是既能绕开所有这些问题领域，同时又能把尽可能多的集团成员动员起来？

或许是吧，或许最复杂的权变方法就是与罗伯特·豪斯①的途径-目标理论有关的方法。这里，领导者的任务是为追随者铺平通往共同目标的道路，他要清除路障，还要利用以下四种领导行为风格之一，来达到动员追随者的目的：

1）指令型领导，他们会传达自己的期望值，要求人们遵守规则，从而按照明确的业绩标准，按时完成任务。

2）支持型领导，他们会表达对追随者需求和福利的关怀，

① 罗伯特·豪斯（1936—2011），宾夕法尼亚大学沃顿商学院组织行为学教授。

创造一种彰显相互支持和相互尊重的氛围。

3）参与型领导，他们会与追随者分享自己的决策权。

4）成就导向型领导，他们会设定较难实现的目标，期望达
90 到很高的业绩水平。

相应地，领导者的影响力也取决于两套变量：工作环境（情境），包括任务结构、工作团队和授权体系；以及追随者，包括他们的能力水平（以及对自身能力的认知）、其对于独裁权力的态度、对归属感的需求、对结构的需求以及控制点（有强烈内控倾向的人认为自己能够控制事件的发展，因而更喜欢参与型领导；外控倾向较强的人则认为事件是由命运或运气等因素决定的，更喜欢指令型领导）。

该模型的因果解释源于期望理论，后者认为当以下三个因素确定时，激励是在努力程度给定时的一个理性选择：

1）完成任务的可能性（期望），

2）受到奖励的可能性（效价），以及

3）避免不理想结果的可能性。

在这种观点看来，任何领导者采用或综合采用任何风格都无关紧要——所以它不是一种特质方法，而是一种适应行为方法。不过，存在一种假定的倾向——大多数人都有其偏爱的风格，该风格有可能适合、也有可能不适合形势的要求。如果看到这里，你已经开始被这么多变量搞得晕头转向了，图17尝试以图表的方式说明得直观清楚一些。

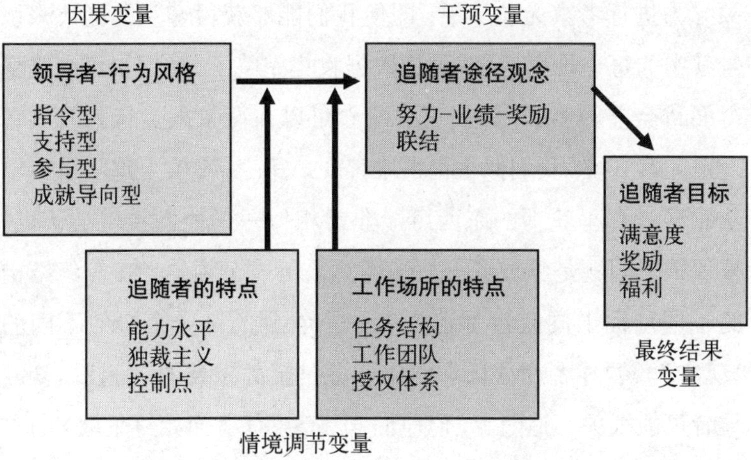

图17　途径-目标理论

所有这些表明，领导者的行为应该与追随者的要求和形势的特征相匹配，他或她应该选择适当的领导行为风格来帮助追随者实现其目标。因此： 91

- 模棱两可的任务需要指令型领导，以减少不确定性，并增加成果实现的概率和可取性；
- 压力重重、乏味无聊、沉闷冗长或充满危险的工作环境需要支持型领导，以提升自信、减少焦虑，从而增加成果实现的概率和可取性；
- 当追随者有被赋能的意愿时，需要参与型领导；以及
- 当追随者有较强烈的成就导向时，则适合成就导向型领导。

看起来这倒是相对直观——那么背后有什么隐患呢？这么说吧，有三重隐患。第一，这么多变量堆积起来，可能会让人对

领导力进行考察无从下手：即便我们能够获得客观的标尺来衡量其中的每一种变量，等到把数据收集完整了，情况很可能又变得面目全非。第二，即使这意味着可以在衡量人类行为时具备 92 一定的客观性，我们似乎也很难客观。第三，事实上追随者希望从领导者那里获得的东西可能非常相似——他们希望被认可、被保护。问题是领导者——当然几乎每一个领导者在等级结构的不同层面上同时也是追随者——看到的是一个全然不同的"现实"。领导者往往认为完成任务是至关重要的，而且尽管领导者可能很关心追随者，但他们（因心系任务而始终采取）的寄望姿态仍然会被追随者看成是对自己漠不关心。讽刺的是，正是这些（对追随者）"漠不关心"的领导者，往往认为位于自己之上的领导者同样缺乏对追随者的关注。这一普遍倾向是否也能够解释为什么追随者们总是对魅力型领袖万分景仰呢？

魅力型领导

魅力是一种"天赐的能力或天赋"，其词源是希腊词语*Kharisma*，来自*kharis*，意为"天恩"或"恩惠"。事实上，大多数人如今都用这个词来指代某个非同寻常之人，其所拥有的某种品质或威信能够对很大一群人产生影响或给后者以激励。在就魅力问题撰写过重要文本的德国社会学家马克斯·韦伯看来，这些人的威信是大多数人无法理解的，也是非常罕见的。因此韦伯所写的魅力——我应该称之为"超凡魅力"——并不是指个性较强的人，而是指那些能够以某种神奇的方式将追随者们煽动起来的人。从本质上说，这是一种非理性的情感现象，其拥有者有一种"天命"，一种全身心投入某一目标的精神。那或许也能够解释为什么魅力型领袖大多是男人——因为危机时刻（该危机往往与某种战争有关）通常会更有利于那些掌控军队的人，那些人过去是、至今仍然多半是男人。至于人所共知的女性魅力领袖——例如布狄卡[①]、圣女贞德以及英女王伊丽莎白一世——也都与军事战斗有关。以圣女贞德为例，她不仅带领士兵在战斗中打败了英军，就连她的相貌也是男性化的。 93

韦伯将权力与权限加以区分，以此为魅力型领袖辟出了一块概念空间——权限在追随者眼中始终是合法的，但权力却不一定——此外他还对三种不同的权限进行了区分。传统的权限是在追随者追随领导者时发生的，因为他们始终都会追随——或许君主的追随者最能代表这一类；理性-合法权限的最佳范例是官僚体系，其追随者之所以追随，是因为这样做是理性的，而不是因为这是他们一以贯之的做法；以及魅力型权限。而魅力型领袖之所以独一无二，是因为他们有能力吸引追随者，后者为此人的超验权力献身，因为它似乎有可能为某种社会危机提供某种激进的、前所未知的解决方案。事实上，韦伯举的例子几乎都是宗教领袖，他大肆宣扬他们的天命、宿命，这些都表现为各种神迹以及预言的兑现。在韦伯看来，魅力型领袖是“非强制性权限”的唯一形式——不过要说在天堂和万劫不复的地狱之间做出选择属于非强制性选择，这种想当然的说法也尚有疑问。此外，由于魅力是某个人内在气质的表现，它往往会随着那个人的死亡而消失，却能够通过某种制度而变成惯例，教会就是这样

① 布狄卡（？—61），英格兰东英吉利亚地区古代爱西尼部落的王后和女王，其丈夫普拉苏塔古斯是爱西尼人的统治者。普拉苏塔古斯去世后，罗马人抢去了他们的土地，她自己受到毒打，国民要交重税，两个女儿更被罗马人强奸，因此她领导了不列颠诸部落反抗罗马帝国占领军统治的起义。

一种制度。

仅仅因为韦伯的魅力型领袖能够极大地煽动起追随者，并不意味着他们必然是革命的。的确，他们有可能是反动的，力图让社会回到某种过去的状态，但他们往往二者兼而有之——力图昨日重现，但这么做的途径却是创造一个全新的未来。关于主张变化的领导力，这里有着重要的教训。通常我们会想当然地认为，变化都是向前进而将过去抛诸脑后，但韦伯的论述表明，成功事关一种雅努斯[1]式的二者兼具的能力。以1933年德国大选为例。各保守党派重温昔日荣光，执政的社会民主党发起了一个类似于“那并不会让情况有所好转”的宣传，而共产党
94 坚定地要将德国带入乌托邦的未来。只有纳粹党将三种视角合而为一：德国可以重现昔日荣耀，但不是回到过去，不是维持现状，也绝不是抛弃过去，去追求神秘的共产主义的未来道路。而必须把旧日的荣耀本质带入另一种纳粹描述的未来，从而拒绝现在，拒绝共产主义的未来，重现昔日。因此韦伯的魅力型领袖——他曾警告过魅力型领袖很有可能会破坏注重理法的德国现状——往往是保守的革命者，意欲“在危机时刻告别现在，重拾往日”。

支持者的这一情感奔涌还意味着领袖魅力能在深层次破坏稳定，其本身就是一种不稳定的力量。在某种程度上，追随者可以通过加入其领袖的组织，来分享他或她的魅力——虽然这会持续多久取决于该魅力型领袖能否继续为所欲为地实现令人瞩目的奇迹。想想政治领袖、名人、足球教练、电台主持人等，他们

① 雅努斯，罗马神话中的门神、双面神。

一时被拥戴为天赋异禀，一时又象征性地（有时还是真实的）被万众唾弃踩在脚下，就恰恰证明了这一特点。

另外还应予以考察的是，人们在遭遇巨大危机时，总是热切地相信魅力型领袖能救他们于水火，而当我们没有遭遇这类危机时，还会在电影和小说（例如《哈利·波特》系列、《指环王》等等）中发明危机，仿佛我们自己的生活不仅俗务缠身，而且黯淡平庸得难以忍受。正是出于同样的原因，很多亲身经历军事战斗的人往往会怀念自己“光荣的往日”，战争的苦痛的确让他们着迷。或许就是因为这些，魅力型领袖往往坚信自己肩负着由他人设计的某种宿命。正如丘吉尔在1940年就职时所说：“这不可能是偶然，必然是设计。这个职位就是为我准备的。”魅力或许还能够解释阿克顿勋爵[1]在写给曼德尔·克雷顿[2]主教的 95
信（1887）中的那句格言：“权力导致腐败，绝对权力导致绝对腐败。伟人几乎总是坏人。”

如果说韦伯关注的是我所谓“超凡魅力”的特殊性质，许多那以后的学者则辩称，韦伯的概念无法被具体化并用于一种二元结构中——意指你要么有魅力，要么没有，非此即彼。相反，很多人选择将魅力看作一种连续统一体，更接近于外向的个性而不是韦伯所关注的超人。在这类关于（普通）魅力的论述中，个人（领导者）与追随者之间的关系建立在一种根深蒂固的共同意识形态（而非物质的）价值观上，魅力型领袖们之所以能够实现宏图伟业（而不是奇迹），是因为追随者无比忠诚且高度信任他们的领袖。在这类情形中，追随者愿意为了某种共同愿景

① 阿克顿勋爵（1834—1902），英国历史学家，自由主义者。

② 曼德尔·克雷顿（1843—1901），英国历史学家，英国国教会主教。

而牺牲个人的利益，永久的危机和永久的奇迹一样毫无存在的必要。

这倒是跟变革型领导有着怪异的相似之处，后者最初是由麦格雷戈·伯恩斯[①]提出的，他认为变革型领导既不同于魅力型领导，也不同于交易型领导。在麦格雷戈·伯恩斯看来，交易型领导仅限于领导者和追随者之间的交换关系——至于那种交换是经济的（如薪水）、社会的（如升职）还是心理的（如友谊），则无关紧要，它就是一种交换，非常普遍且效果相当有限。相反，变革型领导根本不是交换过程，而是在变革型领导者为追随者灌输一种超越其自身利益的价值观时发生的。当然，魅力型领袖或许也跟其追随者有一种交换关系，但那是基于身份的交换。不过，要想将追随者的目光从日常生活提升到非凡境界，就需要魅力，但并非所有的魅力型领导都是变革型的。在麦格雷戈·伯恩斯看来，其意不在变革的魅力型领袖是“权力行使者”，也就是说，领导者从追随者那里获得了承诺，满足了领导者而非追随者自身的利益。最后，权力行使者往往会诱导追随者对其产生较大的依赖性，而变革型领导的原则看似相反，是为追随者赋权而不是夺取后者的权力；是确保他们依附于一种理想体系，而非服从理想化的个人。

很多人步麦格雷戈·伯恩斯的后尘，扎莱兹尼克[②]区分了心理上“健康”和“不健康”的领导者，豪威尔更喜欢区分“社会化”和“个性化”的领导者，而巴斯则对“纯粹的”和非纯粹的，

① 詹姆斯·麦格雷戈·伯恩斯（1918—2014），美国历史学家和政治学家、总统传记作者和领导力研究领域的权威。

② 亚伯拉罕·扎莱兹尼克（1924—2011），组织精神动力学和领导力精神动力学领域首屈一指的学者和教师，曾在哈佛商学院任教40年，去世前为哈佛商学院荣休教授。

即“伪变革型”领导者加以区分。在我看来，问题是所有这些区分都源自观察者主观的伦理观念——由于我们不赞同某些特定的领导者，就给他们加上不健康或不纯粹等标签。但这并未抓住魅力的要点所在：学术观察者不为宗教狂人或政治恶魔的诱惑所动，这无关紧要，重要的是是否有追随者被他们煽动起来。在这种情况下，我们要做的不是无视魅力型领袖的伦理维度，而是要问问我们自己，追随者们是否相信其魅力型领袖所行之事符合伦理。

这还意味着我们需要对魅力型领袖非常警觉。他们或许在危机时分必不可少，但如果危机的解决会破坏他们的权威，他们有可能会受到驱使，将危机一直维持下去。他们或许拥有极大的煽动力，但其所追求的事业并不一定是我们拥护的。他们或许的确能发挥作用，打破踌躇未决的僵局，但随着他们的消失，他们的成就是否可持续？抑或作为天赋异禀的个人，他们本人的行动是否恰恰破坏了众人进行可持续行动的可能性？在下一章，我将考察后者，即追随者——他们在整个体系中有无作用？如果有，是什么作用？

第七章

追随者又如何?

英语的"追随者"一词源自古英语词"*Folgian*"和古挪威语词"*Fylgja*",意指陪伴、帮助或者——这个有点讽刺——领导。相对而言,它的前三种定义是正面的:

1)接受另一个人领导的一个普通人。

2)步他人之后尘或紧随其后的人。

3)追随的人;追踪者,随从,信徒,依附性伙伴,侍从。

然而在以下这几个定义中,"追随者"一词的负面形象就更加清楚地凸显出来了:

4)通过亦步亦趋地遵循某个过去被证明有效的简单程序来弥补经验匮乏或天生愚钝的个人或规则系统。

5)甜心;假装纯情但性经验丰富的女子。

6)(蒸汽机)活塞的可拆卸法兰。

7）机器上的随动装置。

8）盖尔语：姓氏后缀“agh”或“augh”=“……的追随者”，例如“Cavanagh”意为“Kevin的追随者”。 98

熟悉英国喜剧演员哈里·恩菲尔德创作的人物“凯文”——那个可怕的少年就是个“不高兴”兼“没头脑”——的读者一定会注意到，在超凡的“领导者”看来，追随者的角色实在微不足道。的确，在列举正式领导者所必需的特质时，班里的学生通常会列出一长串的性格特征：魅力超凡、精力旺盛、富有远见、胆识过人、宽容大度、善于沟通、“风度翩翩”、一心多用、善于倾听、决断果敢、擅长团队建设、“高屋建瓴”、策略技巧丰富，诸如此类。没有任何两个学习领导力的学生或领导者所列的清单看起来完全一样，关于哪些特质或性格特征或能力是必要的，哪些是可有可无的，迄今未能达成共识。确乎如此，列举清单最有趣的一点就在于，到清单完成之时，拥有这么多技能之人的唯一可能的标签就是“神”。先不论那些特质是否自相矛盾，通常任何人都不可能说出哪个领导者至少在相当程度上拥有全部特质；然而显然，所有这些特质都是一个成功的组织所必需的。因此我们就面临这样一个悖论：拥有这一切的领导者——全知型领导者——根本不存在，但我们似乎很需要他们。的确，我们经常听到有人抱怨领导者，有人呼唤更多更优质的领导力，以至于如果有人假定确实存在过一个遍地都是好领导的美好旧时光，也情有可原。遗憾的是，翻遍领导力档案的角角落落也找不到这样一个黄金年代，而人们对这种时代的向往倒是自古皆然。类似这一“领导浪漫史”的都市传奇——曾经有过一个时代，刃迎缕解、剖决如流的英雄领袖据说比比皆是——不光是错误观念，而且全然背道而驰，因为它所建立的领导力模型几乎无人能够企及，因而抑制了领导力的发展，如此而已。这样说来，我们总是能看到这样的招聘广告也就不足为奇了——比方说招聘校长吧，其成功与否要么完全超出个人的奋斗范围，要么明显就是参照超人或神奇女侠的标准确定的，以至于只有凌波微步的“水上漂”们才有资格去应聘：罗马人的“人孰无过”这句格言大概都
99 把这些领导者排除在外了。

对于这类招聘问题，或者当代商业首席执行官、公共部门或非营利组织主管的已知弱点，传统的解决方案是要求提高招聘标准，以便挑出“庸才”不要，剩下“贤才”来担当起转危为安的大任。然而这非但未能解决问题，反而生发出新的问题。另一种方法或许是着眼现在，而不是凭空憧憬：承认所有的领导者——因为他们是凡人肉身——都是有弱点的个体，而不是把每个领导者都看成是我们的理想的化身，也就是符合我们这些肉体凡胎、差强人意的追随者们希望的样子：完美。前一种方法就像一只“白象”——符合字典里对这个词的两种定义：其一是本身即为神祇的神秘兽类，其二是耗神费力、有勇无谋的徒劳之举。说起来在泰国历史上，国王会把得了白化病的大象赐予他最不喜欢的贵族，因为饲养它需要的特殊饮食和宗教规制，足以让这位贵族破家荡业。

白象也可以体现柏拉图对领导力的看法，因为在他看来，
100 最重要的问题是“谁应该领导我们？”。答案当然是我们中间最有智慧的人：拥有最多知识、技能、权力，各类资源都最为丰富的人。这样的观念呼应了我们当前寻找全知型领导者的筛选

图18　白象

标准，不偏不倚地指引我们去选出魅力超凡、卓尔不群的人物，其威望素著、远见明察、出群拔萃，让我们以往为该职位招聘的平庸鄙陋之人全都相形见绌——虽然说来也怪，选拔标准是一以贯之的。除非新任领导者的确是柏拉图所说的智慧超拔的哲君，否则他们迟早也会失败，届时整个闹剧还将重来一遍，结果多半也无甚差别。

当然在柏拉图看来，领导者很可能都是男人；毕竟希腊的女人们连自己城邦的公民都算不上，不过柏拉图也曾亲口表示，理论上，女人也有可能满足领导力的一切内在要求。自柏拉图的时代至今，关于性别在领导力中所起作用的假设已经是天壤之别，但事实证明，领导者中女性所占的比例仍然相当有限且相当稳定（见第五章）。

另一个做法是先承认领导者天生都有弱点，并努力抑制和约束这些弱点，而不是假装它们不存在。卡尔·波普尔[①]为此提供了更加站得住脚的依据，他指出，正如我们只能证伪而不是证实科学理论，同样，我们也应该采用适当的机制来抑制领导者而不是屈服于他们。在波普尔看来，民主就是撤选领导者的制度机制，其本身并没有什么好处，而且类似的过程应该是随处皆可复制的，即便在非政治组织内部鲜有民主系统运作。如若不然，虽说全知型领导者本来就是不负责任的追随者的痴心妄想和应聘者们乌托邦式的热切想象，但当下属们质疑领导者的指令或
101 技能时，这些（不服从的）下属们往往会被更配合现有战略思维的人所取代，后者也就是所谓“唯命是从的人”。这样一来，这些下属就转变成了不负责任的追随者，其给领导者的建议往往只限于破坏性赞同：他们或许知道领导是错的，但有各种各样的理由少说为妙，因而也就默许了自己的领导者乃至整个组织走向毁灭。

然而，波普尔关于领导者的警告表明，约束领导者使其少犯错误、坚持做建设性的反对者、帮助组织实现目标而不是纵容任何领导者搞破坏，这是追随者的责任。于是建设性的反对者就会假定其领导者的属性不是柏拉图式的智者而是苏格拉底式的愚者：他们知道，没有人是全知全能的，并以此为行动依据。

当然，前提是下属们必须始终致力于社会或组织的目标（而且当然，如果某个组织对你没有对等承诺，你往往有理由不为该

① 卡尔·波普尔（1902—1994），20世纪最伟大的哲学家之一，在社会学领域亦有建树。他最著名的理论是对经典的观测-归纳法的批判，提出“利用实验证伪”的评判标准：区别“科学的”与“非科学的”。在政治上，他拥护民主和自由主义，并提出一系列社会批判法则，为“开放社会”奠定理论基石。

组织献身），同时又保留着自己的独立精神，不为领导者的反复无常所左右。恰是这一悖论式的献身与独立精神的结合，最有 102
利于负责任的追随者成长。图19列出了献身和独立精神的几种可能的组合方式。要再次说明的是，该图的目的是解释说明，因而生成了一系列韦伯式“理想型”，它们既不是任何标准意义上的“理想”，也不是任何普遍意义上的“典型”。相反，这些类型的生成都是以启发为目的，本意在于突出和放大在理论上处于极致立场的极端后果。

虽有此保留，但方框1——等级制度——或许仍然包含着领导者与追随者之间最典型的关系，其中传统的等级制度就是在一个领导者的领导下运作的，后者被认为因为拥有益国益民的智力、远见、魅力等方面的**个人**品质而高出追随者一等，因而负责解决组织的一切问题。这样的帝制野心与我们为这一领导者形式加注的标签相呼应：皇帝。相应地，那也会产生只会最低限

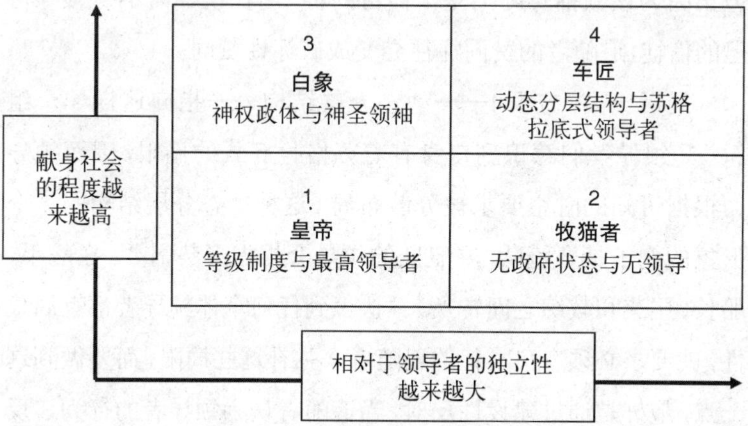

图19　领导力、追随力、献身与独立

度地献身组织目标的追随者——往往因为那些目标都沦为领导者的个人野心了，因此追随者只提供事不关己的破坏性赞同，成了真正“不负责任”的人。

方框2源于同样对社会的漠不关心，但与它相结合的是更多地独立于领导者，结果就是一种形式上的“无政府状态”——没有领导者，也没有社会，无政府主义的支持者们认为，社会将随着个体领导者的缺失而自动消失。结果是一个类似于“牧猫者”的领导者——一个不可能完成的任务。我们会在最后一章再回头来讨论无政府主义。

方框3——神权政体——产生了大量群体精神，但那只是因为领导者被认为是一位神明、一个神圣的领导者，其信徒追随者
103 被迫通过宗教要求而服从他的领导：也就是以上所述的白象。当且仅当领导者的确是神，是一个无可争议的全知全能、无处不在的神时，赞同才始终是建设性的。然而显而易见，虽然很多魅力领袖都会制造偶像崇拜，使他们表面上看来似乎属于这一类，但正因为该领袖实际上是个假冒的神，是在误导而不是领导自己的信徒，追随者的赞同往往会变成破坏性赞同。

最后一类，方框4——动态分层结构——指向这样一个组织：其领导者们意识到自身有着苏格拉底式的局限，因而领导力根据可知的时空要求被分散布局（这种动态分层结构的一个形象的例子是赛艇队，赛艇队的领导会根据形势需要，在舵手、船长、尾桨和教练之间转换）。认识到任何个体领导者都有局限性，就要求必须有负责任的追随者来弥补这些局限，而要做到这一点，最好是通过建设性反对，当追随者认为领导者的行为违反了社会的利益时，他们愿意提出反对意见。

曾带领芝加哥公牛队一度登上辉煌顶峰的教练菲尔·杰克逊转述过一个中国古代的故事，或许能更突出地说明这一点。公元前3世纪，中国皇帝刘邦在统一中国后设宴庆祝，在王公贵族及各位军事政治专家的簇拥之下出席。由于刘邦既非贵族出身，又没有卓越的军事或政治才干，一位宾客就问军事专家曹参，为什么刘邦能当上皇帝。曹参反问道：“什么决定了战车车轮的承重力呢？”那位宾客指出是轮辐的结实程度，但曹参反驳说：“那为什么两个轮辐一模一样的车轮，承重力却不同？其实，轮辐的间距也会影响车轮的承重力，而确定合理的轮辐间距正是车匠技艺的精髓。”如此看来，虽说轮辐代表了组织成功所必 104
需的集体资源，也就是领导者所缺乏的资源，但轮辐间距才是追随者本人成长为领导者所需的自主性[1]。

总而言之，将组织成功所必需的多种天赋特长集结一处，才是将成功领导者与失败领导者区分开的关键：领导者不需要完美，恰恰相反，他们必须认识到自己的知识和权力有限，如果不依赖下属领导者和追随者来弥补自己的无知无能，他们将注定失败。真正的白象——患有白化病的大象——的确存在，但它们极其罕见，谁要指望它们来把我们拖出组织泥沼，恐怕没有意义；远不如找一个好的车匠，让组织的车轮转动起来。事实上，领导力属于社会，是整个社会行为的后果，而非个体领导者的私有财产和行为后果。更何况虽然白象是天生的，车匠却是后天

① 这里参考了《11枚戒指》（菲尔·杰克逊著，傅婧瑛译，北京联合出版公司，2014年2月版），原书作者在原文中指出这是“金伟灿和勒尼·莫博涅”版本的故事，此二人合撰了一篇题为《领导学小故事》的论文发表在《哈佛商业评论》中。该论文（以及菲尔·杰克逊在这本书中）写到的人物是“Chen Cen”，译者只能猜测是“曹参”，且该论文中并没有标明出处，而这一段在中国文献中的出处无从查考。

学成的。事实上这一类比对我们区别此二者的教授和学习方法也都很有用，因为那些相信自己天生就是统治者的人不需要教师或顾问，而只需要唯唯诺诺的追随者，而车匠们却必须经历一段学徒时光，要从师父那里学习如何制造车轮，而在此过程中，反复摸索和试错是必不可少的。

领导力是微物之神

另一个解决该悖论的方案是将关注焦点从领导者转向领导**力**，回归那条抽象的“领导之船”[1]——那样一来，领导力的诸项特征就成了一种社会现象，可能出现在领导团队或追随者中，即便没有哪一个人拥有全部那些特征。因此，是那条隐喻的“船”上的全体船员，而非真正的组织之船的“船长”，需要满足建设和维持组织运作的要求；于是我们就有必要还原“领导力”，而

105 不去依赖“乏力”的领导者。换句话说，领导力并非只局限于神力，倒有可能完全相反。正如阿兰达蒂·洛伊[2]在自己的小说中所述：“在我看来，微物之神恰是上帝的反面。上帝是控制欲很强的庞然大物。”这里我想指出，我们最好把领导力也看作是“微物之神”。

因此，高见就是世上根本没有高见；只有很多由追随者进行的微小行动，积少成多，促成了真正的进步。那并不是说微小行动可以作为“转折点”，虽然这也不无可能，而是说重大转变都是微小的事物聚积引发的质变。组织不是由船长掌舵的油轮，

---

① 英语“领导力”（leadership）这个抽象名词是用“leader”（领导者）加上抽象名词后缀“ship”构成，而“ship”单独的意思是船。

② 阿兰达蒂·洛伊（1961— ），印度知名作家、社会活动家和左派知识分子，著有《微物之神》（1997）。

而是一个活的独立有机体，是个人组成的网络——因此其方向和速度是很多微小决策和行动的共同结果。或者如安妮女王治下的英国财政大臣威廉·朗兹所说：“省小钱，成大富。”这句话曾被宽泛地解释成“小事慎重，大事自成”，但这里的要点是把焦点从个体的英雄转移到众多英雄主义的人。这倒不是说首席执行官、校长、警察局长、军队将领等人无关紧要；他们的角色至关重要——我们将在最后一章讨论这一点——的确，他们自己必须为即将到来的“重大”决策做准备，不过那个决策可能是众多微小行动和决定集结而成的。

换一种说法就是，传统上很多领导力研究的重心——个体领导者的决策行动——最好被看成是组织成员的众多“意义建构”行为的结果。正如韦克所说，所谓的“现实”，正是人们试图为自己周围的“区区小事”建构意义的集体的、持续的成就，而不是个体领导者理性决策的结果。那不是说意义建构是一种民主活动，因为总有些人在意义建构的过程中做出的贡献更多一些，这些“领导者”就是那些“小修补匠”——对眼前五花 106
八门的材料进行意义建构，并设法利用这些良莠不齐的材料，针对某一具体问题构建出全新解决方案的人。正因为此，成败往往取决于微小的决策和行动——既有领导者做出的，也有“追随者”做出的，但后者也在“领导”。这并不意味着我们应该抛弃柏拉图那个问题，“应该由谁来领导我们？”，而是更多地关注波普尔的问题，“如何阻止统治者把我们带向毁灭？”。事实上，我们无法确保找到全知型领导者，但由于我们为选拔机制花费了这么多心思，那些成为正式领导者的人往往会假设自己无所不知，因而很可能会犯下错误，那些错误可能会对每一个像我们这样人微言轻的追随者造成影响，并破坏我们的组织。

以臭名昭著的英国海军中将乔治·特莱恩爵士为例吧，1893年6月22日，他在叙利亚海上的行为导致了自己的旗舰“维多利亚号”沉没，因为他坚持让英国舰队分成两个纵队，在空间不足的情况下同时向内转弯。虽然好几位下属都警告他说这一行动很难成功，但特莱恩还是坚持让下属执行他的命令，最终使包括他本人在内的358名海员葬身鱼腹。随后组成的军事法庭审判了马克海姆海军少将，他指挥的“坎博堂号”撞沉了“维多利亚号”，马克海姆少将被问道：“如果他知道是错的，为什么还要照做？”“我认为，”马克海姆回答说，“特莱恩中将一定自有锦囊妙计。”法庭判处特莱恩应负全责，但同意“海军绝对不能鼓励下属质疑上司”。因此，错引一句伯克的话就是：领导力失效的唯一条件，就是好的追随者无所作为。[1]

也并非只有全国性的军队或政治领袖才被认定为全知型领导者。举例来说，1982年1月13日，佛罗里达航空公司90号航班（“棕榈90号”）在恶劣的天气条件下坠毁时，从机长拉里·惠顿与副机长罗杰·佩蒂特的谈话中，我们显然能听出后者对起飞没有把握，但他未能阻止惠顿，从而不经意地导致了空
107 难。特内里费空难[2]的情况也是一样，副驾驶员认为有问题，但未能阻止驾驶员在危险形势下起飞，因为他的警告太“微不足

① 伯克的原句是“The only thing necessary for the triumph of evil is for good men to do nothing”（邪恶获胜的唯一条件，就是好人袖手旁观）。

② 特内里费空难，一起发生于1977年3月27日傍晚的空难。两架波音747客机在西班牙北非外海自治属地加那利群岛洛司罗迪欧机场的跑道上高速相撞，导致两机上多达583名乘客和机组人员死亡。

道”(另一架飞机就在他们前面起飞了,副驾驶员不知道他自己飞机上的驾驶员甚至没有获得起飞许可)。实际上,英国皇家空军的机组资源管理系统内部有一个“自动保险”机制,事实上允许机组的任何成员——无论职衔高低——要求机长放弃起飞或降落,其运作方式相当于英国陆军和海军的“停火”系统,也就是正在进行实弹射击的过程中,下级意识到上级没有看到的危险时,他们可以无视上级的命令。

通用汽车公司前总裁阿尔弗雷德·斯隆曾在董事会遭遇过同样的问题,但他意识到了现场出现的破坏性赞同:

> “先生们,在我看来,我们大家都达成一致意见了?”
>
> (众人纷纷点头表示一致同意。)
>
> “那么我现在宣布休会,把这个问题的讨论推迟到我们能听到不同意见时再开会决策,那或许会有助于我们理解决策的意义所在。”

三百年前,日本武士山本常朝也曾在书中回忆过类似的事件:

> 前几年,在一个重要的会议上,某人竟然因自己陈述的反对意见不被采纳而准备斩杀组头大木知昌。直到最后,他都坚持自己的意见,结果终于被认可了。事后,据说这位老兄说:“这么快就采纳了我的意见而去实施这样

的事情，主君近侧辅佐的各位是靠不住的，确实是人才不
108 足呀。”①

这个问题该如何应对呢？显然应该及时向领导者提供诚实的意见——建设性反对——才是合适的解决方案；但同样显而易见的，首先是领导者往往会通过招聘和任用那些“与官方意见更为一致”的下属（往往都是些提供破坏性赞同的马屁精）来阻碍这种做法。此外，领导者不愿意承认错误，更加重了追随者对于全知属性的认定。历史上只有王室弄臣，或宫廷小丑，才能提出建设性反对还不被杀头，主要是因为那些建议包裹在幽默的语句中，因而可以被君主一笑了之，哪怕君主私下里可能会更慎重地重新思考一下。要说明这一角色的难度和重要性，恐怕没有比莎士比亚的《李尔王》中的那个弄人更好的例子了。

李尔在故作姿态和自以为无所不能的一番表演中，把王国瓜分给了自己的女儿们。他先是被自己的忠臣肯特警告说这个行为莽撞愚蠢，但肯特因为诚实而遭到流放。后来弄人试图提出同样的建议，但他没有直言，而是用了一连串谜语，遗憾的是，待李尔终于理解了那些话，已经太迟了：

弄人：听了他的话，
　　　土地全丧失，

① 译文摘自山本常朝著《叶隐闻书》，李东君译，广西师范大学出版社2007年版，第33页。本书作者引用的英文版是“Last year”，但中文版是“前几年”。译者查阅了日文原版，原版中这里的时间状语是“先年”，在日文中可以指“今年之前的任何一年”，但本书译者咨询的日文专业人士认为，日文中有“去年”一词，但作者还是使用了“先年”，应该是作者也记不清是哪一年了。所以中文版翻译的“前几年”应该是比较准确的。

我傻你更傻，
两傻相并立：
一个傻瓜甜，
一个傻瓜酸，
一个穿花衣，
一个戴王冠。

李尔：你叫我傻瓜吗，孩子？

弄人：你把你所有的尊号都送了别人；只有这一个是你娘胎里带来的。

（《李尔王》第一幕第四场[①]）109

要想重塑莎士比亚的“弄人”这个诚实建议者的角色而无需“花衣”也是有可能的，或许还更加成功，做法是，要么领导者需要依附于一人或多人，后者的地位不会因为提供了该建议而受到威胁，要么还可以要求某个决策机构的所有成员轮流行使“唱反调的角色”，从而将该角色制度化。这样一来，建议就成为角色的要求而不是某个具体的个人提出的，因而应该提供一定程度的保护，以防领导者可能会因为其下属提出的“有用”但或许“令人难堪”的建议而恼羞成怒。

不过领袖魅力的矛盾性质——在其起源和存在这两重意义上都是如此——仍然没有解决我们对完美领导者心怀向往的问题，那样的向往或许也恰恰反映了我们对于身为不受认可的追随者——身为微物之神——的平庸生活的不满。正如阿尔伯

① 原文引自《李尔王》第一幕第四场，而非本文作者标注的第一场。

特·史怀哲[1]在自传《我的生平和思想》中写道的：

> 在人类的理想意愿中，始终只有一小部分才能成为轰轰烈烈的大事件，所有其他意愿注定是默默无闻的微小行动。这些微小行动所共同体现的价值，要比轰轰烈烈的事件强大千倍。后者之于前者，就像深海浪尖上转瞬即逝的泡沫。

这是对领导力可以被简化为个体领导者的性格和行为这一观念的猛烈抨击。言外之意是，我们应该认识到，组织的成就恰恰就是其字面意思——是整个组织的成就，而不仅仅是某一位英雄领导者的行为的后果。然而历史的车轮虽然是由集体的领导者和集体的追随者共同推动的，承担责任的却往往是正式的或者马基雅维里式的单个领导者，大多数人则湮没在浩瀚的历
110 史长河中，默默无闻，却并非毫无意义。乔治·艾略特在她的小说《米德尔马契》的结尾描述多萝西娅时，就深刻而清晰地指出了这一点：

> 她的完整性格，正如那条给居鲁士堵决的大河，化成了许多渠道，从此不再在世上享有盛誉了。但是她对她周围人的影响，依然不绝如缕，未可等闲视之，因为世上善的增长，一部分也有赖于那些微不足道的行为，而你我的遭遇之

① 阿尔伯特·史怀哲（1875—1965），出生于德国阿尔萨斯的通才，拥有神学、音乐、哲学及医学四个博士学位。因为他在中非西部加蓬创立史怀哲医院而获得了1952年度的诺贝尔和平奖。

所以不致如此悲惨，一半也得力于那些不求闻达，忠诚地度过一生，然后安息在无人凭吊的坟墓中的人们。[①]

领导者的确重要——我们将在最后一章考察其角色——但各种各样的其他元素也同样重要，而这些往往会对成败起到决定性作用。在这些其他因素中，我们最难以理解、疏于考察的或许就要属追随者的角色了，没有他们，领导者根本无法存在。但这并不是说我们可以抛弃个体领导者，单单依靠集体的自发领导力——最后一章将论述这个问题。 111

① 译文引自项星耀译：《米德尔马契》，人民文学出版社1987年版，第981页。

第八章

离开领导者能行吗？

凿户牖以为室，

当其无，有室之用。

故有之以为利，

无之以为用。

（《道德经》第十一章）

我在第七章指出，如果要理解领导力到底如何运作，就需要把“领导者”交还给“领导之船”——事实上，需要把众人都还原到领导之船上。但同样危险的做法是从集体或分布式领导中排除领导者，认为——只需更加密切地合作——我们完全能够共同解决这个世界的诸多问题，而无须求助领导者。在本书的最后一章我想指出，和领导者不需要考虑追随者的臆想一样，这也是错误的，不过这里我想先让领导者恢复其领导力。

在全球化问题蔓延的时代——无论是金融、环境、宗教、社会还是政治问题——对后英雄主义领导力的呼唤愈发强烈。人们

（以多种方式）抛弃英雄主义领导风格而选择的其他途径都在暗示：领导并非必要，或者它可以在集体内部平均分布，或者一旦冲突的源头——无论是马克思所说的私有财产，还是宗教——消除 112
了，它也就变得不再必要，又或者英雄主义领导是组织的结果而非原因。为了逃避英雄主义领导的魔爪，我们现在似乎正被它显而易见的反面弄得神魂颠倒——分布式领导：在这个后英雄主义的时代，人人都是领导者，因而就没有领导者了。

关于领导力是社会或组织中一个可有可无的方面，或者它应该被适当“分布”（以便共同承担领导责任）或彻底“分散”（以便由于人人都是领导，最终无人领导）的观念早有先例。事实上，很多狩猎-采集者社会——例如坦桑尼亚的哈扎部落——都没有一个单独的正式领导者，领导责任是分开的，任何个人都可以“领导”某一次狩猎，或者提议迁徙到某个新的领地，等等。很多这类狩猎-采集者社会只是在殖民势力的逼迫之下才开始采纳正式的领导体系——很多美洲印第安人部落就是例子。然而就连那些没有制度化领导者的文化，也保留有一些领导元素：因此，即便是所有美洲印第安文化中机动性最强、最反权威的科曼奇人，也会在战争、狩猎或其宗教要求的其他情形下服从临时的领导者。同样，努尔人也符合伊凡-普理查[1]所谓的“裂变”制——以家庭为基础的群体机动组合，可以与其他家庭群体不断结盟和新组同盟，只是没有制度化的领导。

这类受限的领导形式在西方就更加罕见了，而且由于我们早

① E. E. 伊凡-普理查（1902—1973），英国人类学家，他结合结构功能论以及他本人在东非所作的民族志，对努尔人与亚桑地人的亲属制度与巫术重新整理，进而重新开启了西方文化诠释原始社会心灵的进程。

已从狩猎-采集者社会经过所谓的"军阀时代"(大致是从最后一个冰川时代末期到工业化时期),经历了与之相关的定居农业,一直发展到大规模工业社会,领导形式显然已经发生了巨大改变,以致制度化、行政化的民主和官僚体制已经替代了由政治、商业、文化和军事领导者(很多人认为这些是军阀时代的男性领袖的典
113 范)组成的临时网络为特征的军阀制度。然而在21世纪,当抗解问题看似正在全球蔓延,或许通过协作式领导才能更好地服务世界,它也就以一种治理体系替代了20世纪的军阀们,在那些传统上深受军阀行为之害的人看来,该治理体系也更加合适。

军阀(包括绝对君主政体和政治独裁政体)与各种为其提供支持的神职人员之间的联系往往被用于捍卫领导权,理由就是它与某种神祇之间有着神圣的联系。无论该联系是君主的"天赋神权",还是世俗领导者自称为半人半神,甚或追随者为其领导者归属的非凡地位,显然,领导力与神圣范畴有着一定的联系。然而这一联系有多重要,此外对于放弃正式的个体领导者、重新分配权威而言,这一联系又意味着什么呢?

有人或许会认为,西方世界始于启蒙运动的世俗化过程通过政教分离,消解了领导力的神圣性质。尼采在《快乐的科学》一书中断然宣称,隐喻的上帝之死或许能够让人类获得解放,广阔的大海就是一块画布,可以在其上绘出新的开端。因此有人或许会得出结论说,社会的世俗化将开启全新的领导力观念,再无须对神一般的领导者献媚。但尼采还提出了其他的疑问:

上帝死了!永远死了!是咱们把他杀死的!我们,最残忍的凶手,如何自慰呢?那个至今拥有整个世界的至

> 圣至强者竟在我们的刀下流血！谁能揩掉我们身上的血迹？用什么水可以清洗我们自身？我们必须发明什么样的赎罪庆典和神圣游戏呢？这伟大的业绩对于我们是否过于伟大？我们自己是否必须变成上帝，以便与这伟大的业绩相称？①
>
> （1991年版，第125节） 114

各种宗教原教旨主义的重新抬头，已经无情地打破了隐喻的上帝已死的臆测，但在卡尔·波普尔看来，要想回答这个问题，就必须提出另一个问题：如果上帝死了，那么“谁坐上了他的宝座？”这一对领导者的重新建构——或者用“重新供奉”一词更合适些——意味着，或许领导力本身就被锁定在神圣范畴中无以逃遁，如果是这样的话，那对于权限的彻底分散又意味着什么呢？

这个问题与其说事关领导力的神圣性质，倒不如说是关于应该如何协调社会生活——因为如果可以找到一种不需要领导力的生活方式，那么它的神圣性质就不再是组织的必要前提了。然而讽刺的是，“另类”社会一贯的老调重弹不过是颂扬整个社会的神圣或将自由“奉为神圣”的调子。神圣的形式完全可以发生转变，且解读方式千差万别，但从根本上说，它就是不可侵犯的。事实上，否认任何其他人拥有高于自己的权限——因为那样做可能会损害自己的人格——产生了一种对立的虔诚，信奉个体或社会的神圣性质。或者按照乔·弗里曼（1970年代美

① 引文引自黄明嘉译：《快乐的科学》，华东师范大学出版社2007年版，第209页。

国女权主义领袖之一）的说法，无结构的结果不是摆脱了结构或权限（父权或其他任何权力），而是形式结构变成了非形式结构，而非形式群体和民兵组织的独裁潜力无限。弗里曼指出，民主的结构化总要好过无结构状态，因为至少那种结构更加透明，也可以改变。但是同样，权限的下放和分配及任务轮换需要所有参与者愿意且能够贡献出大量的时间和精力。在有些人看来，这种精力可能是白费了：例如，弗莱彻就指出，新的后英雄时代模型虽然被认定为更偏于女性主义的模型，但从根本上说，它
115 们仍然根源于男性组织，在那里，协作、关系建立和谦卑被看成是软弱的表现而非领导力。的确，各类组织的第一梯队仍然主要掌握在男性手中，因此后英雄时代的领导力模型不过是后英雄时代的英雄模型。

在有些人看来，这与其说是“领导力”问题，不如说是哪一种“领导力”的问题，特别是那些与分布式领导的发展有关的领导力面向，在分布式领导中，领导权掌握在集体手里。雷林试图将分布式领导或有多位领导者的组织与传统组织进行对比，认为在有多位领导者的组织中，领导力是同时发生的集体行为，而非一连串的个人行为——很多人都参与其中，而非仅限于有正式职位的人；领导风格是合作型而非控制型；是富有同情心的而非不带感情色彩的；这产生了一个社团而不再仅仅是一个组织。根据格伦的说法，分布式领导有三个显而易见的后果：第一是“协同行动”，也就是领导层协力，使得分布式领导的整体强于各部分相加；第二是领导的界限变得更加模糊和彼此渗透，鼓励更多的团体成员参与到领导其所在组织的行动中；第三，它鼓励人们重新思考组织内部的专业能力问题，拓展了对团体开放

的知识的水平。总而言之，领导力变得不再为某一位正式领导者所有，而成为组织、网络或团体的一项新兴资产。

我无意为“英雄主义领导力”辩护，但这里还有一个尚待解决的难题：如果英雄主义领导者自古以来便存在于我们中间——且要为有史以来发生在人类身上的大多数悲剧负责的话——为什么我们直到现在才意识到他们不可靠？而如果我们自他们出现以来便一直知道他们不可靠，为什么一直没有想出长期、大规模的有效备选方案？换句话说，上述假设的后英雄时 116
代领导力是不是一个可行的备选方案？

当然，这可能是一个非常西方化的表述，显然在不同的文化中，关于领导力的观念和关于神圣的概念往往截然不同——这个话题太大，本书的篇幅远远不够。的确，美国人关于何为领导力、何为神圣的看法似乎往往与英国人大相径庭。在很多北欧社会，讽刺，不，毁谤宗教领袖或许是合乎礼数的，但在伊朗或美国显然不行。因此，我并不是暗示西方或英国关于神圣与领导力之间关系的论述放之四海而皆准，而是想指出，很可能在各种不同的文化中，这两个现象都有着重大联系，虽然在世界各地，这些概念及其联系的具体性质迥然相异。我还想指出，神圣并非房间里的大象——它不是显而易见但人们讳莫如深的东西，而是房间本身，是领导力发挥作用的空间。这就是很少有人提出神圣问题的原因之一，因为领导力正是在神圣所构建的框架中运作的。

“神圣”一词的词源提供了关于其性质的线索，但并没有提供解释（《柯林斯英语词典》，2005年；《牛津英语词源词典》，1966年）。英语“sacred”（神圣的）一词来源于拉丁词语*sacer*，意为“神圣的、圣洁的或不可碰触的”，其本身又来源于另一个拉丁词语*sancire*——“奉为神圣，专为宗教目的，被尊崇为圣洁，不受暴力攻击；使分离”。如此看来，神圣性的一个要素就在于神圣事物与世俗事务之间的距离或差异。“亵渎神圣”——这个词来源于一个拉丁语复合词，意为“偷盗圣洁之物”——是指超越这一界限并玷污了神圣。的确，“hierarchy”（等级制度）一词的原意就是“圣洁的君权”：在这个词起源的希腊语中，*arkhos*意为“君权或统治者”，而*hierós*意为“圣洁的或非凡
117 的”。*Hierarkhíã*是一种宗教典仪的等级排序，因此“等级制度”这个概念就是确保神的（或神职的）领导的神圣组织空间。拉丁语*sacerdos*意为“神父”，而英语的“sacrifice”（献祭，牺牲）源于拉丁语复合词“使圣洁”，因此神圣性的第二个要素与那些被认为与神灵最接近之人——神职人员——献祭这一基本事务有关：正是献祭才让事物变得神圣——它行使了领导力。最后，“神圣”是指“一种尊敬或敬畏的态度”，“一种在神灵面前的静默”。那一静默似乎暗指信徒因为恐惧而被噤声，因为其神灵，或者神灵的代理人，转移了任何与存在有关的焦虑，或者在古希腊的版本中，神灵本身就结束了凡俗之人关于存在的一切恐惧。

因此，词源表明，领导力的神圣面向至少包括三个特质与关于领导力的争论有关：“分离”——将圣洁与卑俗之物分隔开来；“献祭”——使事物变得圣洁的行为；以及宗教或世俗领导者让追随者保持“静默”，不敢说出自己的恐惧或异议。下面我们先对领导力的这一神圣面向来一次短暂的寻幽访胜，然后再考察这个面向是否必要，及其对没有领导者的社会生活意味着什么。

分 隔

分隔、邻近与领导力之间的相关性历史悠久。拿莎士比亚的《亨利五世》来说吧，在阿金库尔战役前夕，“那一夜，（大小三军，不论尊卑）多少都感到在精神上跟亨利有了接触”：这一点之所以被看得如此重要，恰是因为追随者们很少能够接近其领袖，遑论有所接触。君主们当然往往都是通过与神灵的联系来确立自身统治的合法性，因而他们只对神灵负责，所以既然前提是他们整个人都有神圣性，那么说他们的接触具有神圣性在逻辑上也就顺理成章了。这些差别——世俗与神圣的分 118
隔——必须通过界限分明加以保护，还可以通过阻止人们直接或在无中介的情况下接近领导者，或者领导者的特殊着装或其他差别标志得以实现。当然，不同的文化会表现出不同的疏远机制，确实，它们各自对于什么样的距离是可以接受的观念截然不同，但有些疏远——不管是象征意义上的还是现实层面的，也不管我们考察的是任务导向还是人员导向的领导力——似乎普遍存在。例如，众所周知希特勒的制服十分朴素，这让他有别于身上挂满勋章、装饰华丽的其他纳粹领导者，而使他跟普通的“人民”联系在一起，虽然他根本不可能是“他们中的一员”。

领导力涉及一些领导者与追随者之间保持“距离”的机制，这一观念并不稀罕，而关于平易近人的领导者要比高高在上的领导者好得多的信念更是深入人心。相反，马基雅维里敏锐地注意到，要防止追随者们看到其领导者的“真实”面目，保持距离是个很有用的做法，因为：

> 人们进行判断，一般依靠眼睛更甚于依靠双手，因为每一个人都能够看到你，但是很少人能够接触你；每一个人都看到你的外表是怎样的，但很少人摸透你是怎样一个人，而且这些少数人是不敢反对多数人的意见的，因为后者受到国家最高权威的保护。①

对于那些希望成为领导者的人，这一点意味深长，因为能够把控好距离，特别是能够牵制他人不要近身，让自己的一举一动存在于他们的视线之外，对于保持领导的神秘性至关重要——就像奥兹国的巫师，在被揭去了掩饰其“普通”性质的面纱之后，就变得一无所长了。

疏远还可以方便领导者执行一些卑鄙龌龊但十分必要的任务，并方便其在一定的空间之外观察全局（距离追随者或行动太
119 近时则很难看到）。海费茨和林斯基的隐喻——“站在阳台上”去观察（组织的）舞者们创造的队形，就精准地捕捉到了这一要点。

虽说在历史上，疏远对领导力而言一直都很关键，但西方各民主政体在当代的发展方向却是——至少在媒体全天候的监督之下——创造一个社会距离最小的领导形象，因此托尼·布莱尔会穿着套衫、端着一杯茶出现在唐宁街的官邸外与媒体对话——虽然我们很少有人能以那个形象出现在全世界媒体的面前，更没几个人会当面叫他“托尼”，不管是朋友还是仇敌。

然而尽管如此，柯林森指出，过于关注魅力型领袖让我们忽

① 译文引自潘汉典译：《君主论》，商务印书馆1986年版，第85页。

略了这样一种可能性，即距离还会成为追随者的重要机会，用以“建构其他更为对立的身份和工作场所反主流文化，从而表达他们对领导者及其与追随者之间距离的怀疑态度”。有人用幽默来拉开追随者与领导者之间的距离，就是个尤其明显的例子，虽然同样，那样做也会鼓励追随者默许其领导者的领导，因为追随者有渠道表达自己的失望，而不是组织反抗。

领导者与追随者的分隔还凸显出领导力固有的不平等性质，虽然所有关于赋权式、分布式、民主式或参与式领导的说法已经模糊了我们的视线。哈特及其同事们指出，这一不平等观念实际上既是合理的，也是必要的，它产生了双方互利的不平等，前提是要有一定的防护措施。作为领导力核心的不平等**必须**被合理化——虽然平等本身往往被认为是合理的——这一点或许也能解释为什么我们似乎总觉得领导力是神圣的，因为它必须被看作是神圣的，才能保持其合理性。 120

这或许还能解释对那些鲁莽地挑战被公认为神圣的领导力之人，为什么需要使用一定程度的暴力，因为只有在严厉惩罚了那些用行为破坏神圣之人——亵渎神灵之人——之后，才能保持神圣不被侵犯。于是福柯在《规训与惩罚》一书的开头，对达米安因谋刺国王而被判处酷刑进行了详细的描写。亵渎神灵——企图跨越神圣与世俗之间的分隔；的确，这就是玷污神圣——在领导力的建构中起到了至为关键的作用，也被看成是对领导权的致命一击。举例来说，戈尔巴乔夫对苏联共产党的批评——他的亵渎——就打开了最终导致苏联解体的水闸。在他公开发言批评之前，很少有人敢于说党的坏话，而一旦他给了其他人许可，让他们也参与批评，共产党的神圣性质就受到了无法补救的破坏。托尼·布莱尔或许也可作为一例，他在1994年的工党大会上废除了《党章》第四条（生产、分配和交换资料的公有制），正式开启了工党转变为新工党的进程。

因此，神圣性的一个重要方面就是，它必然会把神圣与世俗分隔开来；二者必须保有距离，分隔才有意义可言；当然，该分隔的性质非常灵活，在不同的文化中也迥然相异。事实上，“差别”而非“距离”可以更好地帮助我们理解这里的“分隔”的重要意义。领导者和被领导者之间的物理距离或象征距离可大可小，但二者的差别是成功的关键。换句话说，是否只要消除了这一差别，从而使人人都——或者无一人——是领导者，领导力本身也就消失了？这不是说在某些特定情形下，有些组织形式离开了领导力就无法存续，而是说离开了差别，领导力本身就无法存续。差别是领导力的执行要素，而非领导地位的可有可无的点缀。

献　祭

虽然它让很多现代人感觉极其不适，但毋庸置疑，祭品的使用在古代社会非常普遍。在阿兹特克人披着牺牲品的皮，把成百上千的牺牲品献给他们的太阳神的同时，罗马人、古希腊人、凯尔特人、迦太基人、非洲人、亚洲人，看样子还包括其他各个族群和种群，也都曾染满了人和动物的血来安抚各自的神灵，保护部落，确保子孙满堂或风调雨顺，确保统治部落不会来摧毁自己的土地，或者只为确保被征服的追随者归顺。古希腊的待罪者传统就是把寻找替罪羊的做法仪式化，是社会在面临战争或饥荒威胁时，把人类牺牲品驱逐甚或处死的仪式。

寻找替罪羊

寻找替罪羊的仪式上的必要性构成了勒内·吉拉尔[1]著作的基本核心，且与模仿——所有的人都有互相模仿的欲望——的作用有关。这一对他人的占有最终导致了对他人的征用、一种无法避免的敌对、一种侵略性的反应，以及最终的结果：普遍的社会暴力。吉拉尔指出，数千年来，人类一直通过牺牲个人的做法来遏制这种“天然”的社会暴力倾向。结果，原始的谋杀替罪羊的做法让人们免除了更大规模的社会暴力，产生了暂时的和平——直到下一轮模仿式的敌对和暴力蔓延，让人们必须寻找下一个替罪羊。因此，霍布斯所说的“所有人反对所有人的战争”的唯一解决方案，就是把焦点缩小成“所有人反对一个人的战争”。而克莉斯蒂娃当然是对的，为确保男人的领导权，女人往往会成为被献祭之人，举例来说，所谓的“荣誉处死”往往就暗指这一点。当然，献祭者往往也会成为被献祭者，想想英格兰的查理一世和法国的路易十六等君主们，就是最明显的例子，但 122
有些领导者的政策本是为了推翻这些君主，却也难逃其害——罗伯斯庇尔甚至克伦威尔都是如此，后者倒是自然死亡，但后来尸体又被挖掘出来挂在锁链上，他的头被砍下来，悬挂在威斯敏斯特教堂外的柱子上。

不过我们倒也不必局限于真实的死亡案例，仿佛不这样便不必承认，牺牲至今仍然是领导力的一个重要组成部分，特别是

---

① 勒内·吉拉尔（1923—2015），法国人类学家和哲学家，法兰西学术院院士，“欲望的模仿理论”的创始人。他的研究兴趣和影响力极其广泛，在文学批评、批判理论、人类学、神学、心理学、神话学、社会学、经济学、文化研究和哲学等领域都有成就。

在将领导者或追随者作为替罪羊时：民主政体往往会在政策失败时将其政治领导者作为替罪羊；当问题出现时，CEO们也往往会把自己工作场所中的某个环节作为替罪羊，或者说他们自己也会被股东当作替罪羊。如果他们的上司被剥夺了职权，被降职、解雇或锒铛入狱，那么即便替罪羊们最终没有被献祭，一般也会被流放、被厌弃、被涂上焦油或插上羽毛，而在很多这类行动之前都会有某种形式的公审大会，以便献祭仪式的范围囊括尽可能广泛的公共空间：献祭不仅必须进行，还必须当众进行。同样，非流血型献祭也可以是领导者的自我牺牲。例如，2009年福特公司的时任CEO艾伦·穆拉利就曾承诺，如果国会通过了财务救助，他愿意将自己的管理者年薪降到一美元。

当然，我们每个人每时每刻都在做出牺牲——我们为清理待复电子邮件牺牲了午餐休息时间，为清理草坪牺牲了周日早上的懒觉，等等。但我这里所指的牺牲是指为了集体利益，不管你如何定义集体利益。所以我们那些世俗的个人牺牲不会对领导者和追随者之间的关系产生任何影响，因而不在我们的讨论之列。为了自己的健康放弃一块奶油蛋糕，跟为了提升蛋糕房的集体士气牺牲一个烘焙师可不是一个概念。献祭不是某一位邪恶或疯狂独裁者所做的令人遗憾或令人难堪的行为，而是所有领导形式的基本表现机制。献祭建构了神圣空间，没有这一
123 空间，领导力根本就不可能存在。

静　默

除了提供思考空间之外，静默的神圣方面还包括好几个原则：消除反对之声和消除焦虑之声。已经有大量文献论述了前

者的作用（例如延伸阅读部分列出的柯林森和阿克罗伊德的著作），这里就不多费笔墨了。

大体上，领导力具有神圣性的概念与存在主义观念背道而驰，后者是从哲学谱系的另一端出发来考察世界的：我们不是神的计划的成果，而是我们自己有意识的自由行为打造的。然而这一观念就意味着，所有对存在没有把握和没有目的而造成的焦虑，恰恰是责任的负担为何如此沉重的原因。如果我们相信某个神灵所决定的命运，就从自己肩上卸去了责任的重担，因为我们所做的一切早已由不管哪一个神灵镌刻完毕，也就意味着他要为此负责。然而如果说我们所做的一切都是自由意志的结果，因为没有从神那里获得任何道德规训而随波逐流，那么我们似乎就不仅要为自己的决定负责，还要为自己在做出这些决定时背离任何基本的道德罗盘负责了。绝对性和免责是这一虚构的领导领地和这一双重浮士德式契约的一对孪生承诺。对领导者而言，该契约用现在的特权和权力换取了未来被献祭的可能性；而对追随者而言，该契约保护他们免受"错信"之害，也就是让-保罗·萨特所说的"被赋予自由"，哪怕在两害相权时最孤注一掷的决定的背后，也会有这种自由在起作用。实际上，领导力消除了追随者的焦虑之声。

埃里希·弗洛姆指出，对自由的恐惧还可以从根本上解释为什么我们会这般强迫症一样地渴望服从权威。在弗洛姆看来，现代性让人们从根本上摆脱了与他人的共有关系，正是这种无法忍受的孤独及随之而来的责任之重，驱使我们在权威—— 124
不管是法西斯还是民主领导者——的保护羽翼下寻求安慰。因为只有那样，我们才能够避免个人责任所带来的恐惧。

图20　自由的两难困境

这又会将领导力带向何方呢？一方面，如果我们想要通过很小规模的临时网络来组织社会生活的话，完全可以离开领导者，但规模稍大或时效稍长一些，似乎就必须要有某种形式的制度化领导了。好消息是，我们现在需要关注的是建立适当的机制，让这类个体或集体领导者为自己的行为负责，以及培养更愿意参与领导行为的负责任的公民。坏消息是，我们想当然地认为在某种程度上，合作型领导不会像个体领导那样容易受到操纵和腐败侵蚀，这一臆想非常可疑。要想对集体面临的抗解问题做出协调反应，单靠抛弃个体领导是做不到的——就算是合作型领导，也需要有个体带头行动、承担责任、动员集体领导。事实上，集体的成员必须授权彼此领导，因为集体在决策方面的被动低效是有目共睹的。因此，领导力不是房间里的大象，不是很多人意识到但讳莫如深的问题，而是我们离不开的房间本身。换句话说，这就是鲍曼所谓的“不能承受的责任之静默”。这是我们集体和个人都要面对的难题。 126

术语表

authority　**权限**：法定权力

bad faith　**错信**：让-保罗·萨特的术语，指拒绝负责的决策

bricoleur　**小修补匠**：自己动手的实用主义实验者

calculative compliance　**算计性服从**：埃齐奥尼的术语，表示源于理性行为的服从

charisma（strong）　**（超凡）魅力**：韦伯创造的术语，指有着超自然天赋，注定要拯救我们摆脱危机的个人

charisma（weak）　**（普通）魅力**：后来人们对韦伯的原意加以弱化，用来表示较强的个性

clumsy solutions　**笨拙解决方案**：一种解决问题的方法，其根源在于跨越简洁的文化界限

coercive compliance　**强制性服从**：埃齐奥尼的术语，表示源于暴力的服从

command　**命令**：与危机有关的决策风格

community of fate　**掌握命运的社会**：由共同的命运凝聚在一起

的社会

community of practice **实践社团：**温格原创的学习模式，源于集体实践而非个体认知

competence **胜任素质：**独立互不联系的技巧或特质

concertive action **协同行动：**整体强于各部分相加的分布式领导

constructive dissent **建设性异议：**追随者提出的一种异议，本意是为了保护集体，阻止领导者做出错误的决策

contingency theory **权变理论：**一种领导力模型，认为应该根据对情境的理解采用某种领导行为

cosmology episode **重大转折事件：**某一情境中的一个使个体的意义建构受到威胁的危急时刻

critical problems **重大问题：**被指挥官定义为危机的问题

destructive consent **破坏性赞同：**追随者的一种赞同，通过默许领导者做出的某个错误决策而威胁到集体的利益

devil effect **魔鬼效应：**关于某一错误的第一印象会（错误地）影响所有后续印象的假说

distancing **疏远：**一种领导者和追随者借以彼此保持物理和/或象征距离的机制

distributed leadership **分布式领导：**一种集体领导方式

egalitarianism **平等主义：**一种根源于人人平等和共同决策的政治和文化模型

elegant solutions **简洁解决方案：**看似与其所产生的文化环境一致的解决方案

empathy **共情：**能够通过他人的眼光看待世界的能力

essentially contested concept **本质上存在争议的概念：**加利原

创的术语，指代一个永远不可能达成共识的概念

fatalism **宿命论：**一种以认命和默许为主的文化观念

fatalist community **被动认命的社会：**一个集体放弃了反抗或改变能力的社会

golden bridge **阙：**孙武发明的术语，指代能够让敌方挽回颜面并避免进一步冲突的方法

Great Man theory **伟人理论：**卡莱尔发明的模式，用于解释历史是通过极少数非凡之人的行动创造的

grid/group **网格/群体：**道格拉斯用于建构其文化启发性教育的两个术语

halo effect **光环效应：**关于正面的第一印象会影响他人的所有方面的假说

hard wiring **固有：**关于行为是由人的基因决定因而无法改变的假说

heterarchy **动态分层结构：**一种随着不同的情境改变决策的动态等级结构

hierarchy **等级制度：**一种组织协调和决策模式，其中随着职位上升，权力和知识的不平等会加剧

hierarchy of needs **需求层次：**马斯洛发明的模式，表明较低的（生理需求）应优先于较高的（认知）需求

ideal types **理想型：**韦伯原创的方法论机制，用于通过参照理论上完美（但不存在）的模型来对组织形式加以比较

individualism **个人主义：**一种文化模式，通过参照个人在经济上理性的行为以及行为的逻辑规律来解释世界

institutional sclerosis **制度僵化：**奥尔森的主张，即随着时间的

流逝，组织会变得越来越僵硬和低效

inverse learning **逆向学习**：关于依靠对追随者的信号做出反应来学习领导的假说

irresponsible followership **不负责任的追随**：一种将一切决策的一切责任都归咎于领导的追随模式

leaderful organizations **多人领导的组织**：关于组织可以由多人领导，而不是仅由一位领导者领导或没有领导者的主张

leadership **领导艺术**：动员某一群体或社会面对其抗解问题的艺术

LMX：领导-成员交换理论

Machiavellian **马基雅维里式**：一种暗指领导者应该为实现公共利益而不择手段的模式

management **管理**：指令适当的过程来解决易解问题的科学

mundane activities **平凡的活动**：关于领导艺术事实上源于相当无聊的日常讨论和社会交流，而非魅力型领导的非凡卓越行为的假说

negative capability **消极感受力**：济慈的主张，认为能够容忍不确定性对于决策过程非常重要

nemo sine vitio est **人孰无过**："没有人是不犯错的"

New Public Management **新公共管理**：撒切尔/里根/布莱尔的公共治理模式，源于将市场、目标和顾客相结合的做法

normative compliance **规范性服从**：埃齐奥尼的术语，表示源于追随者自愿追随某一领导者的服从

path-goal theory **途径-目标理论**：豪斯提出的源于各个变量之间关系的领导力权变模式

permission-giving **许可**：一种领导模式，认为在没有领导者的正式或非正式许可的情况下，追随者倾向于不去冒险

political nous **政治知性**：能够了解组织形势的能力

positive deviance **主动偏离**：组织中的某一群个体偏离规则和规范能够使他们实现其他服从之人无法实现的成就

power **权力**：迫使某人违背自身意愿做某事的能力

prototypes **原型**：一种领导模式，认为领导最有可能的人选是那些代表着最极端形式的文化规范之人

responsible followers **负责任的追随者**：愿意为组织的命运承担责任而不是一味将其归咎于正式的领导者的追随者

reverse dominance hierarchies **逆向统治等级**：组织将个体集合起来，反抗某个不受欢迎的领导者统治的行为

romance of collaborative leadership **合作型领导传奇**：关于分布式领导能够解决一切组织问题的假说

romance of leadership **领导力传奇**：认为组织成败是某个领导者行为的直接结果的假说

scapegoating **寻找替罪羊**：一种面对危机的集体反应方式，可以使集体保持无辜

scientific management（Taylorism） **科学管理（泰勒主义）**：泰勒提出的通过实施科学方法提高工业劳动生产率的模式

social capital **社会资本**：能够建立有效组织的社会网络的聚集

social identity theory **社会认同理论**：一种领导力模型，将集体身份用作动员集体开展行动的首要方式

tame problems **易解问题**：通常可以通过使用标准作业程序加以解决的问题

Theory X　**X理论**：麦格雷戈原创的模式（接近于霍布斯），其中的“人性”表明，人从根本上说都是懒惰的、自私的，需要被强迫才能进行高效率的工作

Theory Y　**Y理论**：麦格雷戈原创的术语（接近于卢梭），其中的“人性”表明，人从根本上说都是负责的、无私的，如果要参与高效率的工作，就必须从被强迫状态中解放出来

THW α MPs：享有特权、高大英俊的白人男性领袖

traits　**特质**：行为规律或个人性格特征

transactional leadership　**交易型领导**：一种看重交换过程的领导力模型

transformational leadership　**变革型领导**：一种试图提升追随者，让他们目光放远，不要紧盯着自身利益的领导力模型

wheelwright leadership　**车匠式领导**：一种领导力模型，认为成功与个体领导者的专业技能无关，而与该领导者动员专家团队的能力有关

white elephant　**白象**：一种认为只有神一样的个人才能够成功的领导力模型

wicked problems　**抗解问题**：要么是新出现的，要么是棘手的问题，没有显而易见的答案，需要共同努力才能解决

zeitgeist　**时代精神**：“时代的精神”

索　引

（条目后的数字为原书页码，见本书边码）

A

Acton, Lord 阿克顿勋爵 95
African-American 美籍非裔 71, 84
Agamemnon 阿伽门农 65
Air-Florida 佛罗里达航空公司 107
Alexander the Great 亚历山大大帝 33
American-Indian 美洲印第安人 67
anarchy 无政府状态 103
Apollo 13 “阿波罗 13 号” 29
Arafat, Y 亚西尔 · 阿拉法特 69
Arc, Jean de 圣女贞德 53, 93
Aristotle 亚里士多德 37—38
Athenian 雅典式 57—58
Athens 雅典 50
Aztecs 阿兹特克人 122

B

Bass, B 伯纳德 · 巴斯 97
Bauman, Z 齐格蒙 · 鲍曼 126
Berlusconi, S 西尔维奥 · 贝卢斯科尼 69
Bevin, E 厄内斯特 · 贝文 61
Blair, T 托尼 · 布莱尔 3, 120, 121
Blake, R 罗伯特 · 布莱克 86
Blanchard, K 肯尼斯 · 布兰查德 88
Borgia, C 切萨雷 · 博尔贾 38—39
Boudicca 布狄卡 93
bricoleur 小修补匠 24, 107
British Army 英国陆军 57
Brown, G 戈登 · 布朗 79—80
Bush, G W 乔治 · 沃克 · 布什 2

C

Caesar, J 尤利乌斯 · 凯撒 33
Calchasian 卡尔克斯式 62—67
California 加利福尼亚 32
Carlyle, T 托马斯 · 卡莱尔 13, 40, 42, 50, 67, 83
Carlylean 卡莱尔式 53—57
Celts 凯尔特人 34
centralization 集权 45
Chamberlain 张伯伦 61
characteristics (of leaders)（领导者的）性格 99
charisma 魅力 96
charismatic leadership 魅力型领导 7, 10, 93—97
Charles I 查理一世 122
Churchill, W 温斯顿 · 丘吉尔 30, 53, 61, 78, 95
Clause IV 第四条 121
Clausewitz, C von 卡尔 · 冯 · 克劳塞维茨 35
clumsy solutions 笨拙解决方案 24—25
coercion 强迫 10
collaborative leadership 合作型领导 112
collective intelligence 集体智慧 30
Collinson, D 戴维 · 柯林森 120
Comanche 科曼奇人 113
command 指挥 19

community of fate 掌握命运的社会 30
community of practice 实践社团 62—63
competencies 胜任素质 13, 76, 84
compliance 服从 20
concertive action 强迫行为 116
constructive dissent 建设性异议 29—30
contingency theory 权变理论 86—88
critical problems 重大问题 18, 20
Cromwell, O 奥利弗·克伦威尔 40, 53, 123
Cuban Missile Crisis 古巴导弹危机 18

D

Dead Ground 死地 36
decentralization 分权 45
defining leadership 定义领导力 4
déjà vu 似曾相识 15
destiny 宿命 53
destructive consent 破坏性赞同 29—30, 104
devil effect 魔鬼效应 76
distancing 疏远 119—121
distributed leadership 分布式领导 112—113, 116
divine right 天赋神权 114
Douglas, M 玛丽·道格拉斯 21
Durkheim, E 埃米尔·涂尔干 9

E

egalitarians 平等主义者 23
egotism 唯我 31
elegant solutions 简洁解决方案 23—25
Eliot, G 乔治·艾略特 110—111
Elizabeth I 伊丽莎白一世 93
empathy 共情 31
essentially contested concept (ECC) 本质上存在争议的概念 2
ethics 伦理规范 57
etymology of leadership 领导力的词源 6
Evans-Pritchard, E E 爱德华·伊凡·伊凡-普理查 113
evolutionary biology 演化生物学 55

F

fatalism 宿命论 22, 24
fatalist community 被动认命的社会 30
First World War 第一次世界大战 51, 57
followership 追随 98—111
Foucault, M 米歇尔·福柯 121
Franklin, B 本杰明·富兰克林 10—11
Frederick the Great 腓特烈大帝 54
Freeman, J 乔·弗里曼 115
Fromm, E 埃里希·弗洛姆 124

G

Gallie, D 沃尔特·布赖斯·加利 2
Gandhi, M 圣雄甘地 69
Gauls 高卢人 34
General Electric 通用电气 41
German Army 德军 58
German Elections, 1933 1933 年德国大选 94

Girard, R 勒内・吉拉尔 122
global warming 全球变暖 17, 25—26
Golden Bridge 阙 36
Gorbachev, M 米哈伊尔・戈尔巴乔夫 121
Great Men theory 伟人理论 13, 40, 54, 83
grid/group 网格 / 群体 21—22
Gronn, P 彼得・格伦 116
Gurion, B 本–古里安 69

H

Hadza 哈扎 113
Halifax, Lord 哈利法克斯伯爵 61
halo effect 光环效应 76
hard-wiring 固有 55
Harding, W 沃伦・哈定 68
Hawthorne Experiments 霍桑实验 41—42
Heifetz, R 罗纳德・海费茨 120
Hein, P 皮亚特・海恩 67
Hersey, P 保罗・赫塞 88
heroic leadership 英雄主义领导力 116
heterarchy 动态分层结构 104
hierarchy 等级制度 5, 103, 117—118
hierarchists 等级主义者 24—27
Hirohito, Emperor 昭和天皇 69
Hitler, A 阿道夫・希特勒 6, 50, 51, 53, 61, 119
Hitler Youth 希特勒青年团 59—60
Hobbes, T 托马斯・霍布斯 122
Hopkins, G M 杰拉尔德・曼利・霍普金斯 63, 64
House, R 罗伯特・豪斯 90
Howell, J 简・豪威尔 97
hunter-gatherers 狩猎–采集者 113
Hussein, King 侯赛因国王 69
hyenas 鬣狗 55—56

I

Ibrahim, M 穆罕默德・易卜拉欣 71
ideal types 理想型 4, 103
individualism 个人主义 23—30
inverse learning 逆向学习 63

J

Jackson, P 菲尔・杰克逊 104
Jong-Il, K 金正日 69

K

Kautilya 考底利耶 35
Keats, J 约翰・济慈 28
Kennedy, President 肯尼迪总统 18
Kondratiev Long Waves 康德拉捷夫长波 42
Khan, Gengis 成吉思汗 53
Khruschev, N 尼基塔・赫鲁晓夫 69
King, Martin L 马丁・路德・金 53
Kristeva, J 茱莉亚・克莉斯蒂娃 122
Kyoto Agreement《京都议定书》24

L

Lawrence, T E 托马斯・爱德华・劳伦斯 69

leaderful 多位领导者的 116
leader-member-exchange theory（LMX）领导–成员交换理论 89
leadership development 领导力培养 50—67
leadership-in-charge 主管领导 4
leadership-in-front 带头领导 6
Lear, King 李尔王 109
Ley, R 罗伯特·莱伊 60
lions 狮子 55
linguistic binaries 语言学的二元对立 45, 49
Linsky, M 马蒂·林斯基 120
Liu Bang 刘邦 104
Lord of the Rings 指环王 95
Louis XVI 路易十六 122
Lowndes, W 威廉·朗兹 106
Luther, M 马丁·路德 54

M

McGregor, D 道格拉斯·麦格雷戈 43
MacGregor-Burns, J 詹姆斯·麦格雷戈·伯恩斯 96—97
Machiavelli, N 尼科洛·马基雅维里 38—40, 119
management 管理 69
Marx, K 卡尔·马克思 113
Medvedev, D 德米特里·梅德韦杰夫 69
Middlemarch《米德尔马契》111
Milgram, S 斯坦利·米尔格拉姆 29
mission-command 任务指挥 61
Mohammed 穆罕默德 54
Mouton, J S 简·斯莱格里·莫顿 86
mundane practices 平凡的实践 13

N

Napoleon, B 波拿巴·拿破仑 80—81
National Health Service（NHS）国家医疗服务体系 16—17
National Illness Service（NIS）国家疾病服务体系 16
Nazi Party 纳粹党 60—61
negative acquiescence 消极默许 27
negative capability 消极感受力 28—29
Nelson, Admiral 海军上将纳尔逊 12, 53, 69
New Public Management 新公共管理 43, 49
Newton, I 艾萨克·牛顿 8
Nietzsche, F 弗里德里希·尼采 54, 114
Nightingale, F 弗罗伦斯·南丁格尔 53
Norman, A 阿奇·诺曼 30
Norway 挪威 72, 75
Nuer 努尔人 113

O

Obama, President 奥巴马总统 71

P

path-goal theory 途径–目标理论 92—93
Patton, General 巴顿将军 53
permission giving 许可 6, 27
Peters, T 托马斯·彼得斯 43

pharmakos 待罪者 122
Phillips, T 特雷弗·菲利普斯 71
Plato 柏拉图 37, 101, 107
Popper, K 卡尔·波普尔 101—102, 107, 115
positive deviance 主动偏离 27—28
Potter, H 哈利·波特 95
power 权力 20, 96
problems 问题 15—21
prototypes 原型 78—80
Proust, M 马塞尔·普鲁斯特 23

Q

questions 疑点 26—27

R

Raelin, J 约瑟夫·雷林 116
rational-legal authority 理性-合法权限 94
reframing 重新设计 19
relationships 关系 27
reverse dominance hierarchies 逆向统治等级 56
Robespierre, M 马克西米连·罗伯斯庇尔 123
Romans 罗马人 34
Royal Air Force 皇家空军 108
Rundstedt, Von 冯·伦德施泰特 61

S

sacred 神圣 115, 117
sacrifice 献祭 12, 118, 122—124
sacrilege 亵渎神灵 117
Sarkozy, N 尼古拉·萨科齐 69
Sartre, J P 让-保罗·萨特 124
scapegoating 寻找替罪羊 122—123
Schweitzer, A 阿尔伯特·史怀哲 110
Scotland, Baroness 斯科特兰女男爵 71
Second World War 第二次世界大战 42, 49, 83—84
Selassie, H 海尔·塞拉西 69
sense-making 意义建构 105
separation 分隔 118—122
Shakespeare, W 威廉·莎士比亚 109—110
silence 静默 124—126
Sloan, A 阿尔弗雷德·斯隆 108
social capital 社会资本 13
social identity theory 社会认同理论 77—82
Socrates 苏格拉底 2
Soviet Union 苏联 61
Spartan 斯巴达式 57
Spartacus 斯巴达克斯 33—34
Stalin, J 约瑟夫·斯大林 50, 53, 69
standard operating procedure（SOP）标准作业程序 15
Sternin, J and M 杰里和莫妮克·斯捷尔宁 28
structurelessness 无结构状态 115
subjunctivist 虚拟动词语态 5
Sun Tzu 孙武 35—37
sycophants 马屁精 65

T

Talbot, Captain 塔尔伯特上校 61

tame problems 易解问题 15—17, 20—21
Tao 道 112
Taylor, F W 弗雷德里克·温斯洛·泰勒 41
Tenerife air crash 特内里费空难 107
TH α WMPS 享有特权、高大英俊的白人男性领袖 68—69, 74, 76—77
Theory X/Y X 理论 /Y 理论 43
Thorndike, L 爱德华·李·桑代克 76
Three Mile Island 三里岛 29
THWMS 高大英俊的白人男性 68—69
Tolstoy, L 列夫·托尔斯泰 9
traditional authority 传统权限 94
traits 特质 83—84
transactional leadership 交易型领导 96
transformational leadership 变革型领导 96—97
Tryon, Sir George 乔治·特莱恩爵士 107
Tsunetomo, Y 山本常朝 108

U

USA 美国 72

V

vertical linkage dyad (VLD) 垂直对子联结 89
volition 意志力 56
vu jàdé 初次邂逅 15

W

warlords 军阀 114
Waterman, R H 罗伯特·H. 沃特曼 43
Weber, M 马克斯·韦伯 4, 93—95, 103
Weick, K 卡尔·韦克 106
Wellington, Duke 惠灵顿公爵 80—81
Wenger, E 艾蒂安·温格 62
wheelwright 车匠 102, 105
Whig history 辉格党式历史 45
white elephant 白象 100, 102, 105
wicked problems 抗解问题 15—18, 20—21
Wizard of Oz 奥兹国的巫师 119
wolves 狼 56

Z

Zaleznik, A 亚伯拉罕·扎莱兹尼克 97
Zimbardo, P 菲利普·津巴多 29

Keith Grint

LEADERSHIP

A Very Short Introduction

Contents

Acknowledgements i

List of illustrations iii

1 What is leadership? 1

2 What isn't leadership? 15

3 What was leadership? 33

4 Are leaders born or bred? 50

5 Who are the leaders? 68

6 How do leaders lead? 83

7 What about the followers? 98

8 Can we do without leaders? 112

References and further reading 127

Glossary 133

Acknowledgements

This little book is the culmination of a very large number of conversations with many friends, colleagues, and students over more than twenty years. Amongst those, I would like to thank the following: John Antonakis, John Atkinson, Richard Badham, John Benington, David Bolger, John Bratton, Stephen Brookes, Alan Bryman, Brigid Carroll, Peter Case, Andy Coleman, David Collinson, Rhys Cowsill, Rebecca Cox, Sue Dopson, Mike Dunn, Gareth Edwards, Paul Ellis, Gail Fairhurst, Yiannis Gabriel, Amanda Giles, Jonathan Gosling, David Grant, Peter Gray, Mike Harper, Jean Hartley, Julia Hockey, Richard Holmes, Kerry Iwaniszyn, Brad Jackson, Kim James, Doris Jepson, Drew Jones, Owain Jones, John Jupp, Andrew Kakabadse, Mihaela Kelemen, Nannerl Keohane, Donna Ladkin, Boje Larsen, Jim Lawless, Patrick Leonard, Sarah Lewis, James McCalman, Kevin Morrell, Anne Murphy, Janine Nahapiet, Debra Nelson, Hilarie Owen, Ken Parry, Edward Peck, Gillian Peele, Lesley Prince, Tracy Reeves, Robin Ryde, Jim Scholes, Boas Shamir, Joe Simpson, David Sims, Amanda Sinclair, Georgia Sorenson, Gillian Stamp, Mark Stein, John Storey, Stefan Sveningsson, Marc Thompson, Dennis Tourish, Irwin Turbitt, Linda Sue Warner, Holly Wheeler, Martin Wood, Steve Woolgar, and Marshall Young. I would also like to thank the anonymous reviewers, especially the final reviewer. Finally, I would like to thank my family for everything else: Adam, Beki, Katy, Kris, Rebecca, Richie, and, of course, Sandra.

List of illustrations

1 Leadership: knowledge and understanding **2**

2 Typology of problems, power, and authority **21**

3 Four primary ways of organizing social life **22**

4 Elegant (single-mode) solutions to global warming **24**

5 Clumsy solution for the wicked problem of global warming **25**

6 Clumsy approaches to wicked problems **26**

7 Increasingly rational leadership over time **44**

8 Binary model A: centralization–decentralization **46**

9 Binary language model B: science versus culture **47**

10 Political zeitgeist **48**

11 A typology of leadership development **51**

12 Stalin and Hitler **52**
Hitler © Bettmann/Corbis

13 The road to wisdom **66**
© Piet Hein Grooks. Reprinted with kind permission from Piet Hein a/s, DK-5500 Middelfart, Denmark

14 Women on the board and performance **73**
Reconstructed from Ryan and Haslam, 'The Glass Cliff', *British Journal of Management*, 16(2) (2005)

15 Gender: cause and effect **74**
Reconstructed from Alvesson and Billing, *Understanding Gender and Organizations* (London: Sage, 1997)

16 Blake and Mouton's managerial grid **86**

17 Path–goal theory **92**
From 'A Path–Goal Theory of Leader Effectiveness', *Administrative Science Quarterly*, 16 (1971): 321–38

18 The white elephant **100**
© Mireille Vautier/Alamy

19 Leadership, followership, commitment, and independence **102**

20 The dilemma of freedom **125**
© Mark Ruchlewicz/Getty Images

The publisher and the author apologize for any errors or omissions in the above list. If contacted they will be pleased to rectify these at the earliest opportunity.

Chapter 1
What is leadership?

Introduction

What is leadership? Well, despite almost three thousand years of ponderings and over a century of 'academic' research into leadership, we appear to be no nearer a consensus as to its basic meaning, let alone whether it can be taught or its effects measured and predicted. This cannot be because of a dearth of interest or material: on 29 October 2003, there were 14,139 books relating to 'leadership' on Amazon.co.uk for sale. Just over six years later, that number had almost quadrupled to 53,121 – and clear evidence that within a short space of time there will be more books about leadership than people to read them. You would be forgiven for thinking that more information equates to greater understanding. Unfortunately, we just seem to generate ever-greater disparity in our understandings and seem no nearer 'the truth' about defining leadership than before we began to publish so much material. Indeed, my own journey through the literature is represented in Figure 1. When I began reading the leadership literature in about 1986, I had already spent some time in various leadership positions, so at that time I'd read little but I understood everything about the subject from the University of Life. Then, as I read more material, I realized that all my previous 'truths' were built on very dubious foundations, so my understanding decreased as my knowledge increased. 2006 was a difficult year: I'd read hundreds,

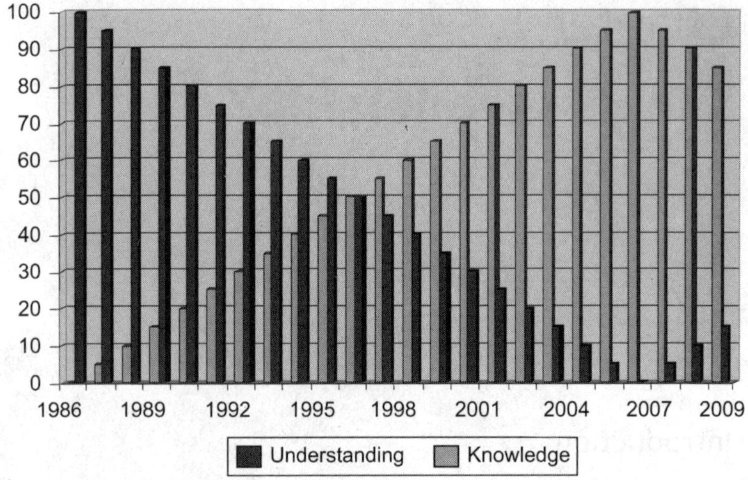

1. Leadership: knowledge and understanding

if not thousands, of books and articles, and concluded that Socrates was right – wisdom only comes when you realize how ignorant you are. I think I'm now on the road to recovery and have got past base camp with this conclusion: at its most basic, the 'essence' of leadership – as an individual leader – leaves out the followers, and without followers you cannot be a leader. Indeed, this might be the simplest definition of leadership: 'having followers'.

So how are we going to approach this topic? The importance of the definition of leadership is not simply to delineate a space in a language game, and it is not merely a game of sophistry; indeed, we don't need to agree on the definition (though organizations probably should), but we should at least be able to understand each other's position so as to make sense of each other's arguments. After all, how we define leadership has vital implications for how organizations work – or don't work – who we reward and punish. Over 50 years ago, W. B. Gallie called power an 'essentially contested concept' (ECC). Gallie suggested that many concepts – such as power – involved 'endless disputes about their proper uses on the part of the users', to the point where debates appeared irresolvable. For example, a discussion about whether Bush or

Blair were 'good' leaders is likely to generate more heat than light, and precious little hope of a consensus amongst people who bring different definitions of 'good' leadership to the debate.

So we don't need to agree on the definition, but we need to know what the definitions are. We might start by considering what the most popular books have to say on the issue. Many are based on autobiographical or biographical accounts – they relate leadership to the *person* regarded as the leader. Others define leadership as a *process* – this may be the style that leaders adopt, or a process such as 'sense-making' (according to Weick, 'the process by which information which is undigested and contradictory is made sense of'), or the practices of leaders. Some define leadership by simply considering what those in authority do – a *positional* approach. Often, the definition is close to that of power, drawn from Weber's and Dahl's original idea that power (and thus leadership) was the ability to get someone to do something they wouldn't otherwise have done. This approach tends to lock leadership into mobilizing a group or community to achieve a purpose – a *results* approach. Some of these we shall return to, but, apart from noting the varying properties of these definitions, we are left more, rather than less, confused by them. Leadership does seem to be defined differently and, even if there are some similarities, the complexities undermine most attempts to explain why the differences exist. However, the dissensus seems to hang around four areas of dispute, leadership defined as *position* or *person* or *result* or *process*.

This fourfold typology does not claim universal coverage, but it should encompass a significant proportion of our definitions of leadership. Moreover, the typology is not hierarchical: it does not claim that one definition is more important than another and, contrary to the consensual approach, it is constructed upon foundations that *may* be mutually exclusive. In effect, we may have to choose which form of leadership we are talking about rather than attempt to elide the differences. It is, however, quite possible that empirical examples of leadership embody elements of all four forms. Thus we are left with four major alternatives:

- Leadership as *position*: is it *where* 'leaders' operate that makes them leaders?
- Leadership as *person*: is it *who* 'leaders' are that makes them leaders?
- Leadership as *result*: is it *what* 'leaders' achieve that makes them leaders?
- Leadership as *process*: is it *how* 'leaders' get things done that makes them leaders?

All these aspects are 'ideal types', following Weber's assertion that no such 'real' empirical case probably exists in any pure form, but this does enable us to understand the phenomenon of leadership better – and its attendant confusions and complexities – because leadership means different things to different people. This is therefore a heuristic model – a pragmatic attempt to make sense of the world – not an attempt to carve up the world into 'objective' segments that mirror what we take to be reality. I will suggest, having examined these four different approaches to leadership, that the differences explain both why so little agreement has been reached on the definition of leadership and why this is important to the execution and analysis of leadership.

Defining leadership

Position-based leadership

Leadership is traditionally related to a spatial position in an organization of some kind – formal or informal. Thus we can define leadership as the activity undertaken by someone whose position on a vertical, and usually formal, hierarchy provides them with the resources to lead. These people are 'above us', 'at the top of the tree', 'superordinates', and so on. In effect, they exhibit what we might call 'leadership-in-charge'. This is how we normally perceive the heads of vertical hierarchies, whether CEOs or military generals or head teachers or their equivalents. These people lead from their positional control over large networks of subordinates and tend to drive any required change from the top. That 'drive' also hints at both the mechanistic assumptions about how organizations work and the coercion that is available to those in charge: a general can order executions, a judge can imprison people, and a CEO can discipline or sack employees, and so on.

A related aspect of this vertical structuring is what appears to be the parallel structuring of power and responsibility. Since the leader is 'in charge', then presumably he or she can ensure the enactment of his or her will. But while a formal leader may *demand* obedience from his or her subordinates – and normally acquire it, among other things, because of the resource imbalance – that obedience is never guaranteed. In fact, one could suggest that power encompasses a counterfactual possibility, a subjunctivist verb tense rather than just a verb – it could have been otherwise. Indeed, one could well argue that power is not so much a cause of subordinate action as a consequence of it: if subordinates do as leaders demand, then, and only then, are leaders powerful. If this was not the case, then we could not explain a mutiny – an act of insubordination in a military hierarchy that can occur only if the subordinate has the power to say 'no' and the courage to face the consequences.

The limitations of restricting leadership to a position within a vertical hierarchy are also exposed when we move to consider leadership-in-front, a horizontal approach, in which leadership is largely unrelated to vertical hierarchies and is usually informally constituted through a network or a heterarchy (a flexible and fluid hierarchy). Leadership 'in-front' might be manifest in several forms, and where it merges into leadership-in-charge might be at the penultimate rank at the bottom of a hierarchy. For instance, within an army such leadership might be manifest in corporals who have some degree of formal authority but may secure their position with the ordinary soldiers – their followers – through leading from the front. Indeed, the leadership abilities of low-level leaders may be critical in differentiating the success of armies. It may be, for example, that the old adage about sergeants being 'the backbone of the army' has more than a trace of truth in it.

More commonly, though, we might conceive of leadership-in-front from a fashion leader – someone who is 'in front' of his or her followers, whether that is trends in clothing, music, culture, business models, or whatever. These leaders provide guides to the mass of fashion-followers without any formal authority over them. But leading from the front also encompasses those who guide others, either a professional guide showing the way or simply whoever knows the best way to an agreed destination amongst a group of friends on a Sunday stroll; both guides exhibit leadership through their role in front but neither is necessarily formally instituted into an official hierarchy. We might even retrace the origins of the English word for leadership to shed light on this aspect. The etymological roots of the English word 'leadership' derive from the Old German '*Lidan*', to go; the Old English '*Lithan*', to travel; and the Old Norse '*Leid*', to find the way at sea.

Leadership-in-front might also be provided in the sense of legitimizing otherwise prohibited behaviour. For instance, we might consider how Hitler's overt and public anti-Semitism legitimated the articulation of anti-Semitism by his followers. And again it has been suggested that acts such as suicide or antisocial behaviour such as graffiti provide 'permission' by 'leaders-in-front' for others to follow, hence there are often spates of similar acts in quick succession, almost as if the social behaviour operates as an epidemic.

Leadership along this positional dimension, then, differs according to the extent to which it is formally or informally structured, and vertically or horizontally constituted. Leadership-in-charge implies some degree of centralizing resources and authority, while leadership-in-front might, in some circumstances, imply something closer to leading without authority. But does this imply that the character of the leader is less relevant than where that leader operates from?

Person-based leadership

Is it who you are that determines whether you are a leader or not? This, of course, resonates with the traditional traits approach: a leader's character or personality. We might consider the best example of this as the charismatic to whom followers are attracted because of the charismatic's personal 'magnetism'. Ironically, while a huge effort has been made to reduce the ideal leader to his or her essence – the quintessential characteristics or competencies or behaviours of the leader – the effort of reduction has simultaneously reduced its value. It is rather as if a leadership scientist had turned chef and was engaged in reducing a renowned leader to his or her elements by placing them in a saucepan and applying heat. Eventually the residue left from the cooking could be analysed and the material substances divided into their various chemical compounds. But, although it may be that some chemical residues do, paradoxically, have exactly this ability (heroin, for example, is often blamed for 'leading' people astray), the question 'what is leadership?' is unanswerable because it is not possible to analyse leaders in the absence of followers or contexts.

A complementary or contradictory case can also be made for defining leadership generally as a collective, rather than an individual, phenomenon. In this case, the focus usually moves from an individual formal leader to multiple informal leaders. We might, for example, consider how organizations actually achieve anything, rather than being over-concerned with what the CEO has said should be achieved. Thus we could trace the role of informal opinion-leaders in persuading their colleagues to work differently, or to work harder, or not to work at all, and so on. We shall return to this issue in Chapter 7.

Either way, leadership along this criterion is primarily defined by *who* the leader is or leaders are (formal and informal), and it may be that such an approach is associated with an emotional relationship between leader and followers or between leaders. At its most extreme, this emotional relationship renders the followers in 'the crowd' incapable of discriminating between good and bad actions.

Despite the Western fetish for heroic individuals as leadership icons, it is not at all clear that such examples exist in social isolation. For instance, Newton may claim to have 'led' the discovery of gravity, but it was, in effect, the result of collective work by Robert Hooke and Edmund Halley as well as Newton. We might also want to differentiate here between leadership as means and ends. For instance, the assembly line is the *means* by which workers are 'led' to act. But the *ends* do not originate in the machinery; instead, they are constructed by the present but invisible human leader(s). So how important are the ends – the results – of leadership?

Results-based leadership

It might be more appropriate to take the results-based approach because without results – the purpose of leadership – there is little support for it. There may be thousands of individuals who are 'potentially' great leaders, but if that potential is never realized, if no products of that leadership are forthcoming, then it would be logically difficult to speak of these people as 'leaders', except in the sense of 'failed' or 'theoretical' leaders – people who actually achieve little or nothing. On the other hand, there is a tendency to focus on results as both the primary criterion for leadership and as attributed to leaders: for example, since the company achieved a 200% increase in profits – which is its primary purpose – we should reward the leader appropriately. But there are two other issues that need further examination here. First, why and how do we attribute the collective products of an organization to the actions of the individual leader? Second, assuming that we can causally link the two, do the methods by which the products are achieved play any role in determining the presence of leadership?

The first issue – that we can trace effects back to the actions of individual leaders – is deeply controversial. On the one hand, there are several studies from a psychological approach that suggest it is possible to measure the effect of leaders, but more sociologically inclined authors often deny the validity of such measures. Thus we may have clear evidence of success – or failure – and we know who the leader was at the time, but we are rarely in a position to say, categorically, that the actions of the leader led directly to the results (see Rosenzweig on this issue, listed in the further reading section). More often, there are a whole raft of people and processes involved that separate the leader from the result. Why, then, you might ask, do we typically focus on the leader for responsibility? Émile Durkheim, a French sociologist writing at the end of the 19th and beginning of the 20th centuries, argued that followers actually wanted their leaders to be god-like in their powers. This served the followers in two separate but related ways: first, all the responsibility for difficult decisions could be placed on the leader (thereby justifying the significant disparity in rewards given to leaders and followers); second, when (rather than if) that leader failed, the followers would scapegoat him or her and thus cleanse themselves of any responsibility. The most extreme case against results-based leadership, especially the results of 'Great Men', is made by Tolstoy in *War and Peace*, in which he likens leaders to bow waves of moving boats – always in front and theoretically leading, but, in practice, not leading but merely being pushed along by the boat (organization) itself.

This brings us to the second issue at the heart of results-based leadership – does the process by which the results are achieved actually matter? Most certainly, the office or school bully who successfully 'encourages' followers to comply under threat of punishment becomes a leader under the results-based criteria – providing they are successful in their coercion and its effects. But such a results-based approach to leadership immediately sets it at odds with some perspectives that differentiate leaders according to some putative distinction between leadership – which is allegedly non-coercive – and all other forms of activity that we might regard as the actions of a 'bully' or a 'tyrant' and so on. Indeed, most aspects of leadership use motivational strategies that can be regarded by some people – especially those subject to them – as coercive. Thus a religious charismatic might regard his or her actions as simply based on revealing the truth to their followers – who are then free to choose to follow or not as they wish. But if the followers believe that failure to adhere to religious principles will lead to eternal damnation and a slow roast in hell, then they might consider that as coercive. Equally, an employer may not regard an employment contract as coercive since both parties freely enter into it, but if the employee feels that failing to work at the requisite level will lead to 'the sack' – with all its attendant embarrassment, discrimination, and penury – then he or she may believe the contract to be coercive. Nevertheless, for those who perceive leadership to be primarily purposive, focused on results, the process by which these results were obtained, or even whether the leader was responsible for them, may be insignificant.

Of course, results-based leadership need not be restricted to authoritarian or unethical leaders; on the contrary, it can also be exemplified by eminently practical people who may be distinctly uncharismatic but very effective in getting things done. Much of their work may often go unnoticed, but it may also be critical in keeping the organization moving, and this form of leadership may be associated with an appeal to the interests of followers rather than their emotional relationships.

One particularly well-supported case of this is that of Benjamin Franklin, whose early successes seem not to have been based on articulating a compelling vision or rousing the emotions of followers to transcend their personal interests in favour of the greater good. On the contrary, Franklin's pragmatic leadership was rooted in finding practical solutions to outstanding problems that engaged the interests, rather than the emotions, of others. Yet those mobilized by Franklin were not simply involved in an exchange process with him, as understood in transactional theories of leadership, because, for example, in instigating the development in Philadelphia of a police force, a hospital, a paper currency, paving, lighting, and volunteer fire departments, and so on, Franklin's skill lay in persuading his colleagues to solve their own practical problems. An important point here is the visibility of Franklin's leadership, for although the results were clear, the hand that secured the results was not. In effect, if Franklin had died early in his career, it may well be that much of this backroom networking may not have become apparent and that he would not have been considered a great leader.

Thus results-based leadership can embody both highly visible charismatic individuals and almost completely invisible 'social engineers'; moreover, it contains approaches that can range from 'what have we achieved', in terms of targets reached, goals secured, and so on, to 'what are we here for?' – a purposive or identity-focused philosophy to which we shall return. But, as I suggested above, not everyone accepts that the most important issue is the results, rather the methods; so does focusing upon the processes by which leadership is recognized offer a radically different perspective?

Process-based leadership

There is an assumption that people to whom we attribute the term 'leader' act differently from non-leaders – that some people 'act like leaders' – but what does this mean? It could mean that the context is critical, or that leaders must be exemplary, or that the attribution of difference starts early in the lives of individuals such that 'natural' leaders can be perceived in the school playgrounds or on the sports field. But what is this 'process' differential? Are leaders those who allegedly embody the exemplary performance we require to avoid any hint of hypocrisy?

And when sacrifice is required or new forms of behaviour demanded from followers, is it exemplary leaders who are the most successful?

Perhaps, but think of two counter-examples that contradict this ideal type. First, sergeant majors tend to secure followers whether they embody exemplary action or not. We might argue that coercive sergeant majors who scream at recruits on the parade ground are not 'really' leaders, but if their leadership processes do indeed produce trained soldiers, are we to deduce that the military, because it is rooted in coercive mechanisms, cannot demonstrate leadership? Or is it that what counts as a legitimate leadership process depends upon the local culture? That is, soldiers expect to be coerced, and would probably not recognize attempts by their sergeants or officers to reach a consensus by egalitarian debate as 'leadership'?

The second counter-example is Admiral Nelson, an individual whose military successes were almost always grounded in a paradoxical situation wherein he demanded absolute obedience from his subordinates to naval regulations but who personally broke just about every rule in that same rule book. Yet Nelson's success was not simply a consequence of rule-breaking actions but also a result of his engagement with, and motivation of, his followers, most importantly his fellow officers in his battle fleet, his 'Band of Brothers'. Hence, at one level, this process approach may encompass the specific skills and resources that motivate followers: rhetoric, coercion, bribery, exemplary behaviour, bravery, and so on. Leadership under this guise is necessarily a relational concept, not a possessional one. In other words, it does not matter whether you think you have great process skills if your followers disagree with you. Thus it may be that we can recognize leadership by the behavioural processes that differentiate leaders from followers, but this does not mean we can simply list the processes as universally valid across space and time. After all, we would not expect a 2nd-century Roman leader to act in the same way as a

21st-century Italian politician (though they might), yet it remains the case that most of our assumptions about leadership relate to our own cultural context rather than someone else's – a Pandora's box of complexity that is beyond this small introduction (see Chhokar et al., in the further reading section).

Indeed, while many accounts of the leadership process might focus upon the acts of 'Great Men', it has long been a point of great controversy as to whether men and women lead in the same way or in ways that are genetically or culturally influenced by their genders. And while Thomas Carlyle's heroic 'men' *solve* the problems of their followers (see Chapters 3 and 4), it may be that leadership is really related to making followers face up to their own responsibilities. Indeed, it may be that leadership – for most people – has little to do with any form of heroics and is rather a consequence of much more 'mundane' and everyday practices through which social relationships and thus social capital are built and strengthened, though the label 'mundane' underestimates the skill and precision required to perform these intricate acts, for they are meticulously constructed. Indeed, to those of us unable to reproduce such acts, they appear more like the tacit skills of a magician – ostensibly simple but impossible to explain. Thus it is the assiduous leaders who, for example, consistently ask about the health of their followers' families, or who always make a point of ensuring their followers are in agreement with the direction of the organization and their work rate, who build the networks that make the organization work.

It is, therefore, not how many leadership competences you can tick off on your CV that makes you a successful leader, for these are inevitably decontextualized. What, for instance, is the point of having a high level of competence in public speaking when your leadership is required in a place where no public speaking role is required? Competences, then, are often essentially related to an individual – yet leadership is necessarily a relational phenomenon: without followers, you cannot be a leader, no matter how many ‘individual’ competences you might have. Instead, we might consider the importance of leadership ‘practices’ – not what leaders ‘have’, but what they ‘do’. But do leaders also engage in activities that may not be regarded as leadership? This is the focus of the next chapter.

Chapter 2

What isn't leadership?

If, as Chapter 1 suggested, we probably have markedly different definitions of leadership, how might we differentiate leadership from management? This chapter poses one way of doing this. Much of the writing in the field of leadership research is grounded in a typology that distinguishes between leadership and management as different forms of authority – that is, legitimate power – with leadership tending to embody longer time periods, a more strategic perspective, and a requirement to resolve novel problems. Another way to put this is that the division is rooted partly in the context: management is the equivalent of *déjà vu* (seen this before), whereas leadership is the equivalent of *vu jàdé* (never seen this before). If this is valid, when acting as a manager, you are required to engage the requisite process – the standard operating procedure (SOP) – to resolve the previously experienced problem the last time it emerged. In contrast, when you are acting as a leader, you are required to facilitate the construction of an innovative response to the novel or recalcitrant problem.

Management and leadership, as two forms of authority rooted in the distinction between certainty and uncertainty, can also be related to Rittell and Webber's typology of 'tame' and 'wicked' problems. A tame problem may be complicated but is resolvable through unilinear acts, and it is likely to have occurred before. In other words, there is only a limited degree of uncertainty, and thus it is associated with management. Tame problems are akin to puzzles – for which there is always an answer. The (scientific) manager's role, therefore, is to provide the appropriate process to solve the problem. Examples would include timetabling the railways, building a nuclear plant, training in the army, or planned heart surgery.

A wicked problem is complex, rather than just complicated – that is, it cannot be removed from its environment, solved, and returned without affecting the environment. Moreover, there is no clear relationship between cause and effect. Such problems are often intractable. For instance, trying to develop a National Health Service (NHS) on the basis of a scientific approach (assuming it was a tame problem) would suggest providing everyone with all the services and medicines they required based only on their medical needs. However, with an ageing population, an increasing medical ability to intervene and maintain life, and a decreasing financial resource to fund such intervention, we have a potentially infinite increase in demand but a finite level of economic resource, so there cannot be a scientific or medical, or tame, solution to the problem of the NHS. In sum, we cannot provide everything for everybody; at some point, we need to make a political decision about who gets what and based on which criteria. This inherently contested arena is typical of a wicked problem. If we think about the NHS as the 'NIS' – the National Illness Service – then we have a different understanding of the problem because it is essentially a series of tame problems: fixing a broken leg is the equivalent of a tame problem – there is a scientific solution and medical professionals in hospitals know how to fix it. But if you run (sorry, crawl) into a restaurant for your broken leg to be fixed, it becomes a wicked problem because it's unlikely that anyone there will have the knowledge or the resources to fix it. Thus the category of problems is subjective not objective – what kind of a problem you have depends on where you are and what you already know.

Moreover, many of the problems that the NHS deals with – obesity, drug abuse, violence – are not simply problems of health, they are often deeply complex social problems that sit across and between different government departments and institutions, so attempts to treat them through a single institutional framework are almost bound to fail. Indeed, because there is often no 'stopping point' with wicked problems – that is, the point at which the problem is solved (for example, there will be no more crime because we have solved it) – we often end up having to admit that we cannot solve wicked problems. Conventionally, we associate leadership with precisely the opposite – the ability to solve problems, act decisively, and to know what to do. But we cannot know how to solve wicked problems, and therefore we need to be very wary of acting decisively precisely because we cannot know what to do. If we knew what to do, it would be a tame problem not a wicked problem. Yet the pressure to act decisively often leads us to try to solve the problem as if it were a tame problem. When global warming first emerged as a problem, some of the responses concentrated on solving the problem through science (a tame response), manifest in the development of biofuels; but we now know that the first generation of biofuels appear to have denuded the world of significant food resources, so that what looked like a solution actually became another problem. Again, this is typical of what happens when we try to solve wicked problems – other problems emerge to compound the original problem. So we can make things better or worse – we can drive our cars slower and less or faster and more – but we may not be able to solve global warming, we may just have to learn to live with a different world and make the best of it we can. In other words, we cannot start again and design a perfect future – though many political and religious extremists might want us to.

The 'we' in this is important because it signifies the importance of the collective in addressing wicked problems. Tame problems might have individual solutions in the sense that individuals are likely to know how to deal with them. But since wicked problems are partly defined by the absence of an answer on the part of the leader, then it behoves the individual leader to ask the right kind of questions to engage the collective in an attempt to come to terms with the problem. In other words, wicked problems require the transfer of authority from individual to collective because only collective engagement can hope to address the problem. The uncertainty involved in wicked problems implies that leadership, as I am defining it, is not a science but an art – the art of engaging a community in facing up to complex collective problems.

Examples of wicked problems would include developing a transport strategy, or a response to global warming, or a response to antisocial behaviour, or a national health system. Wicked problems are not necessarily rooted in longer time frames than tame problems, because often an issue that appears to be tame can be turned into a (temporary) wicked problem by delaying the decision. For example, President Kennedy's actions during the Cuban Missile Crisis were often based on asking questions of his civilian assistants that required some time for reflection – despite the pressure from his military advisers to provide instant answers. Had Kennedy accepted the advice of the American Hawks, we would have seen a third set of problems that fall outside the wicked/tame dichotomy – a 'critical' problem, in this case probably a nuclear war.

A critical problem, that is, a crisis, is presented as self-evident in nature, as encapsulating very little time for decision-making and action, and it is often associated with authoritarianism. Here there is virtually no uncertainty about what needs to be done, at least in the behaviour of the commander, whose role is to take the required decisive action – that is, to provide the answer to the problem, not to engage SOPs (management) if these delay the decision, or ask questions and seek collaborative assistance (leadership).

Translated into critical problems, I suggest that for such crises we do need decision-makers who are god-like in their decisiveness and their ability to provide the answer to the crisis. And since we reward people who are good in crises (and ignore people who are such good managers that there are very few crises), commanders soon learn to seek out (or reframe situations as) crises. Of course, it may be that the commander remains privately uncertain about whether the action is appropriate or the presentation of the situation as a crisis is persuasive, but that uncertainty will probably not be apparent to the followers of the commander. Examples would include the immediate response to a major train crash, a leak of radioactivity from a nuclear plant, a military onslaught, a heart attack, an industrial strike, the loss of employment or a loved one, or a terrorist attack such as 9/11 or the 7 July bombings in London.

These three forms of authority – command, management, and leadership – are, in turn, another way of suggesting that the role of those responsible for decision-making is to find the appropriate answer, process, and question to address the problem, respectively. This is not meant as a discrete typology but an heuristic device to enable us to understand why those charged with decision-making sometimes appear to act in ways that others find incomprehensible. Thus, I am not suggesting that the correct decision-making process lies in the correct analysis of the situation – that would be to generate a deterministic approach – but I am suggesting that decision-makers tend to legitimize their actions on the basis of a persuasive account of the situation. In short, the social construction of the problem legitimizes the deployment of a particular form of authority.

Take, for example, the state of public finances during the recession that began in 2008. Many countries were mired in debates about which public expenditures to cut, and which – if any – to protect. Indeed, politicians of all varieties seemed to be falling over themselves to acquire the commander's mantle to inflict pain upon the profligate public sector wasters of our tax revenues. But this was to mistake the cause for the effect – the cause of the problem was the profligate investment bankers not the parsimonious public sector employees! Moreover, it is often the case that the same individual or group with authority will switch between the command, management, and leadership roles as they perceive – and constitute – the problem as critical, tame, or wicked, or even as a single problem that itself shifts across these boundaries. Indeed, this movement – often perceived as 'inconsistency' by the decision-maker's opponents – is crucial to success as the situation, or at least our perception of it, changes. That persuasive account of the problem partly rests in the decision-maker's access to – and preference for – particular forms of power, and herein lies the irony of 'leadership': it remains the most difficult of approaches, and one that many decision-makers will try to avoid at all costs.

The notion of 'power' suggests that we need to consider how different approaches to, and forms of, power fit with this typology of authority. Amongst the most useful for our purposes is Etzioni's typology of compliance, which distinguished between coercive, calculative, and normative compliance. Coercive or physical power was related to 'total' institutions, such as prisons or armies; calculative compliance was related to 'rational' institutions, such as companies; and normative compliance was related to institutions or organizations based on shared values, such as clubs and professional societies. This compliance typology fits well with the typology of problems: critical problems are often associated with coercive compliance; tame problems are associated with calculative compliance; and wicked problems are associated with normative compliance – you cannot force people to follow you in addressing a wicked problem because the nature of the problem demands that followers have to want to help.

This typology can be plotted along the relationship between two axes, as shown in Figure 2, with the vertical axis representing increasing uncertainty about the solution to the problem – in the behaviour of those in authority – and the horizontal axis

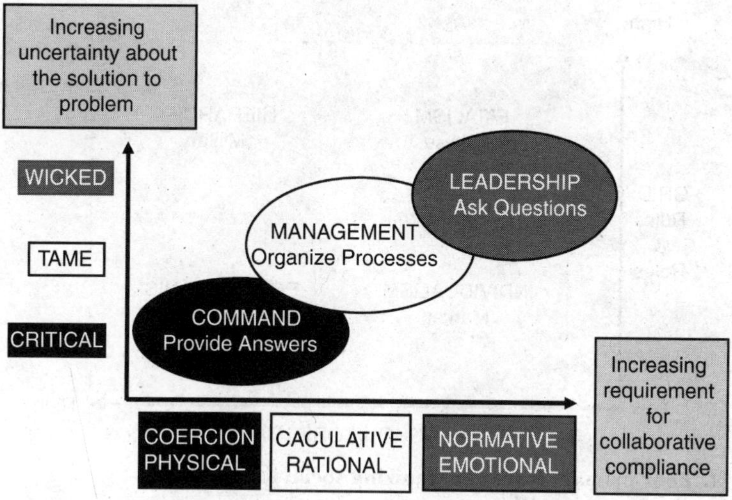

2. Typology of problems, power, and authority

representing the increasing need for collaboration in resolving the problem.

This might be regarded as obvious to many people – but if it is, why do we remain unable to effect such change? To answer that, I want to turn to cultural theory and explore some so-called 'elegant solutions'.

Culture and addiction to elegance

Mary Douglas argued that we could probably capture most cultures on the basis of two discrete criteria: grid and group. 'Grid' relates to the significance of roles and rules in a culture – some are very rigid, such as a government bureaucracy, but others are very loose or liberal, such as an informal club. 'Group' relates to the importance of the group in a culture – some cultures are wholly oriented around the group, such as a football team, while others are more individually oriented, such as a gathering of

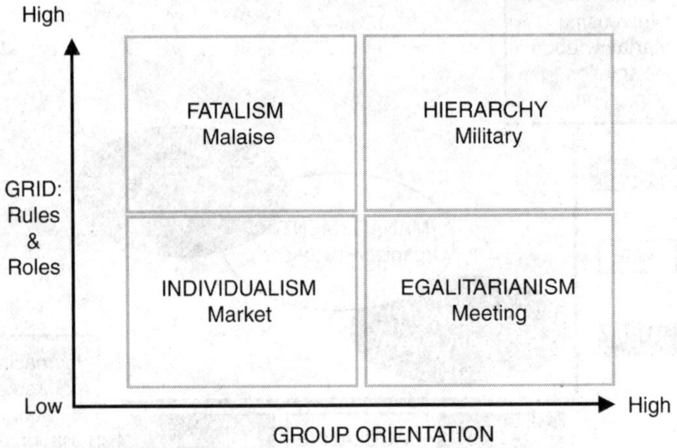

3. Four primary ways of organizing social life

entrepreneurs. When these points are plotted on a two-by-two matrix, we derive Figure 3.

When a culture embodies both 'high grid' and 'high group', we tend to see rigid hierarchies, such as in the military, in which individuals are less relevant than the group. When the culture remains 'high group'-oriented but lacks the concern for rules and roles in 'low grid', we see egalitarian cultures, epitomized by those organizations in which the group meeting is sacred and the search for consensus critical. When the 'grid' remains low and is matched by an equal indifference to the 'group', we tend to see individualist cultures – the land of entrepreneurs, rational choice, and market-loving politicians for whom any notion of the collective or rules is perceived as an unnecessary inhibitor of efficiency and freedom. The final category is that of the fatalist, where the group dimension is missing and the isolated individuals believe themselves to be undermined by the power of rules and roles.

As so defined, such cultures tend to be self-supporting and philosophically consistent. In other words, hierarchists perceive the world through hierarchist lenses, such that problems are understood as manifestations of the absence of sufficient rules or the lack of enforcement of rules by the group or society. In contrast, egalitarians see the same problem as one connected to the weakness of the collective community – it is less about rules and more about the community generating greater solidarity to solve the problem. Individualists would have little faith in this; the problem is obviously (for them) to do with the individuals – individuals should be more responsible for their own situation. Fatalists, however, have given up, for the rules are against them and there is no group to help them out of their malaise.

Now the problem is that such internally consistent – or elegant – modes of understanding the world are fine for dealing with critical or tame problems because we know how to solve them and previous approaches have worked. Individualists can solve the problem of decreasing carbon emissions from cars – a tame problem open to a scientific solution; but they cannot solve global warming – a wicked problem. Egalitarians can help ex-offenders back into the community – a tame problem; but they cannot solve crime – a wicked problem. And hierarchists can improve rule enforcement for the fraudulent abuse of social services – a tame problem; but they cannot solve poverty – a wicked problem. Indeed, wicked problems don't offer themselves up to be solved by such elegant approaches precisely because these problems lie outside and across several different cultures and institutions. But because we are prisoners of our own cultural preferences, we become addicted to them and have great difficulty stepping outside our world to see something differently. As Proust put it: 'the real voyage of discovery consists not in seeking new landscapes but in having new eyes'.

Why elegant approaches don't solve wicked problems but clumsy solutions might

If single-mode (elegant) solutions can only ever address tame or critical problems, we need to consider how to adopt all three in what are called clumsy solutions. In fact, we need to eschew the elegance of the architect's approach to problems – start with a clean piece of paper and design the perfect building anew – and adopt the world of the *bricoleur*, the do-it-yourself craftworker. Or to adopt the rather more prosaic language of the philosopher Immanuel Kant, we need to begin by recognizing that, 'out of the crooked timber of humanity no straight thing was ever made'. Let us take global warming to illustrate this.

Figure 4 summarizes the issue. Hierarchists consider the problem to be a result of inadequate rules and their enforcement – a better Kyoto-style agreement is necessary. But egalitarians might argue that it isn't the rules that need altering and enforcing but our communal attitude to the planet that needs to change – we must develop more sustainable ways to live, not just obey the rules better. But for individualists, both alternatives misunderstand the problem – and therefore the solution is to carve out the freedoms that will encourage entrepreneurs to generate the technological innovations that will save us. For fatalists, of course, there is no

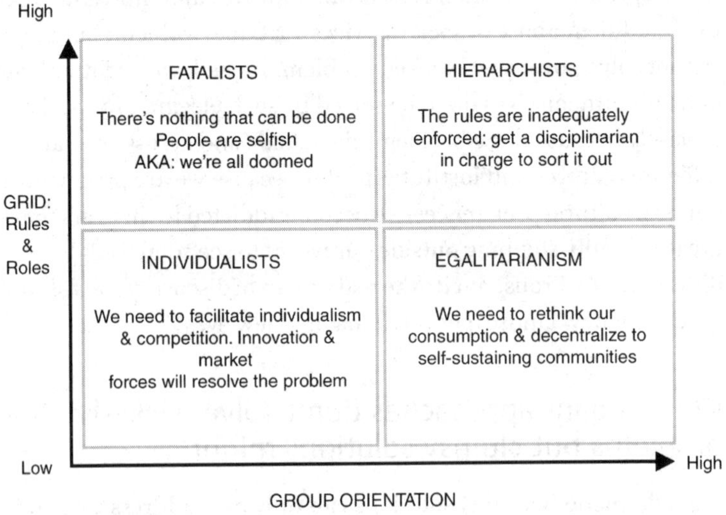

4. Elegant (single-mode) solutions to global warming

hope – we are all doomed. The problem here is that none of these elegant solutions actually generates sufficient diversity to address the complexity of the problem. Rules might facilitate safe driving, but they would probably not be effective in saving the planet. Nor can we simply abandon our centralized cities and all live in self-sufficient communities in the countryside. Similarly, although technological innovations will be critical and market pressures may help, we cannot rely on these to solve the problem. Indeed, global warming may not be solvable, in the sense that we can go back to the beginning and reclaim an unpolluted world, and because different interests are at stake in different approaches to the 'solution', the best we can hope for is a politically negotiated agreement to limit the damage as soon as possible. That calls for a non-linear, nay 'crooked', response, to stitch together an inelegant, or clumsy, solution combining all three modes of understanding, and making use of the fatalists' acquiescence to go along with the changing flow of public opinion and action. As shown in Figure 5, what we actually need is to use all three frameworks to make progress here, through the creation of a 'clumsy solution space'.

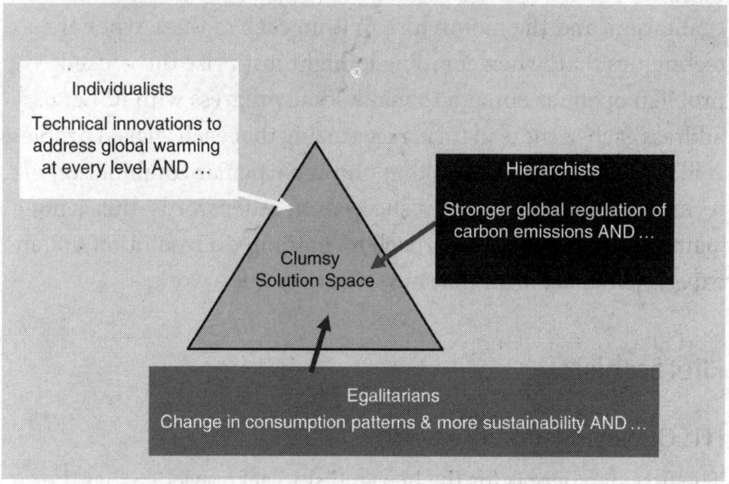

5. Clumsy solution for the wicked problem of global warming

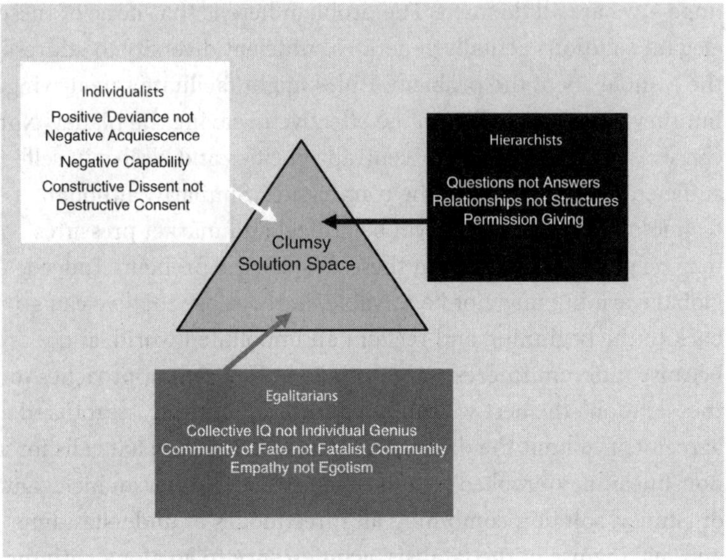

6. Clumsy approaches to wicked problems

So what would a clumsy solution actually look like? Figure 6 implies that a critical component of a necessarily clumsy solution is to combine elements of all three cultural types: the individualist, the egalitarian, and the hierarchist. Within each of these types are techniques that, when combined, might just prise the wicked problem open far enough to make some progress with it. Let us address each of these in turn, recognizing that each wicked problem is likely to be different and that only a particular combination of techniques and issues might succeed. In other words, this is not a 'painting-by-numbers' approach to guarantee a resolution but an experimental art form that may – or may not – work.

Hierarchists

H1: Questions not answers

The first step here is for the hierarchist to acknowledge that the leader's role has to switch from providing the answers to asking the questions. The leader, then, should initiate a different narrative that prepares the collective for collective responsibility. Indeed, the reason that this sits within the hierarchists' camp is that only the hierarchical leader has the authority to reverse his or her contribution from one of answers to questions. Linked to this switch in approaches from expert to investigator is a related requirement that hierarchists are most suited for: relationships not structures.

H2: Relationships not structures

Traditionally, change models imply that if failure occurs despite the model, it must be because the leader has failed to pull the right levers in the right sequence. But this machine metaphor is precisely why leaders find change so difficult – because power is not something you can possess and thus there are no levers to pull. Power is a relationship, and change depends upon the relationships between leaders and followers: in effect, it is followers who make or break change strategies, not leaders alone, because organizations are systems not machines.

H3: Permission-giving

The traditional authority of the formal leader remains a significant inhibitor of followers' discretion: unless the boss has told you that open debate and disagreement about work issues are welcome – and then demonstrated that by not disciplining those engaged in constructive dissent – then there probably will not be much debate, and subordinates will allow their organizations to founder because they have not been given permission to save the boss. This is why hierarchists are critical to the clumsy methodology – because they have to authorize a change to the norm.

Individualists

I1: Positive deviance not negative acquiescence

Individualists are often those who deviate from the norm, and this behaviour can be critically important. For instance, in 1990, Jerry and Monique Sternin went to Vietnam for the charity Save the Children. Why, the Sternins wondered, were some children well nourished in the midst of general malnourishment? Mainstream Vietnamese culture generated a very conventional wisdom on malnutrition – it was the combined effect of poor sanitation, poor food distribution, poverty, and poor water. On the other hand, some children – and not the highest-status children – were well nourished because their mothers – the positive deviants – ignored the conventional culture that mothers should:

- avoid food considered as low class/common – such as field shrimps and crabs;
- not feed children who had diarrhoea;
- let children feed themselves, or feed them twice a day at the most.

Instead, these mothers:

- used low-class/common food – which was very nutritious;
- fed children who had diarrhoea – it's critical to recovery;
- actively fed children many times during the day (self-fed children drop food on the floor, so it's contaminated, and children's stomachs can take only a finite amount of food at any one time, so even feeding them twice a day is inadequate).

In short, the problems in organizations are often self-generated, but the solutions are often there too, it's just that usually we tend not to look for them.

I2: Negative capability

While hierarchists tend to be uncomfortable with ambiguity, individualists thrive on it. The poet Keats called 'negative capability' the ability to remain comfortable with uncertainty, and wicked problems are inherently uncertain and ambiguous, so the real skill is not in removing the uncertainty but in managing to remain effective despite it. In short, negative capability generates the time and space to reflect upon the issue and not to have to react to somebody else's agenda or to be decisive – but decisively wrong. Stein's comparison of decision-making in the Apollo 13 space mission and at Three Mile Island captures this issue well in situations in which experience is critical to providing help in stressful situations. Thus the 'cosmology episodes' that strike both Apollo 13 and Three Mile Island – when 'the world no longer seems a rational, orderly system' – provoke different responses from those responsible for decision-making. The 'cosmology episode' on Apollo 13 – an explosion – left the astronauts short of food, oxygen, power, water, and hope. But avoiding the natural temptation to jump to conclusions, the ground crew, through slow, careful analysis of the problems – and through the construction of a makeshift carbon dioxide scrubber (typical of the *bricoleur*'s approach) – enabled Apollo 13 to return safely. In contrast, in the 1979 Three Mile Island nuclear disaster, the 'cosmology episode' led to instant actions being taken which unwittingly made the situation worse. In effect, the decision-makers were decisive but wrong, and just to compound the situation, they then denied any evidence suggesting that the problem had not been resolved. So the ability to tolerate anxiety and to ensure that it does not become excessive (leading to panic) or denied (leading to inaction) generated different sense-making actions in these scenarios.

13: Constructive dissent not destructive consent

Finally, individualists are excellent at resisting the siren calls of both hierarchists and egalitarians to fall in line, either to the rules or the group. Since Milgram's and Zimbardo's infamous compliance experiments in the 1960s, we have known that most people, most of the time, comply with authority, even if that leads to the infliction of pain upon innocent others – providing the rationale is accepted by the followers, they are exempt from responsibility, and they only inflict pain ('engage in harm') incrementally. Put another way, the difficulty for our leader facing a wicked problem is not of securing consent but dissent. Consent is relatively easily acquired by an authoritarian, but it cannot address wicked problems because such consent is often destructive, and destructive consent is the bedfellow of irresponsible followership and a wholly inadequate frame for addressing wicked problems. What we actually need is constructive dissenters who are willing to tell their boss that his or her decision is wrong (as, for example, Field Marshal Alan Brooke frequently did with Winston Churchill during the Second World War). So what about egalitarians – why do we need them?

Egalitarians

E1: Collective intelligence not individual genius

Typically, we attribute both success and failure to individual leaders. In fact, the more significant the success or failure, the more likely we are to do this, even though we usually have little evidence for linking the event to the individual. Yet when we actually examine how success or failure occurs, it is more often than not a consequence of social rather than individual action. For example, Archie Norman, the British retail entrepreneur, rescued Asda from near bankruptcy in 1991 and sold it to Wal-Mart for £6.7bn in 1999. But underlying this phenomenal success was not the work of an isolated individual genius but a talented team, including, at board level: Justin King (subsequently CEO Sainsbury), Richard Baker (subsequently CEO Boots), Andy Hornby (subsequently CEO HBOS, then Boots), and Allan Leighton (subsequently Chair Royal Mail). In short, Asda's success was built on collective intelligence not individual genius. This approach is particularly important to wicked problems because they demand the collective responses typical of systems not individuals – it is the community that must take responsibility and not displace it upon the leader.

E2: Community of fate not a fatalist community

Anne Glover, a local community leader in Braunstone, Leicester, UK, is credited with turning her own fatalist community into a 'community of fate' when she mobilized her local neighbours to unite against a gang of youths engaging in antisocial behaviour and ruling their council estate through fear. Such fear had effectively demobilized the community, turning it into a disparate group of isolated individuals – a fatalist community – all complaining about the gang problem but feeling unable to do anything about it. When Glover persuaded a large group to go out – as a group – and confront the gang, the gang moved on and its members were eventually removed from the estate. There is more to this than simply being brave enough to do something and willing to take the risk that it will not be easy; it is about recognizing the importance of building social capital to nurture a collective identity which generates a community of fate.

E3: Empathy not egotism

Finally, the last egalitarian technique lies in the ability to step into another's shoes, to generate an empathy that facilitates understanding of the other and is a pre-requisite for addressing wicked problems, but how might we acquire it? Jones's answer is to become an anthropologist of your own organization, to walk a mile in the shoes of those whom you lead, to experience the life of those whom you want to engage in the collective effort, because if you cannot understand how they see the problem, how can you mobilize them? This is radically different from our usual methods for acquiring knowledge about how our organizations work, because we know that what people say in focus groups or in surveys does not represent how they normally see the world. Many CEOs and corporate leaders already work on their own shop-floor for a regular period of time – but many more do not, and then find themselves surprised when the bottom of the hierarchy doesn't respond in the way that the focus group or latest staff survey had predicted.

Conclusion

The complexity of many contemporary issues appears to justify this shift from tame problems and elegant solutions to the clumsy solutions more suited to addressing wicked problems. But in fact, many, indeed most, issues are tame not wicked and require people only to carry out their normal duties – without the help of bosses wielding long screwdrivers to micro-manage them. A real danger is that we become prisoners of our own cultural preferences – hierarchists become addicted to command, egalitarians become addicted to collaborative leadership, and individualists become addicted to managing all problems as if they were all tame. In effect, we become addicted to elegance, when we ought to be cultivating a clumsy approach if and when our own approaches prove inadequate to the task. This might explain why we find change so difficult – because, for example, when public sector organizations work collaboratively in partnerships to address wicked problems, like alcohol abuse or antisocial behaviour, the various partners fail (or refuse) to authorize each other to take the lead. Similarly, when nations try to address global problems, like global warming, the same egalitarian inhibition often stymies progress. One way of rethinking our approach to this is to recognize that hierarchists also have a part to play: collaborative leadership still requires someone or somebody to take a lead. As the State of California has discovered, when it requires a bare majority of those who bother to vote to increase public expenditure but a two-thirds majority of the legislature to increase tax revenues (or set a budget), sometimes you can have too much egalitarianism. But was it always thus? Did leaders lead in very different ways in past times? The next chapter addresses these questions.

Chapter 3
What was leadership?

Why bother with the beginning? Indeed, what counts as the beginning? Well we can start by suggesting that 'the beginning' for leadership scholars is the beginning of recorded history, not the beginning of *Homo sapiens*. As far as it is possible to tell, all organizations and societies of any significant size and longevity have had some form of leadership, often, but not always, embodied in one person – usually, but not always, a man. This does not necessarily mean that leadership has always been, and will always be, critical or essential, let alone masculine, but it does imply that we have always had leaders. How, then, can we establish whether leadership *is* crucial, or whether the forms and styles of leadership have changed across space and time?

To a very large extent, our knowledge of leadership in ancient times is crucially dependent upon the existence of written texts, and here lies the first lesson of leadership: history is written, generally speaking, by the winners. This goes for both successful military leaders and for successful political groups. In the former category, we might consider how we know so much about the victories of Alexander the Great or Julius Caesar, so little about Spartacus, and almost nothing about the hundreds of slave revolts that regularly shook slave societies throughout antiquity. The answer, of course, is that Alexander and Julius Caesar either wrote their own histories or had them professionally written at their behest, while Spartacus left no written accounts, and very few other slave leaders even get a mention in the accounts of their slave owners. Thus, a preliminary warning in reading any account of classical leadership – and indeed any account of contemporary leadership – is to be wary of the sources. Accounts are not neutral carriers of factual information; rather, they are partial accounts intended to achieve a particular purpose.

Whether that story ever gets written in the first place depends, to some extent, on whether the narrative contains something regarded as significant. That is to say, we tend to record only those events that are unusual or extraordinary to some degree. As a consequence, we do not have vast tracts on how to run a small farm in China 2,000 years ago, nor on leadership in an era of relative peace amongst the Celtic tribes of Gaul at the same time. But we do have records of the Celtic wars against the Romans at the time, and we do have some accounts of Chinese warlords in the same period. However, the texts relating to the wars between the Gauls and the Romans are Roman texts; first, because the Celts were largely a non-literate society in which oral cultures prevailed, and second, because, by and large, the Romans were victorious. Again, what tends to survive over long periods of time are material texts and artefacts rather than oral narratives, so our understanding of the leadership of non-literate societies is often reconstructed from the often pejorative accounts of others. From what we know of pre-literate ancient civilizations from the archaeological records, any periods of peaceful coexistence with neighbouring tribes led by humanitarian leaders are few and far between.

It seems clear, then, that war was a critical component in the early developments of the practice of leadership. From Sargon of Akkad (c. 2334–2279 BC) in what is now the Middle East, to Ramses II the Great of Egypt, and from the early Cretan civilizations from around 3000 BC to the Harrapan civilization in the Indus valley at the same time, and across to the Huang Ho walled settlements in China, we know that military leadership played a crucial role in the quest for survival and domination. Again, this is not to insist that leadership has its origins in war or that military leadership is the most important element in classical leadership – we simply do not know enough about these times to confirm or deny this. But it remains the case that some of the most important classical writings on leadership pertain either to the conduct of war, what the Prussian military theorist Carl von Clausewitz referred to as 'the continuation of policy by other means', or the conduct of politics itself. This is particularly so for the Classical and Renaissance periods that we shall consider first, before turning to the more modern literature.

Classical leadership studies

Outside Europe, Kautilya's *Arthashastra*, written around 321 BC for the Mauryan dynasty in what is now India, provided an array of practical tips for leaders to consider. But probably the first prescriptive text that achieved significant success in both its own time and space, ancient China, and *continues* to beguile business executives to this day is Sun Tzu's (?400–320 BC) *The Art of War*. In fact, it is not clear who the author of the aphorisms that comprise *The Art of War* really is, and it may be that many were written by Sun Tzu's disciples and students; indeed, the text reproduces this assumption in its conversational format, with several characters participating in the discussion under 'Master Sun's' facilitation. Nevertheless, the central message about leadership is clear: 'The responsibility for a martial host of a million men lies in one man. He is the trigger of its spirit' (*Manoeuvre* 20). Once this is established, *The Art of War* sets out to provide conversational sketches of the most crucial elements of strategy and tactics for military leaders.

Ironically, to Western minds, but appropriately for the minimalist essence of its Taoist origins, one of the most important lessons in *The Art of War* is that fighting is the last thing military leaders should engage in, for: 'those who win every battle are not really skilful – those who render others' armies helpless without fighting are the best of all' ('Planning a Siege'). Sun Tzu then insists that strategy is critical to success, for the art of war is the art of avoiding *unnecessary* conflict.

'The Golden Bridge' is a natural consequence of this philosophy: if you must fight, then avoid head-on conflicts if at all possible, since these are both expensive in resources and casualties and are far riskier than simply attacking the enemy's plans or supply lines. And if you must attack the enemy head-on – but you cannot be confident about a complete rout – then you should leave a 'golden bridge', an escape route for your enemy to retreat across, otherwise your enemy will be forced to fight to the finish, and again the consequences could be problematic.

A second and paradoxical piece of advice is to burn your own bridges: in other words, commit yourself or suffer the penalty. 'When a leader establishes a goal with the troops', suggests Sun Tzu, 'he is like one who climbs to a high place and then tosses away the ladder'. This is an inversion of the golden bridge rule, but that is for your enemies not your allies and followers, for if your colleagues feel threatened but see an easy escape route, they may well take it. If, however, there is no escape – what Sun Tzu refers to as 'Dead Ground' – then they will have to commit themselves to the fight for survival, and it is this commitment by followers to their leader that reflects the Taoist roots of Sun Tzu's work. As he puts it, in 'Nine Grounds': 'Put them in a spot where they have no place to go and they will die before fleeing.'

Sun Tzu is also adamant that military matters should be left to the military specialists and not to their political controllers. 'To say that a general must await commands of the sovereign in such circumstances is like informing a superior that you wish to put out a fire' ('Offensive Strategy'). Or, as is suggested in 'The Nine Variables', 'There are occasions when the commands of the sovereign need not be obeyed.... When you see the correct course act; do not wait for orders.'

At roughly the same time that Sun Tzu was teaching military leadership in China, Plato (427/428–347 BC) was warning the Greeks that the rise of political leadership rooted in democracy did not represent the flowering of Greek culture so much as a direct threat to Greek civilization. The electoral system for selecting leaders generated a circus rather than a forum for serious consideration, as far as Plato was concerned, for it encouraged potential leaders to pander to the basest instincts of the mob – 'the large and dangerous animal' – that pervades much of his writing in this sphere. The mob, suggests Plato in his *Republic*, would be willing to risk their society (represented as a ship) by electing whichever person promised them most. Thus, rather than sailing under the person who was best qualified to be the ship's captain (one of Plato's philosopher-kings), democracy ensures that the popular demagogue prevails – and, of necessity, leads the ship straight onto the rocks of catastrophe.

But how is the best person to lead recognized? For Plato, it is self-evident that we recognize the skills of people by considering their expertise: we would not ask a gardener to build us a boat any more than we would ask a farmer to run the economy. But, to Plato's intense frustration, where 'moral' knowledge is concerned, the mob assumes that everyone is an expert, and therefore no-one is. It was for precisely this reason that Plato was so firmly opposed to the Sophists and Isocrates who taught the skills of rhetoric, or public speaking, because this would simply encourage the domination of form over content. Above all, Plato feared that even those who intended to lead in a moral way for the benefit of the community would be corrupted by the system and, since leaders were vital to the health of the community, a corrupted leader would inevitably destroy 'his' own community. Aristotle (384–322 BC), one of Plato's students, agreed that Athens was indeed under attack from corrupt leaders but differed in his response to the problem. His book *Rhetorica* was written in part as an exposé of 'the tricks of public speaking', which Aristotle believed were already corrupting Athenian public life.

Renaissance leadership studies

Some 1,800 years after Aristotle, there emerged from that same area of the Mediterranean a book that came to dominate writing on leadership not just in its own time but in our time too. Not that Niccolò Machiavelli's *The Prince* was popular, on the contrary, it was the most *unpopular* prescriptive text of the 16th century. No doubt Machiavelli would have found this doubly ironic. First, because *The Prince* was written to regain some political credibility and popularity with his former employers; second, because Machiavelli wrote it as a descriptive, rather than a prescriptive, work. In other words, Machiavelli insisted that he wrote about the world of politics as it was, not as it should be in some mystical and unachievable utopia. It was the political realism that infused *The Prince* that led to its instant condemnation by the religious and political leaders of the day, but which also explains its popularity today. It was, according to Machiavelli, rooted not in theory but in historical fact, yet it was prohibited by the Catholic Church under its Index of Books.

The Prince was written in 1513–14 as Machiavelli's homeland fell apart under civil war and foreign invasion. Machiavelli sought to write a guidebook for all political leaders but, in particular, for the Medicis, his patrons and erstwhile leaders of Florence. *The Prince*, then, was not simply a book to ingratiate the favour of the Medicis, but a call to arms to defend Florence and – through Florentine domination – Italy, from the 'Barbarians', by whom he meant the Spanish and French invaders.

One of the principal role models that Machiavelli adopted for *The Prince* was Cesare Borgia, the illegitimate son of Rodrigo Borgia, who had become Pope Alexander VI in 1492. Cesare Borgia led the papal armies and threatened Florentine independence, but Machiavelli recognized a different category of leader in Cesare, for here was a man who murdered his own lieutenant (Remirro Orco), when he appeared to be unnecessarily cruel in his control over the Romagna. As Machiavelli recalled, '... one morning Remirro's body was found cut in two pieces on the piazza at Cesena, with a block of wood and a bloody knife besides it. The brutality of this spectacle kept the people of the Romagna at once appeased and stupified' (VII). Cesare subsequently invited those conspiring against him to dinner, only to have them all slaughtered as they ate. Machiavelli then used Cesare as a good example of realpolitik, for he believed Cesare had restored peace through the selective use of violence. The alternative, as professed in public by most leaders at the time, was to act nobly and morally, but for Machiavelli the consequence of acting morally in an immoral world was simply to allow the most immoral to dominate. 'The fact is', he suggests in *The Prince*, 'that a man who wants to act virtuously in every way necessarily comes to grief among so many who are not virtuous. Therefore if a prince wants to maintain his rule he must learn how not to be virtuous, and to make use of this or not according to need' (XV). Thus:

> Cesare Borgia was accounted cruel; nevertheless, this cruelty of his reformed the Romagna, brought it unity and restored order and obedience. On reflection it will be seen that there was more compassion in Cesare than in the Florentine people who, to escape being called cruel, allowed Pistoia to be devastated...
>
> (XVII)

In effect, Machiavelli was not suggesting that leaders should act immorally, but that to protect the interests of a community (a point more clearly covered in *The Discourse on Livy*) a prince has to do whatever is necessary – for the greater good. Thus the act should be contextualized and not analysed against some mythical moral world. The problem, of course, is defining 'the greater good'.

And, in answer to his rhetorical question 'whether it is better to be loved or feared, or the reverse', Machiavelli unequivocally sides with the fear factor.

> The answer is that one would like to be the one and the other; but because it is difficult to combine them, it is far better to be feared than loved if you cannot be both. One can make this generalization about men; they are ungrateful, fickle, liars and deceivers . . . when you are in danger they turn against you. Any prince who has come to depend entirely on promises and has taken no other precautions ensures his own ruin. . . . The bond of love is one which men . . . break when it is to their advantage to do so; but fear is strengthened by a dread of punishment which is always effective. The prince must nonetheless make himself feared in such a way that, if he is not loved, at least he escapes being hated.
>
> (XVII)

Modern leadership studies

Thomas Carlyle – for many, the first 'modern' writer on leadership – had spoken warmly at his inaugural address as Rector of Edinburgh University in 1866 of both Machiavelli and of Oliver Cromwell, whom Carlyle likened to just one of these princes who was absolutely necessary at the time of the English Civil War. In fact, we can trace the rise of leadership studies in the modern era – that is coincident with the rise of industrial societies – to the earlier 1840 lectures of Carlyle, whose fascination with the 'Great Men' of history effectively reduced the role of mere mortals to 'extras'. This model of individual heroism that he constructed personified a popular assumption about leadership in Victorian times: it was irredeemably masculine, heroic, individualist, and normative in orientation and nature. It was rooted in what you should do according to the cultural prescriptions of the day; indeed, not dissimilar to the same model that had littered the Classical and early modern periods.

That model seems to have prevailed throughout the latter half of the 19th century and was not really challenged until the first professional managerial group began displacing the original – and 'heroic' – owner-managers towards the end of the 19th century. Then, the argument runs, the context – and thus the 'requirement' – for leadership shifted from heroic individuals to rational systems and processes as the scale of industry and the level of backward integration began generating huge industries (especially in the USA) that needed significant numbers of administrators to retain organizational coherence. Many of the models for such organizational leadership were derived from the army, civil service, post office, and railways, and most constituted leadership as administrative positions within formal hierarchies. In turn, as the productive growth unleashed by these giants began to encourage significant market competition and eat into profit margins, attention quickly turned to cost-reduction strategies and to scientific management. F. W. Taylor, the founder of scientific management, concentrated on the control of knowledge by management at the expense of the workforce, and the deskilling of jobs in line with the expansion of the division of labour. In this case, leadership was configured as 'knowledge leadership', with the leaders as repositories of knowledge of production that generated power over production – in contrast to the control over production formerly wielded by craftworkers.

The economic depression of the 1920s coincided with the next major shift in leadership models and, for our purposes, it was a major shift back to the role of normative power and away from the rationality of scientific systems and processes that had dominated for the previous two decades. This 'return' to a previous normative model was derived initially from the Hawthorne experiments in the 1920s and 1930s at the General Electric (GE) plant near Chicago. There, Taylorist scientific experiments in the development of the optimum environmental working conditions had allegedly generated first perplexity and then a realization that work could not be measured objectively because the very act of measurement altered the experience and thus the behaviour of those being measured. This 'Hawthorne effect', as it was called, then spawned a whole series of related experiments that eventually persuaded first GE and then whole swathes of American management that workers were normatively not rationally motivated, and group-oriented not individually oriented in culture.

Arguably, these alternating models of leadership – first, the 'normative' model of Carlyle of the second half of the 19th century, followed by the 'rational/scientific' model of Taylor and Ford in the first two decades of the 20th century, in turn superseded by a return to the 'normative' model of the Hawthorne experiments that solidified into the 'human relations' approach of the 1930s and 1940s – reflect two broader phenomena: first, the economic cycles of the period; and second, the political models of the period. These economic cycles form the basis of Kondratiev's controversial theory of long economic waves; the political cycles are less controversial and more intriguing, for it seems unlikely that industry could have isolated itself from the global rise of the mass movements of communism and fascism in the late 1920s and 1930s, and more likely that the leadership models embodied in these were refracted in industry through a zeitgeist that made sense at the time. In other words, in an era when mass political movements driven by normative adherence to the collective will – but manifest in cult-like loyalty to the party leader – were so prominent, it seemed perfectly natural to assume that the best way to lead an industrial organization was to mirror this assumption: work should be normatively rather than rationally organized – by groups led by leaders who prototypically embodied the same apparent desires as those held by the masses.

By the time the Second World War was over, and the economic boom returned, the model that began to dominate in the West shifted once again from the normative cult of mass and heroes – that had reflected the power of communism and fascism – to one dominated by rational analysis of the situation – a scientific approach more conducive to the war-fighting capabilities of the pre-eminent victor, the USA, and one located within its individualist culture. Thus, we see the rise of the American self-actualization movement, manifest particularly in Maslow's 'hierarchy of needs', which argued that leaders need to sort out their followers' health and safety before the followers will focus on 'higher' needs; and in McGregor's displacement of 'Theory X' (humans are selfish, so lead by dominating them) with 'Theory Y' (humans are cooperative, so lead by encouraging them).

The movement away from norms and back towards the rational understanding of contexts followed the increasing criticisms of traits as well as the work of the University of Michigan and the Ohio State studies. These latter provided the framework for a radical development: contingency theory. Under the general umbrella provided by contingency theory, the theoretical fragility of relying upon a potentially endless list of traits and superhuman charismatics was – ostensibly – dealt a crippling blow. From then on, what really mattered was not having the most charismatic leader leading the most adoring mass of followers, but having a rational understanding of the situation and responding appropriately: an argument we covered in the previous chapter.

Since the early days of this contingency approach, we have 'progressed' by returning to the importance of leaders working with the (normative) 'strong cultures' beloved of Peters and Waterman, then on to the (rational) pedagogy of the re-engineering revolution of the 1990s, and finally on to the contemporary development of transformational and inspirational leadership theories silhouetted by the rise of terrorism, global warming, the 'credit crunch', and political and religious fundamentalism. Such transformations also invoked the New Public Management of the 1980s and 1990s, under which, for example, the British public sector was ostensibly transformed from lethargic and bureaucratic leviathan to agile service deliverer

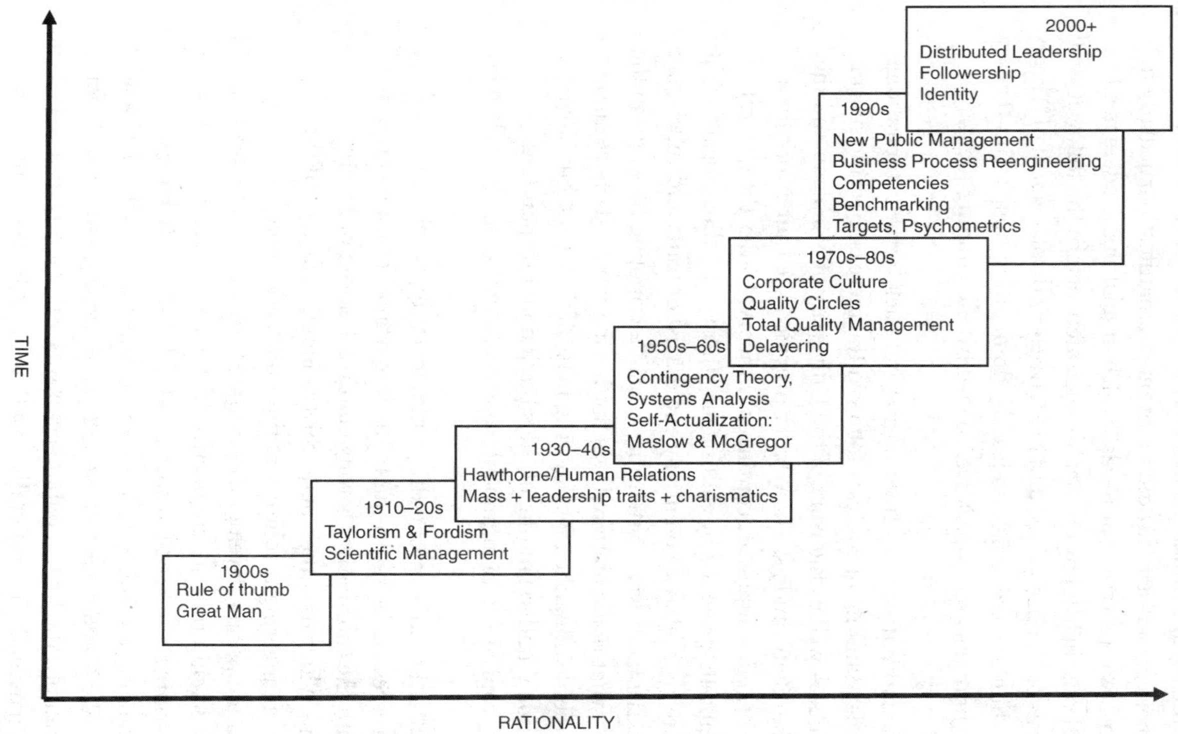

7. **Increasingly rational leadership over time**

through the encroachment of the market and the discipline of targets and performance-management systems.

Coupled with concerns about the importance of emotional intelligence, identity leadership, and the development of inspiring visions and missions, this seems to have ensured the return of the original normative trait approaches: we seem to have gone forward to the past. Thus, we were recently (back) in thrall to inspirational individuals, endowed with whatever list of essential competencies the contemporary leaders happen to have, that are adjudged to be responsible for the catastrophic results.

Patterns of leadership

The argument for a dualist shift between forms of leadership is not universally accepted. Indeed, there are many ways to understand this pattern – if indeed there is a pattern. First, what we have is simply an increasingly sophisticated and rational approach to leadership across time represented by the incremental enhancements manifest in Figure 7. Students of history will recognize this as a Whig variant on progress across time. Alternatively, there are two binary models that suggest a rather different explanation for change: Figure 8 suggests that the pattern is represented by a pendulum swinging between centralized and decentralized models of leadership – usually premised on assumptions about organizational learning and game-playing, so that what was once efficient becomes inefficient as institutional sclerosis sets in. Figure 9, on the other hand, retains the binary model, but the causal mechanism relates to the structural binaries that constitute language: night/day, black/white, dead/alive, and so forth. Here it is the relationship between science and culture which provides the natural linguistic barriers to change and, once the efficiencies of one leadership style are expended, the pendulum swings in the opposite linguistic direction until that mode is also exhausted.

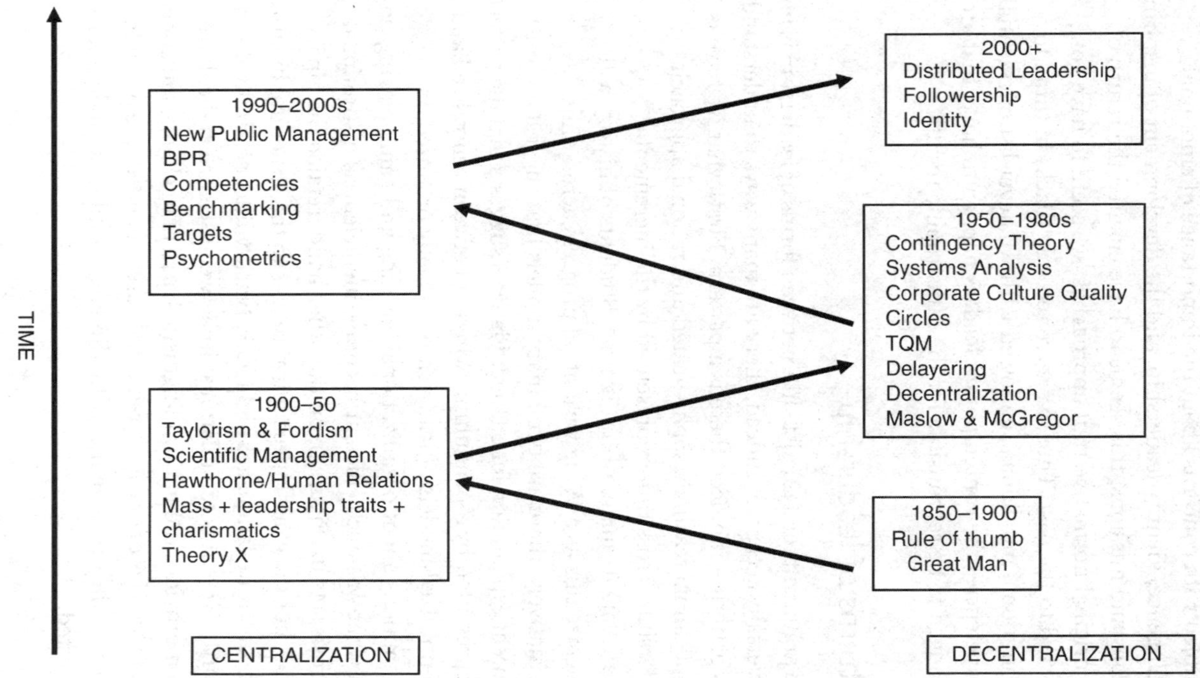

8. Binary model A: centralization–decentralization

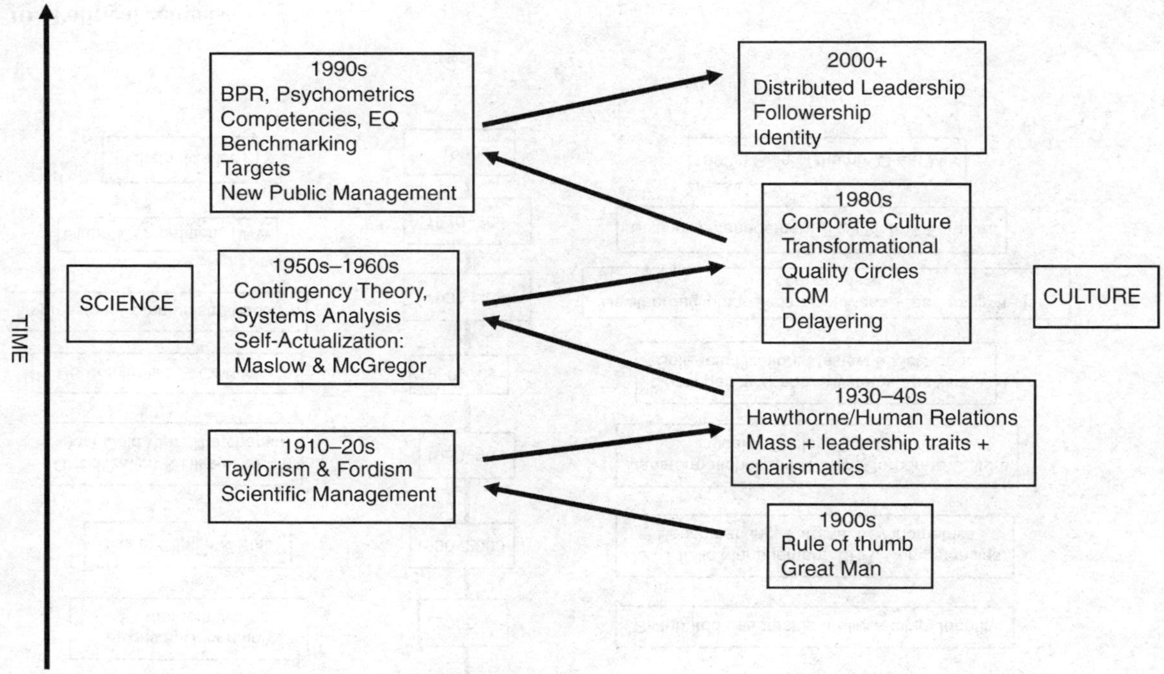

9. **Binary language model B: science versus culture**

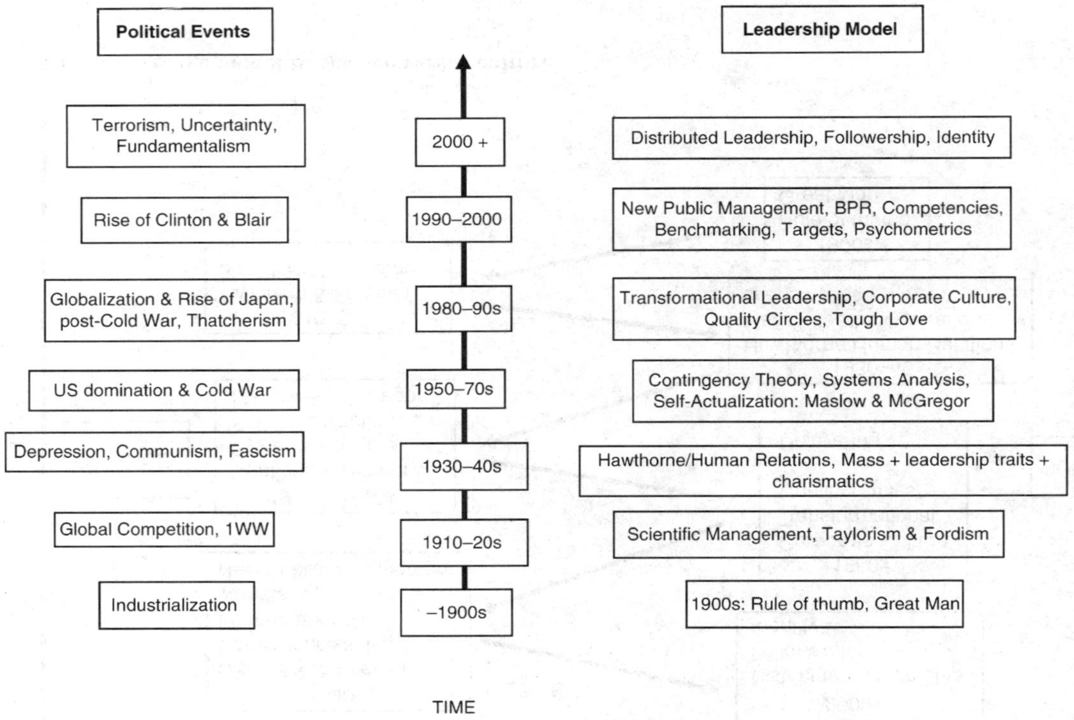

10. Political zeitgeist

Fourth, a political model situates the changes not simply against the binary limits of language but also the political machinations of the wider context, in which what seems 'normal' only appears so when framed by the political ideologies of the day. This approach is represented in Figure 10. Thus Taylorism emerges as the norm, not simply because it is scientific and therefore rational, but because in an era when scientific breakthroughs were changing the world of work and when the eugenics movements started to dominate American culture, it seemed natural to assume that there was one best way to allocate, control, and lead labour. Similarly, when communism and fascism began to ensnare European politics, it seemed inevitable that the best way to lead was not through scientific management of the individual, but through the manipulation of the emotional mass by the charismatic leader. Once the Second World War was over, then the dominant power – the USA – reproduced its own scientific and individualist approach as the default leadership model, and only when the threat from Japan (re-)emerged in the 1980s was there a significant shift towards more cultural approaches to leadership. Once again, when these ran out of steam in the 1990s, the move was back towards the scientific end of the spectrum as New Public Management and target measurement took over, to be toppled only in the first decade of the 21st century as the spread of moral panics about global warming, financial catastrophes, political corruption, terrorism, and crime shift the debate back towards the cultural school of identity leadership and so on.

Finally, it might well be that there is no pattern at all, just an accumulation of historical detritus strewn around by academics and consultants hoping, at most, to make sense of a senseless shape or, at least, to make a living from constructing patterns to sell. It may be that the history of leadership is just one damned thing after another, but it could be worse: it could the same damn thing over and over again. Let us at least try and prevent the latter.

Chapter 4

Are leaders born or bred?

'Are leaders born or bred?' is probably the question that I am asked most frequently when teaching. My response is usually some variant of 'both': we really don't know enough about this to make any categorical statements one way or the other (though that doesn't stop people). What I want to do in this chapter is explore the question by generating a fourfold typology that expands the premise from 'nature or nurture' to include 'collective or individual'. This is not to sidestep the question but to be clear that any answer depends upon what kind of leadership we are talking about. We will start with the most traditional response: leadership is both individual and natural – Carlyle's approach – then consider a nurtured variant of this individualist approach, originally located in Athens. We then switch to consider collectivist approaches, beginning with the Athenians' 'natural' nemesis – the Spartans – and concluding with the Calchasian – the nurtured collectivists in a community of practice. A model of this typology is reproduced in Figure 11.

Shown in Figure 12 are two photos that relate to the question 'are leaders born or bred?' The first is of a school group in Georgia and the ringed figure is the young Stalin. The second is of a school group in Austria and the ringed figure is Hitler. The similar positioning of these two individuals in places of leadership – in the middle of the back row – is both alarming and coincidental. Stalin

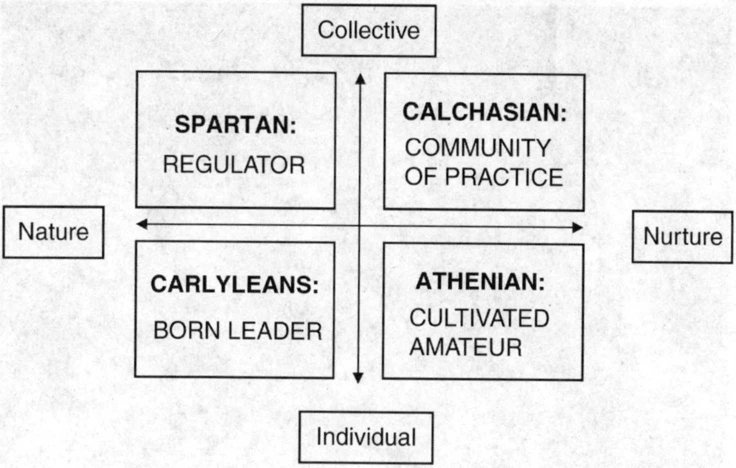

11. A typology of leadership development

is the boy who organizes the photographer, takes the fees, and pockets the profits – he appears to be a 'born' leader. Hitler plays no part in the organization of the photo; indeed, he is almost invisible at school – a waster going nowhere. In fact, Hitler's senior officer in the Bavarian Reserve Infantry Regiment, in which he served in the First World War, said of him at the time:

> Hitler did not cut a particularly impressive figure. . . . [but] he was an excellent soldier. A brave man, he was reliable, quiet and modest. But we could find no reason to promote him because he lacked the necessary qualities required to be a leader. . . . When I first knew him Hitler possessed no leadership qualities at all.
>
> (quoted in Lewis, 2003: 4)

Yet, within the space of a few years, Hitler turned into one of the most influential leaders of the 20th century. How did this happen? There are claims that Hitler – who was gassed by the British towards the end of the First World War – was taken out of the line and, along with many of his colleagues, proclaimed himself permanently

12. Stalin and Hitler. Stalin in his Tiflis seminary school (above) and Hitler in his Leonding school photo (below)

blinded. But while all the other soldiers insisted on being demobilized, Hitler demanded to return to the front. Now, since none of the soldiers were permanently blinded, the authorities knew most were literally trying to pull the wool over their eyes to escape a lost war, but they assumed that Hitler was suffering from some form of mental illness so he was sent to a psychiatrist. That psychiatrist, in turn, proclaimed that Hitler would only ever regain his sight if he was the 'chosen one' sent to save Germany. The story then unfolded with Hitler's returning sight and his gradual 'understanding' that destiny had saved him for something greater than being a corporal in the army. Whether this particular episode is true or not is not as important as considering the numbers of leaders who have achieved extraordinary things as a consequence of their belief in some form of destiny. Whether that destiny is one foretold by god (Jean d'Arc, Oliver Cromwell, Martin Luther King, Florence Nightingale) or by some force of history (Genghis Khan, Nelson, Stalin, General Patton, Winston Churchill) is less critical than its effect: it seems to generate a level of self-confidence that facilitates inordinate risk-taking, both of which are understood by followers as manifestations of great leadership. Of course, many of these 'predestined' leaders take risks and die in the process of their execution – but we don't get to hear about them. Instead, it is only the successful ones who survive, and these are the ones who bewitch us with their tales of destiny. In these cases, the question 'are leaders born or bred?' is actually redundant, because they may have been born 'ordinary' but have become transformed into 'extraordinary' by some kind of experience. But how important are these kinds of leaders?

The Carlylean: the born leader

Thomas Carlyle (1795–1881) was adamant that 'true' leaders – heroes – were born not made. The masses – who were 'full of beer and nonsense' – were incapable of generating their own leaders and the new capitalist bosses – 'the millocracy' – were only interested in the accumulation of material wealth. For Carlyle, great leaders did not emerge through privileged enculturation or education but through individual raw – that is, 'natural' – talent combined with a Nietzschean 'will to power'. Carlyle's heroes were 'born to lead' but not 'born into greatness'; hence his list included Mohammed, Luther, Frederick (who *became*) the Great, Cromwell, and Napoleon – all (like himself) born with little except the 'natural will' and ability to lead. For, as Carlyle insisted:

> Universal History, the history of what man has accomplished in this world, is at bottom, the History of the Great Men, these great ones; the modellers, patterns, and in a wide sense creators, of whatsoever the general mass of men contrived to do or to attain; all things that we see standing accomplished in the world are properly the outer material result, the practical realization and embodiment, of Thoughts that dwelt in the Great Men sent into the world: the soul of the whole world's history, it may justly be considered, were the history of these.
>
> (Carlyle, 2007: 1)

Carlyle would probably have been sympathetic to contemporary evolutionary perspectives on leadership – a response mechanism to the problem of coordination in an era when survival required collective action for gathering food and protecting the group. The current activities of hunter-gather societies are probably the closest we can get to early models of human leadership during the Pleistocene era (roughly from 1.8 million ago to 10,000 years ago, the end of the last ice age) where semi-nomadic, kin-related groups of 50–150 *Homo sapiens* operated, probably spreading from their origins in Africa about 200,000 years ago. The development of settled agriculture after the end of the last ice age generated significant reserves and resources that may have generated a propensity to abandon both hunter-gatherer cultures and the egalitarian and participative leadership models that are associated with their contemporary variants. In short, the production of surpluses may have triggered the move to more static communities led by warlords whose ability to protect/exploit their communities – and destroy rivals – may have been what Hobbes had in mind when he talked about the war of all against all when life was 'nasty, brutish, and short'.

For evolutionary biologists, the selection of leaders under conditions of constant war would have focused upon a relatively small number of 'alpha-males' – Carlyle's 'heroes'. The subsequent forms of natural selection eliminate all but the fittest, or rather all but the most appropriate for leadership positions, but this also means that contemporary organizational forms are deemed to be 'inappropriate' for our (hardly) evolved forms of leadership. In effect, in this approach the requirements of leadership are hard-wired into humans and remain relatively stable across space and time.

Actually establishing what is or isn't hard-wired is extraordinarily difficult to do. First, it's quite difficult to assess people before they become affected by their upbringing – evaluating babies for their leadership skills is not easy. Moreover, some behaviours seem illogical: why, for instance, would you voluntarily subordinate yourself to a leader if the consequences for reproduction advantage the leader more than the follower?

Often, this approach relates the apparent universality and timelessness of human leadership to our animal nature because leadership in animals appears unchanging and tends to be amongst the most hierarchical and brutal. Leadership amongst lions, for example, is primarily undertaken by lionesses in terms of hunts and tending the young but the alpha-male dominates others in terms of eating and mating privileges. But not all animals have the same leadership patterns: in spotted hyenas, for instance, the gender roles are reversed – females are larger than the males, and it is the former who control the mating process and lead the group; males do most of the hunting, but females dominate the males and have priority access to kills made by the males. Some evolutionary approaches imply that the matriarchal domination of spotted hyena groups develop because the males play no role in bringing up the young; strange how no-one told the cheetahs this leadership strategy. Wolf packs are slightly different: family units of between two and twelve individuals are led by the alpha-pair which alone breeds. A strict hierarchy exists within wolf packs in which the alpha-male leads hunts and territorial defence while the alpha-female leads the pups.

But if human leadership is a mirror of the animal world, then we should most closely resemble the world of chimpanzees, our closest genetic cousins. Yet De Waal's account of chimpanzees suggests that leadership is not determined by size or necessarily by hard-wiring but by coalition-building between dominant males supported by senior females. Moreover, Boehm suggests that analysis of contemporary hunter-gathers suggests that leaders are always and everywhere resisted by 'reverse dominance hierarchies' – by coalitions who unite temporarily to resist tyrants. In effect, the legitimation of leaders depends upon the followers, not the leaders.

If we really are the 'victims' of our genes, then we might also want to question the notion of free choice or agency. Volition is the exercise of free will or conscious choice, as opposed to determinism, hence, if human action is determined by biological genes, then the intentional element of leadership is removed and we may have a problem in determining individual responsibility. In effect, we may have no responsibility and therefore no leadership. In fact, taking this approach to its logical conclusion in the case of biologically inherited characteristics would be to suggest that those leaders with 'criminal genes' are not responsible for their leadership of criminal gangs, even if the results are significant in terms of people killed or money stolen and so on. And if we insist that action is determined by biological requirements over which individuals have no volitional control, then we might even consider looking for the leadership gene that is *making* them act. The ancient Athenians would have had none of that; for them, leadership was something to cultivate not something to emerge naturally.

The Athenian: the cultivated amateur

The 'Athenian' refers to the model of leadership learning embodied by those citizens of Ancient Athens (male only) who acquired leadership position by dint of their relatively high social birth combined with a liberal education in the arts, suitably supported by 'character-building' physical education. The initial schooling period was from eight to fourteen years old, and richer boys then progressed until eighteen, when a two-year military service was the norm. The intention was to nurture (male) children, who through engagement in reflective learning, often in private, would provide the next generation of Athenian citizens with sophisticated and responsible leaders. These leaders regarded themselves as 'cultivated amateurs' – they were not the products of a sausage-factory educational system that poured forth professional soldiers like their arch-rivals the Spartans – but instead the most civilized product of the most civilized society. That the presence of slaves and the subordination of women might strike the contemporary reader as anything but civilized is another matter.

The consequence of this kind of 'cultivated' approach to leadership training in the British Army through the 19th century was an upper-class officer corps devoted to loyalty, hard work, and practicality – but little or no capacity for imagination and little interest in or support for science and technology. Thus its difficulties in the early part of the First World War, and the 1930s in particular, and the decline of Britain's technological lead in general. And where business and stalemated war required entrepreneurial and imaginative thought, instead it generated 'guardianship', a code of ethics that favoured responsibility and romantic idealism over innovative structures, procedures, and strategies. The result was an indifference to military theory or strategy and reliance upon the individual initiative of combat officers together with good British 'common sense'.

Leadership, then, was not something that subordinates might engage in – as the German Army had long been developing – but it was essentially rooted in an exchange mechanism: paternalism was exchanged for loyalty, dignity for deference. In effect, the leaders were obliged to treat their soldiers as they would their own children, and the soldiers would be obligated to obey their officers as *in loco parentis* in return. As one subaltern from the 1/King's suggested in 1914: 'How like children the men are. They will do nothing without us . . . You will see from this some reason for the percentage of casualties among officers.' Hence privileges acquired by the officer corps were not necessarily resented by the soldiers – as long as the privileges did not undermine the social obligations of the officers to look after their men, and that often implied very small things, such as remembering a soldier's birthday, enquiring about his home life, and making sure the soldiers were all fed as well as possible.

The 'Spartan': the regulator

While the Carlylean and Athenian models are both essentially individualist leadership models, the former being natural and the latter being encultured, the Spartan is ruthlessly – if not obsessively – collectivist and overtly naturalist: leadership abilities were something that many Spartans were born with, but they had to be corralled to the benefit of the community, and they had to be enhanced in a collective framework. Moreover, leadership would only work effectively when the followers were trained into obedience through the same leadership system, regulated to follow the regulator. That regulation began at birth when a committee of elders assessed each infant, leaving those defined as 'weak' to survive or die on the slopes of Mount Taygetos overnight.

The Spartans placed all their male children from seven to eighteen years of age into the Agoge (*agôgê*) (literally, 'raising', as pertaining to animals), an institution that combined education, socialization, and training to turn boys into warriors. The content of Spartan education involved little reflective learning and the construction of loyalty to the state remained foremost. The primary aim of education for boys was the creation of a loyal, dedicated army, and at the age of thirteen they were commanded by one of the *irens* – twenty-year-old junior leaders whose experience in command was designed to instil Spartan leadership qualities amongst a large number of warriors. The younger boys were also required to go through the *Krypteia*, or 'period of hiding', when they lived alone or in small self-led groups living off the countryside and killing helots (Spartan slaves) who were regarded as particularly strong or likely to harbour leadership ambitions themselves. At the age of eighteen, a select group was appointed to the elite Royal Guard and thence to formal military leadership positions, though military training continued until the age of thirty. But even royalty in Sparta had a collective, rather than an individual, orientation: the five annual elected ephors – overseers – swore to support the dual kings but only if the kings maintained the rule of law. Thus, if one of the Spartan kings insisted on leading the army into battle, as he was permitted to do, two of the five ephors always accompanied him and reported back on his conduct.

The clearest connection to a more recent Spartan approach to selecting and collectivizing for leadership was probably the organizations making up the Hitler Youth movement. In the Adolf Hitler Schools, in particular, German boys were groomed for leadership on the battlefield and in the homeland. While one-third of Germans born between 1921 and 1925 died in the war, 50% of those attending the Adolf Hitler Schools died in the war. By 1935, 50% of all Germans aged between ten and eighteen were in the Hitler Youth, and 90% of all those born in 1926 were recruited. In fact, membership remained voluntary until 1939, but few resisted. Organized on military lines with groups of 150 comprising a company (*Fähnlein*) down to the ten-boy *Kameradschaft* (*Jungmädelschaft* for girls). 'Leadership of youth by youth' was Hitler's slogan, and nothing was left to chance: 12,727 Hitler Youth (*Hitlerjunge*) (aged fourteen to eighteen years) leaders, and 24,660 *Jungvolk* (aged ten to fourteen years) (*Jungmädel* for girls) leaders were put through 287 leadership training courses in 1934 alone. Once through the course of physical and military training and ideological conditioning, these young leaders were provided with manuals for their own followers, complete with introductions, songs, and texts for each lesson. No discussion or dissension was permitted, but the most important experience seems to have been the weekend and summer camps where the community-building developed in earnest, usually by ensuring that everyone from the age of twelve took turns to lead his *Kameradschaft* or her *Jungmädelschaft*. 'That way', wrote a member of staff at a boy's school, 'he learns to give orders and gains the subconscious strength of self-confidence which is necessary in order to command obedience.' After successful completion through the *Jungvolk* and *Hitlerjunge*, the chosen few went on to one of the *Ordensburg* (SS Colleges), where Sparta remained an ideal. 'What we trainers of young leaders want to see', said one trainer in 1937, 'is a modern form of government modelled on the ancient Greek city-state. The best 5 to 10 per cent of the population are selected to rule, and the rest have to work and obey.' These leaders in waiting then spent one year in the SS College at Vogelsang, learning 'racial philosophy', a further year at Crössinsee, 'character-building', and a final year in Sonthofen on administrative and military duties. It was at the 1935 passing-out parade that Robert Ley, the Nazi Party head of organization, commented:

> We want to know whether these men carry in themselves the will to lead, to be masters, in a word: to rule. The NSDAP [Nazi Party] and its leaders must want to rule . . . we take delight in ruling, not in order to be a despot or to revel in a sadistic tyranny, but because it is our unshakeable belief that in all situations only one person can lead

> and only one person can take responsibility. Power rests with this one person.
>
> (quoted in Knopp, 2002)

For the Nazis, the ultimate 'one person', of course, was Hitler, and as the war progressed Hitler distanced himself from the collectivist essence of Nazism and from the pre-war German military philosophy (Mission Command) that supported subordinate initiative and feedback between leader and followers, and this played an important role in his nemesis. For instance, it is clear that from 1939 to 1941, the invasion of Poland, Western Europe, and the USSR, that Hitler engaged in conversations with his generals and listened to them – even if he did not always take their advice. And only on one occasion did Hitler personally intervene in the invasion of Poland – to be overruled by Von Rundstedt. However, once the invasion of the Soviet Union faltered in the winter of 1941, Hitler began 'micro-managing' the armed forces and stopped listening to his generals. Thus, as the war progressed, Hitler's conversations became increasingly one-sided and the information he received stopped coming from constructive dissenters and instead came from destructive consenters. That is to say, as the independent thinkers were removed from his circle of advisers, so the quality of the advice sank to the point where the only advice he received was that they thought he wanted to hear rather than that which he needed to hear.

In contrast, Winston Churchill, who began the Second World War in the admiralty and removed a certain Captain Talbot because he had the temerity to disagree with Churchill about the anti-U-boat strategy, began as prime minister by recruiting many of the individuals he knew to be the most independent and free-thinking. Hence, he asked Ernest Bevin, one of the leaders of the General Strike in 1926 that Churchill had sought to crush, to join the war cabinet as Minister of Labour and National Service. Indeed, he even worked with Chamberlain and Halifax, two of his bitterest political enemies. Similarly, in the military sphere, Churchill retained Alan Brooke despite their famous disagreements and furious disputes, because Churchill recognized that only such people had the fortitude – and stubborn independence – to give him the honest advice that he needed. This alternative way of learning to lead is a critical element of the fourth model of learning: the Calchasian.

The Calchasian: community of practice

The fourth leadership learning form – the Calchasian – combines a collective orientation with a nurture philosophy. In effect, it suggests that leaders are neither omniscient nor omnipotent, and therefore leadership has to be distributed through the organization; furthermore, such a deep or distributed approach can be encultured, it can be socially supported and we need not simply rely on 'nature' to take its course in the leadership stakes. This kind of approach also assumes that engagement in social practice is the fundamental process by which we learn, thus learning is a collective or social activity not an individual activity. Indeed, as Wenger has suggested, learning actually occurs through a 'community of practice' in which engagement in a social practice constitutes a social community and thus an identity which can then be led.

> Since the beginning of history, human beings have formed communities that accumulate collective learning into social practices – communities of practice. Tribes are an early example. More recent instances include the guilds of the Middle Ages that took on the stewardship of a trade, and scientific communities that collectively define what counts as valid knowledge in a specific area of investigation. Less obvious cases could be a local gardening club, nurses in a ward, a street gang, or a group of software engineers meeting regularly in the cafeteria to share tips.
>
> (Wenger, quoted in Grint, 2005: 115–16)

But a community of practice does not arise simply from physical proximity, and unless there is 'mutual engagement' of participants, that 'community' will not develop a 'community of practice'. Moreover, a community of practice is not a utopian ideal where mutuality and love prevail, but one defined by shared practice and collective repertoires rather than harmonious relationships.

I want to suggest, further, and in an inversion of our common assumptions about this relationship, that it is followers who teach leadership to leaders. In effect, it is not just experience that counts, but reflective experience. This inverse learning is mirrored in the way most parents learn to be parents: their children teach them. Or as Gerard Manley Hopkins suggests, 'The child is father to the man'. Hopkins seems to be implying that the male child will literally grow into the man, in the same way that an acorn grows into an oak tree. But I want to suggest a different interpretation here: that the child teaches his or her progenitors to be parents.

Although many books exist on parenting, a large proportion of learning to be a parent can only come from the experience of 'parenting'. After all, you cannot know whether somebody else's method works until you try it on your own child. In theory, parents teach their children how to act as children, but of course the latter have a way of ignoring much of this worthy advice. If this was not the case, then no parent would ever have misbehaving children, no child would have a tantrum on the supermarket floor, no teenager would experiment with alcohol or drugs, and none would come home late or leave their room looking like a burglar has just ransacked the place. Since this does occur regularly, the superior resources of parents (physique, language, legal support, moral claims, source of pocket money, threats of grounding, and so on) have only limited effect. The critical issue, then, is that parents have to learn how to be parents by listening and responding to their children. In effect, we are taught to be parents by our children: if they don't feel comfortable with the way we are holding them as infants, they cry and we adjust our hold; if they are hungry, they cry and we feed them; if they are tired, they cry and we rock them to sleep. And when – not if – we get it wrong (or they think we get it wrong), they tell us, by crying or struggling or sulking or whatever. Of course, we then have to decide what to do, whether to 'teach them' some self-control or whatever, but whether that works or not is not solely in our control, and we often have to negotiate our way through this continually changing relationship. Indeed, although experience might make parenting easier – the more children you have, the easier it might become – this need not be the case, perhaps because each child–parent relationship is different, and/or because each new child alters the pattern of prior familial relationships, and/or because some people have problems learning.

What might be crucial here is the extent to which parents receive feedback from their children. It may also be that parents learn most from relationships with their children that are not hugely asymmetric. In other words, when children are dominated by their parents – or vice versa – neither side in the relationship necessarily learns much or matures. Indeed, it may be that one of the reasons why so many parents do seem to make a relatively good job of a very difficult task is because children are often more open and honest in their feedback than adult followers or subordinates: if parents are not doing something 'properly' – as defined by the children not by the parents – the parents will soon hear about it. This is evident both with toddlers, who can be excruciatingly honest in their conversations, and when we meet the children of people we perceive as formidable leaders: so often, their children seem capable of saying things to them that we poor followers dare not even think about saying to them. If we map this learning model onto leadership, the implication is that, while leaders think they are teaching followers to follow, in fact it is the followers who do most of the teaching and the leaders who do most of the learning. Here, then, we might reconstruct Gerard Manley Hopkins: 'The follower is teacher to the leader.'

Inevitably, some leaders fail to learn and some followers fail to teach, but it may well be that one of the secrets of leadership is not a list of innate skills and competencies, or how much charisma you have, or whether you have a vision or a strategy for achieving that vision, but whether you have a capacity to learn from your followers. And that learning approach is inevitably embedded in a relational model of leadership. I also want to suggest that the asymmetrical issue is critical to successful leadership. That is to say, where the relationship between leaders and followers is asymmetrical in either direction – weak/irresponsible leaders or weak/irresponsible followers – then success for the organization is likely to be short-lived because feedback and learning is minimized. In effect, learning is not so much an individual and cognitive event but a collective and cultural process.

As I intimated above, this problem of learning to lead from one's subordinates is not a novel idea and has, in fact, been evident in leadership since the Classical era. In Greek mythology, for instance, Calchas, the son of Thestor (a priest of Apollo) is a soothsayer to Agamemnon, King of Mycenae, in the Trojan War. Agamemnon, concerned to ensure success, approaches Calchas – a Trojan. Calchas then visits the Oracle at Adelphi and declares that victory for the Greeks can only be achieved at significant cost to Agamemnon: the sacrifice of his daughter Iphigenia, the task will take ten years, and no victory will ensue unless Achilles fights for the Greeks. Agamemnon, therefore, has to take on trust the words of a Trojan – a former enemy – because he cannot trust the information of his 'natural' allies, the Greeks.

This 'Calchasian' approach thus transcends one of the most critical weaknesses of leadership learning: the displacement of constructive dissent with destructive consent. By this, I mean that since no individual leader has the knowledge or power to lead effectively, leadership must be a collective affair. However, as leaders progress through organizational hierarchies, they tend to surround themselves with sycophants – the veritable 'yes-people'

13. The road to wisdom

who provide flattering feedback rather than honest feedback. In contrast, long-term organizational success requires constructive dissenters – individuals able and willing to provide formal leaders with potentially unpleasant but necessary feedback for leaders to learn how to lead. Agamemnon's problem is that only a non-Greek can provide this, and that provides a manifestation of the central problem for learning to lead: it requires those who are willing to stay out of the limelight, avoiding the individual heroic model of leadership beloved of Carlyle and the like, but simultaneously do a job that is in many ways 'heroic' by providing formal leaders with contrary advice, by refusing to be cowed by the authority of formal leaders, and by putting the needs of the community or organization before their own – an approach much closer to the leadership model employed by some American Indians.

So the issue is not 'How should an organization find a leader who does not make mistakes', but what kind of organization generates a supporting framework that prevents leaders making catastrophic mistakes and ensures that the organization learns from the mistakes that we all make. Not 'Who should lead us?', but 'What kind of organization do we want to build?' and 'How can we build it?' The assumption that failure is a critical component of learning also implies that we should develop leaders by putting them in difficult situations where risks are necessary, errors possible, and learning essential. Or, as the saying goes: 'Good judgment comes from experience and experience comes from bad judgment' (attributed to various people, including Mark Twain and Frederick P. Brooks). So do we have to design more opportunities for failure into learning to lead? Perhaps Piet Hein captures this approach best with his marvellous poem and cartoon, shown in Figure 13.

Chapter 5
Who are the leaders?

THWαMPs

According to Gladwell, Warren Harding, the 29th President of the USA, is also widely regarded as the worst President in US history. Three years of his administration achieved little, and Senator William G. McAdoo said that a typical Harding speech was 'an army of pompous phrases moving over the landscape in search of an idea'. After Harding left office, it became clear that scandal and corruption were never far away – yet during his tenure he remained popular. Gladwell suggests this relates to a common temptation to relate first impressions of physique and personality to potential success. Since Harding was the archetypal tall and handsome (T&H) leader, and a confident (if vacuous) speaker, people naturally attributed great things to him in the same way that we attribute organizational success to individual leaders, often with little or no evidence that the correlation is actually a causation. In fact, there are strong correlations between body and attributive assumptions. For example, Gladwell's own analysis of Fortune 500 companies found that most of the CEOs were white males with an average height of just under six feet. In fact, almost 60% were six foot or taller, compared to a mere 15% of the rest of American adult males. So can we start by assuming that most Western leaders seem to be tall handsome white males, or THWMs?

Not necessarily. Despite the common assumption that height makes a significant difference to how leaders are perceived (the taller, the better), there have been lots of small leaders. For example, Ben Gurion was 5 foot (1.52 metres); Yasser Arafat, Mahatma Gandhi, Kim Jong-il, King Hussein, Nikita Khruschev, and Dmitry Medvedev are or were all 5 foot 3 inches (1.6 metres); and Queen Elizabeth II, Franco, Haile Selassie, Silvio Berlusconi, Emperor Hirohito, Nicholas Sarkozy, Stalin, T. E. Lawrence, and Horatio Nelson are or were all under 5 foot 6 inches (1.66 metres). On the other hand, American research has consistently shown that taller people earn more than smaller people – in 2007, each extra inch of height was correlated with an extra 1% increase in income, and people with lighter skin colour earn more than those with darker skin colour.

Despite this, there are, and always have been, significant female leaders who have broken the male mould. There are, for instance, at the time of writing, 23 female heads of state from the 192 countries affiliated to the United Nations, and there were queens ruling Egypt in 3,000 BC. But these are often exceptions that prove the rule of male dominance across space and time.

So what kinds of characters do leaders seem to be now? Kaplan's analysis suggests an even more stereotyped model – CEOs are not just THWM but also archetypal alpha-males: aggressive, efficient, persistent, privileged, and uncompromising. So we can change our acronym now to tall handsome white alpha-males (of) privilege, or THWαMPs (which is easier to say than THWMs). Yet Kaplan's data are derived from CEOs of private equity firms... the very arena that seems to be mired in financial disaster as I write. Perhaps this personality type explains why, according to Andrew Clark, five days after the world's largest insurance company, AIG, accepted an $85 billion emergency loan from the US government to stave off bankruptcy (17 September 2008), the company spent $440,000 on a week-long corporate retreat at one of California's top beachside resorts. Or, as Henry Waxman, chair of the US

Congressional Committee on Oversight and Government Reform, said to Richard Fuld, then CEO of Lehman Brothers, on 8 October 2008: 'Your company is bankrupt and our economy is in a state of crisis. Yet you get to keep $480m. I have a very basic question: Is that fair?' The following day, AIG was granted access to a further $37.8 billion from the US state; it must have been a great party. In fact, the party must still be in full swing: in 1999, the average ratio of CEO to employee pay in the UK rose from 47 to 128, with Bart Becht, CEO of Reckitt Benckiser, topping the show at 1,374 (Becht received £37 million in 2008, whilst the average employee salary of the Slough-based multinational was £26,700 – the UK's national average). Not that Becht needed to fear isolation: the average pay of the top 25 FTSE 100 directors in 2007/8 was over £10 million (as quoted in *The Guardian*).

Now the real issue here is not about fairness, if the implication is that treating followers as fellow humans rather than corporate resources is the way to lead successfully. That patently is not the case. There are lots of examples of success being driven through monstrous behaviour, by extraordinary cruelty, by slavery, and by many other 'unfair' leaders. Perhaps the point is twofold. First, fairness is only an appropriate criterion for judging leaders in contexts that are culturally associated with fairness. In crises, for example in war, survival is probably more important to most followers than fairness. But when the financial crisis struck the global markets in October 2008, the prior assumption about the importance of corporate success over fairness was reversed, and one of the reasons for the delay in passing the rescue package through the US Congress was because it was perceived to be unfair – to favour the bankers who had allegedly caused the problem at the expense of the tax-payers who were expected to rescue the bankers from their own mistakes. Second, returning to Chapter 2, we might suggest that the kind of leadership that works depends on (1) what the situation appears to require, and (2) how persuasive those same leaders can be in framing and reframing the situation so that it seems to call for the actions they themselves propose.

In many countries, fairness is often linked to diversity, yet in most of these same countries the level of diversity at the top is often marked by – diversity. For example, a poll by the *Observer* newspaper in October 2008 listed the top 100 most powerful black people in the UK, and the selection panel appears to have avoided the stereotypical listing procedures that would have filled the list with black pop stars and sports personalities. Instead, the selection was based on their 'influence', defined as: 'The ability to alter events and change lives.' Top of the men's list was Dr Mo Ibrahim, the entrepreneur who did more than anyone else to bring the mobile phone to Africa. While the women's list was headed by Baroness Scotland, who at school was told by a careers' adviser that being a supervisor at Sainsbury's was about her limit. She was the first black woman in Britain to become a Queen's Council (QC), and in 2007 became the first female Attorney General. As Trevor Phillips, Chairman of the Commission for Equality and Human Rights, and fifth on the men's list noted:

> It's important to show that there are people from minority communities who are playing a role in public life, ready to shoulder some of the burdens of the whole community, not just the narrow minority interest... There are two stereotypes: angry black men and suffering black women, and actually most of us are neither of those things. If people can stop thinking of black people they meet as fitting one of those two stereotypes, they might look past the front page, which is their colour, and look at the individual rather than think of them as a category. This kind of exercise helps to do that and will make a huge difference to a lot of people's lives.

In the USA, with Barack Obama currently in the White House, people of colour in 2008 comprised about one-third, or 34%, of the population. But as a proportion of the top elected government officials, such as Members of Congress, only 15% are African

American, Latino, Asian American, or American Indian, and only 24% are women. Things are little different in non-profit organizations, 84% of which are led by whites. Moreover, 42% of non-profit organizations serve only white communities. Traditionally, we have been led to believe that the problem is actually one best understood historically – of course, Western leaders used to be white men, but this is changing, albeit slowly, and soon we will see the emergence of greater diversity amongst our executive elite. Yet this is not at all self-evident.

Research undertaken by the Co-operative Asset Management in 2009 revealed that only 3% of the FTSE 350 companies had a woman as CEO (only four, or 1.3%, have female chairs), and 130 do not have any women at board level. Indeed, only 9% of board seats are taken by women – but it cannot be for want of an equal opportunities policy because 94% of the companies had them. In 2008, women occupied just under 10% of the board seats available on the top 300 European companies – but most of the limited growth that has occurred over the last few years can be explained not by the steady policies of diversity but, for example, by the legislative demands (from 2003) of Norwegian companies who are now required by law to have at least one woman on the board of all of its companies. In fact, Norway now has a 40% minimum target for all publicly listed companies. While the Scandinavian countries lead the gender equality movement, the rest of Europe lags some way behind.

In the USA, women represent half of those people in professional and managerial positions, but there is a familiar pattern beyond the general statement of equality: women tend to be better represented within charities and the public sector, but the higher up the ladder one looks, the fewer women are visible. For example, only 15 women are CEOs in the Fortune 500.

Of course, the absence of women from the boards of most companies may be less to do with male bias and more to do with this cold fact: there is a correlation between the proportion of women on the board and the weaker financial performance of the company. Now this might be because men make better accountants – though I doubt it – and however many accountants companies have (and the UK has proportionately more accountants than any other major competitor; the US has more lawyers), they do not seem to have saved many companies from the financial crisis of 2008. Instead, we need to focus on the word 'correlation' and distinguish it from causation, because the direction of cause is critical here, as Figure 14 suggests.

What this figure implies is that women are appointed only when conditions are much worse than those that generally prevail for men's appointments – which means that the task for women is much more difficult and that we can correlate poor performance with women – but it is the poor performance causing the appointment of women not the other way around. Indeed, in terms of performance of companies after appointment, there is

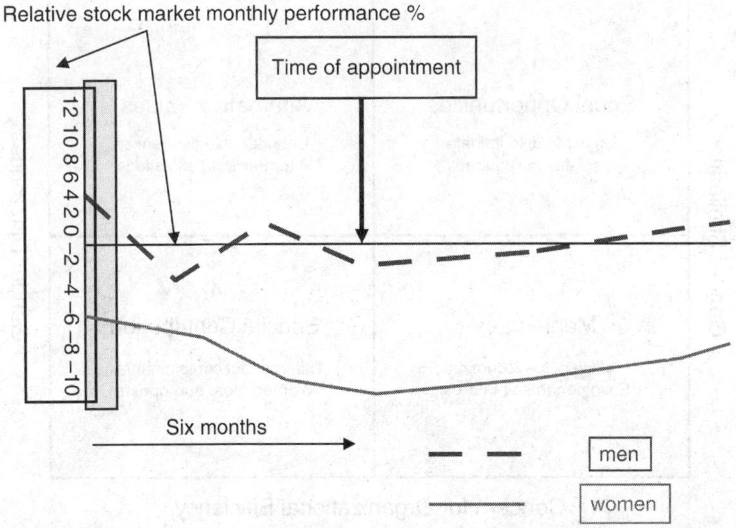

14. Women on the board and performance

proportionately little difference between men and women in many studies, though some suggest that gender diversity is positively correlated with success – at least provided the women on the board are well qualified, and Keohane notes that centuries of exclusion have provided women with a different set of questions to ask of our leaders.

What should be done about the lack of diversity amongst our leaders? Well, that depends upon where you sit. If you are a THWaMP who wants to maintain that position, then clearly nothing needs to be done. But if you think something needs changing, then it still depends upon what you think the source of the problem is. Figure 15 reproduces Alvesson and Billing's typology that addresses the issue of gender imbalance. Box 1 represents those people who assume that the genders are similar and that something should be done for ethical reasons. This often leads to a legislative approach, such as that undertaken by the

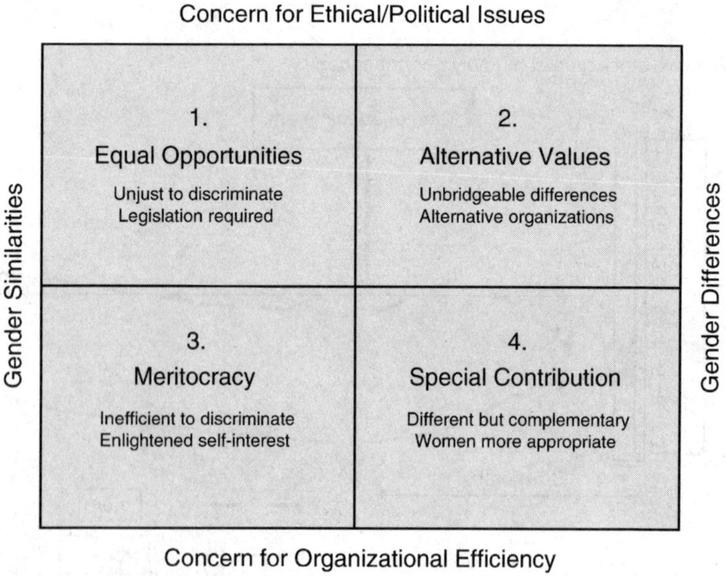

15. Gender: cause and effect

Norwegian government that was mentioned before. Box 2 follows the same ethical line but suggests that the genders are essentially different and thus no legislative change can make any difference. The only real solution here is for women to set up alternative organizations, and indeed the proportion of new businesses set up by women does seem to be increasing as some women perceive the glass ceiling of traditional male-dominated organizations as impenetrable. Box 3 takes the genders to be essentially similar, but takes an efficiency rather than an ethical approach and argues that this makes the case for a meritocratic approach to save 'wasting' the talent of women. Last, Box 4 is efficiency-oriented but assumes the genders are different and focuses on the way women can make a 'special contribution' to organizations.

Now the point here is to recognize the connection between the explanation and the prescription, because this explains why different strategies for change are suggested – and, if they fail, why opponents of the strategy then try to reframe the problem in a different category. In fact, we wouldn't expect there to be much difference between men and women because the genders are not markedly different in general measures of intelligence, nor in personality traits, and, if anything, women in Western Europe and North America are more often better qualified than their male counterparts. It would seem that the most important factors for explaining the differential success are actually the mundane features of asymmetric domestic responsibilities, sex discrimination, and gendered assumptions, and the stronger work networks of men that secure better access to more challenging positions and to better jobs. In effect, women (who tend to have stronger social networks than men) are expected to be more compassionate as leaders than men – and when they are, this behaviour is regarded as less robust than the more aggressive leadership expected of men. Of course, some women leaders adopt a more aggressive style, but these actions are often regarded as 'inappropriate'. Either way, the odds are stacked against women leaders.

Of course, this also provides ammunition for those 'I told you so' moments, because we seem to make instant decisions about leaders or their strategies so that if we support them and they are subsequently successful, well, we knew they would be. And if they fail, well the situation must have changed, or someone must have undermined them, or some other excuse. This is not new. There is already a lot of evidence to suggest that instant responses to leaders (positive or negative) are very common. The selection of officers for the US Army during the First World War was premised on similar stereotypes: those applicants who were perceived to have attractive aspects – either in terms of the veritable THWαMP variety or mere 'attractive personalities' – were deemed to be more intelligent, more courageous, and more (suitably) aggressive. Or, as Edward Lee Thorndike put it, a 'halo effect' (or 'devil effect' for less attractive recruits) was created in an instant, and this distorted people's assumptions about their entire character and potential.

We might consider where the competency models fit into all this. Many competency models are configured on the basis of analysing the competencies of existing leaders. These are then distilled into a manageable list and recruitment methods are then moulded around the required competency frameworks. But note what this does: it takes an existing group of leaders and attributes their success on the basis of competencies that are allegedly important in generating the success. For those of you who smell a circular argument in here, you have found one. What we actually need to do is compare groups of successful and unsuccessful leaders, or leaders and followers, and then see what is different about the (successful) leaders and trace the causal connections to success. Otherwise, we don't know whether what we have is correlations or causations. It may be, as we have already seen, that being a THWαMP is correlated with successful organizations, and it may well be that being a THWαMP is a prerequisite for successful organizations – but it may equally be that successful organizations simply recruit people who are THWαMPs. So unless we can be certain that the existing competency framework really is the cause of success (or failure), we should be very wary of going down this path.

This would not matter quite so much if we already had a very diverse leadership that reflected the population – it would simply mean that diverse organizations would keep reproducing their own bias and thus the diversity would persist – but not change. However, since organizations tend to be led by THWaMPs, we can look forward to getting more THWaMPs in the next generation of leaders. Is this just a case of selecting in your own image, or is there another reason?

Social identity theory

If we consider the utility of social identity theory, we might get a glimpse of an alternative explanation. This approach suggests that we always tend to place other people in categories that are either favourable, because they support our own identity, or unfavourable, because they are deemed to be different from us. This identification process is both individually and group-oriented, so that under certain conditions we perceive individuals as representatives of groups, not as unique characters. Indeed, personal identity – the 'I' – does not exist in isolation from social identity – the 'we'. Once categorized the theory then suggests that we constitute differences within the in-group (us) as smaller than those between the in-group and the out-group (them). Furthermore, the in-group's norms and stereotypes (which are largely favourable) lead to specific comparators to ensure self-enhancement. For example, young girls living on a run-down council estate are likely to view supermodels not as better than themselves but as unable to survive in such a tough environment – thus the comparator reproduces the self-enhancing social identity of the girls.

Furthermore, this whole process generates *prototypes* that emulate the social identity of the group and *depersonalize* its members, who appear so similar they become interchangeable: we expect to agree with each other on group-related issues, we tend to support emergent group norms, and we advance the interests of the group above our own personal interests. In effect, 'we' perceive ourselves as all alike in our positive attributions and perceive 'them' as essentially identical in our negative perceptions about them. This serves to reduce any uncertainty we have about ourselves, our status, our likely behaviour, and it does the same for 'them'.

Such prototypes are seldom so clearly articulated that we would expect people to be able to write them down in an agreed list; indeed, they are likely to change in time and space as the context changes and to become more important as group membership becomes more important – often in response to an external threat. The consequence for leadership is that those group members who are closest to the group prototype are likely to have most influence – to become and remain the leaders as long as the conditions continue. Since this influence relates to the prototype, not the individual (though it appears otherwise to the group members), that implies that changing conditions generate different prototypes, and this explains why prototypical icons can suddenly seem to lose influence. For example, Churchill was regarded by many of the British as a belligerent and dangerous maverick in the 1930s, but as perfectly encapsulating the self-perceived prototypical character of the British under threat – a stoic bulldog in the face of great danger – hence his popularity and rise to pre-eminence as prime minister. However, once the war was over his character – which had not changed – was perceived to be out of kilter with the requirements of the post-war world. For that, the more congenial and inclusive character of Clement Attlee was the required prototypical leader.

Prototypicality, then, depends upon contextual stability, though as was suggested in Chapter 2, the framing and reframing of 'situations' is part of the armoury of any leader. Nonetheless, there are several techniques that leaders used to prolong their control which feed into the prototyping model:

- Accentuate the existing prototype – be more like one of 'us' than embody some 'superior' traits or appear like one of 'them'.
- Seek out and attack in-group deviants – this is the point where dissent, constructive or otherwise, is reframed as the action of 'traitors'.
- Demonize the out-group to deflect attention from internal problems.
- Stand up for the group – demonstrate favouritism to in-group members rather than fairness between groups.

The leader, therefore, is likely to be the in-group prototype:

- The person most representative of shared social identity.
- The person who exemplifies what in-group members have in common – maximum intra-group similarity; and exemplifies what makes them different from the comparative out-group – maximum inter-group difference.
- The person who makes 'us' feel different from – and better than – 'them'.

The riots in Iran in June 2009 is a good example of how this approach makes sense of the decisions of leaders under duress. This also explains why 'groupthink' (the tendency for groups to suppress internal dissent) is prevalent amongst groups under pressure and why minorities and non-prototypical individuals and groups find it so difficult to break into leadership positions within established organizations and institutions.

That doesn't mean it's impossible, but it does mean it's very difficult. In fact, when a crisis breaks out, the position of the prototype leader is usually strengthened. For example, Gordon Brown's position as Prime Minister of the UK was under immense threat in the summer of 2008 as he struggled to demonstrate an alternative vision for the post-Blair Labour Party. But as soon as the financial crisis hit in the autumn of 2008, all thoughts of displacing him were dropped as the Party pulled together and it sought the protection of the person with the most prototypical character required in a financial crisis – the dour, responsible, serious face of the ex-Chancellor of the Exchequer: Gordon Brown. Yet ironically, nine months later, when the same British Prime Minister again faced significant rebellions as the expenses scandal broke within Parliament, he failed to act as the fiscal 'witchfinder general', and thus allowed the scapegoat hunt so common when uncertainty descends and we seek a resolution by concentrating blame upon the individual leader – Gordon Brown.

But success for prototypical leaders depends not just on persuading 'us' that we are different from and better than 'them', but also on persuading 'me' and 'you' to become 'us'. Luckily for leaders, that need not be that difficult because it depends not upon rational analysis of 'the facts' but upon an emotional and often unconscious response. In fact, all that is required is Benedict Anderson's 'leap of imagination'. What he meant by that was that since we could never really know whether other people were really like 'us', or like 'them', we simply had to imagine one or other was the case. Thus, it did not matter that the soldiers on both sides of the trenches in the First World War actually had more in common with each other than with their respective leaders in terms of quality of life, income, habits, and so on. What mattered was that 'they' were obviously very different from 'us', and that turned 'you' and 'me' sufficiently into 'us' to want to fight 'them'.

We can see this in action in the construction of British and French identity, for there are good grounds to suggest that until the war between the revolutionary French army under Napoleon and the British, under Wellington, it may be that most people in Britain regarded themselves as English or Scottish or Welsh or Irish – but not British. Similarly, the 'French' might have considered themselves to be Breton or Norman or whatever region they came from – but not French (indeed, most people in France at the time did not speak French but a regional language). However, the war catapulted the two nations against each other, and the collision propelled Napoleon and Wellington to leadership positions not just as generals but as prototypes for their own 'new' nations. Thus, we can read the literature at the time as pitting two prototype leaders against each other who are representative of their own nation. Napoleon and Wellington are not perceived as two individuals doing similar jobs, but as two encapsulations of diametrically opposed nationalities – which are formed in the crucible of war. The lists of character words below represent how these two individuals and countries came to be identified with one side against the other.

Let us return to the beginning of this chapter to conclude. We began by looking at Warren Harding as a popular but ineffective leader and the role of first impressions that generate halos which bias our interpretation of leaders. That implies that we need to be very careful about the issues of micro-leadership. By that, I mean we perhaps put too much emphasis on the rational aspects of

Wellington	Napoleon
Private	Public
Dogged	Imaginative
Logistics	Strategy
Gentleman	Upstart
Graft	Gifted
Freedom	Equality
Stability	Instability
Caution	Risk
Troops as 'scum'	Troops as 'family'
Pragmatist	Centralist
Book-keeper	Shooting star

leadership – the vision, the policies, the experience that leaders bring – and not enough emphasis on the emotional aspects of leading – the way people interpret very small acts, sayings, glances, body language, and so on. Of course, there is a whole raft of writing on emotional intelligence – and there are many different definitions of the term – but we should be aware that people with high emotional intelligence are not morally superior to those without high emotional intelligence. Hitler, for example, was extraordinarily effective in manipulating people's emotions, but this does not make him objectively moral. Moreover, it is because emotions are such a powerful motivator that we ought to limit their significance – that, after all, is the reason for living according to a system of laws rather than at the whim of a tyrant whose emotional intelligence is a liability for all who disagree with the tyrant. Nevertheless, we are more enamoured of leaders who remember our names and who feel like one of us than of leaders who never deign to say hello to us but have astute policies for dealing with a world so complex we don't even pretend to understand it or them. Indeed, they are not like 'us' at all; they are more like 'them'.

Chapter 6
How do leaders lead?

On traits, Scrooge, and koi carp

You may recall from Chapter 3 that Thomas Carlyle figured as one of the first 'modern' leadership scholars with his 'Great Men' approach. But why does this approach still remain popular despite its limited empirical support and theoretical weakness? Well, one reason is that many of us still hanker after simple solutions to complex problems: when the credit crunch starts to unhinge the entire economic infrastructure, rather than think through the complexity of the issues, we prefer to find a scapegoat (we shall return to this phenomenon in the next chapter). Looking for heroes (and villains) also enables us to avoid responsibility and to maintain an infantilist approach to leaders that may well have originated with our childhood relationships to parents or equivalent authority figures.

Nonetheless, by the end of the Second World War, the early trait theories that had evolved in response to the problem of officer selection for the military during war time had begun to pose alternatives to the 'Great Men' theory. These early theories suggested that leaders do have special traits/qualities that distinguish them from non-leaders and these seem to be:

- talkativeness;
- intelligence – providing the gap between leader and followers was not too wide;
- initiative and willingness to take responsibility;
- self-confidence; and
- sociability.

But it soon became apparent that these traits needed to be contextualized if they were to be regarded as important to leadership. Indeed, it also became clear that many studies that produced negative correlations remained unpublished, biasing the whole area. Despite the fact that each study (rather like contemporary competence models) generated markedly different traits, the assumption persists that if only we look hard enough, we will discover the proverbial golden ticket – the *really true* list of traits. But since we seldom match successful with unsuccessful leaders, and since we seldom have incontrovertible evidence that the action of leaders makes an objectively measurable impact upon organizational performance, we are still left with two problems.

First, are the tests for competence objective? For example, the intelligence-testing system that processed civilians into various units of the American armed services during the Second World War were as fallible as any educational or other intellectual test: they suggested that one-quarter of all those tested were illiterate, while half the whites and 90% of the African Americans had a mental age below 13 years. Since the tests involved questions such as 'Scrooge was a character in which of the following: *Vanity Fair*, *A Christmas Carol*, *Romola* or *Henry IV*?' and 'What is the term for spatial perspective in Renaissance art?', we can rest assured that scientific and cultural objectivity was never a strong point in them. But the practical consequences were to keep most African American soldiers out of direct combat units until late in the war.

Second, we haven't even looked at the followers yet. What happens if we have a fantastically talented leader – in terms of traits – but a group of subordinates who have absolutely no interest in following that leader? So here's the other problem: traits manifest themselves as possessions of an individual but leadership is a relationship. This is a bit like buying the best koi carp in the commercial aquarium but forgetting that you don't have a pond to put it in.

Behavioural/style approaches

While the Allied forces were busy constructing list of traits to select their officers, Kurt Lewin, having escaped from Nazi Germany himself, was beginning a set of experiments to see whether the behaviour of the leader, rather than his or her traits, made any difference to organizational success. In his famous 'Boys' Club Experiments', Lewin concluded that boys (followers) would generally comply with authoritarian leaders when the latter were present but avoid work when the latter were absent. In contrast, leaders who adopted a *laissez-faire* approach got little work out of the boys when present or absent, while the democratic leaders managed to get (roughly) half the boys to work productively whether they were present or not. The conclusion was that democratic leaders generate the highest level of satisfaction amongst followers – but note that the most productive followers are those coerced by a present authoritarian.

This division between satisfaction and productivity has formed the basis for many studies ever since. The University of Michigan studies suggested that leaders were either *production-oriented* – where followers were perceived as factors of production, as means to an end; or they were *employee-oriented* – where followers were perceived as a key resource. Investigations into aircrew behaviour by Ohio State University then reproduced this basic task/people dichotomy (though they called it 'initiating structure' and 'consideration') and concluded that leaders could undertake both activities rather than choose one or the other. Blake and Mouton managed to capture this dichotomy well in their 'managerial grid',

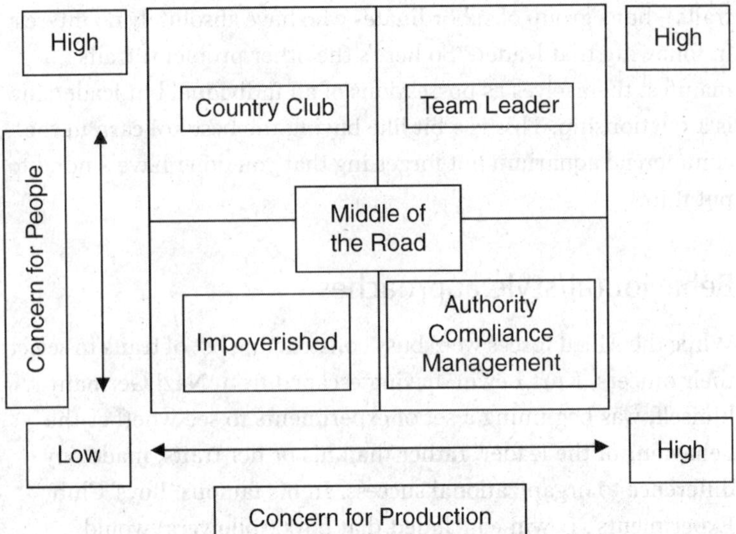

16. Blake and Mouton's managerial grid

which is reproduced in Figure 16. Here leaders could either be disengaged from the task and the people and demonstrate an 'impoverished' style; or they could show high concern for the people but not for the task – as if they were leading a Country Club which existed just for the benefit of the members; or they could be solely focused on the task at the expense of the people – an authority compliance style of management; they could, of course, sit in the middle of the graph, or, finally, they could show high concern for task and people and operate as 'team leader'. Interestingly, this grid has prevailed in popularity since its first inception in the mid-1960s, but it has yet to generate significant empirical support for its key assumption that team leaders were possible and optimal.

Contingency theory

At the same time that the managerial grid was taking off, another shift in approach became apparent as the focus moved from the choice of style by leaders (task or people) to the importance of the context in determining which style would actually work – this was the beginning of contingency theory.

Fred Fiedler began this move with his 'least preferred co-worker' approach that retained the task/relationship dichotomy. Fieldler assumed that leaders were either task- or relationship-oriented and could not change, but the effectiveness of orientation depended upon the favourableness of the situation. This, in turn, was defined by:

- The leader's *position power* – the leader's legitimate authority to evaluate and reward performance, to punish errors, and demote group members;
- The *structure* of the team's task – the number and clarity of rules, regulations, and procedures for getting work done: the higher the structure, the higher the leader's control;
- *Leader–member* relationships: either positive or negative.

These variables, in turn, would generate favourable situations, or unfavourable, or moderate situations.

Favourable leadership situations comprised:

- task highly structured;
- considerable position power;
- good leader–member relationships.

Here, the group expected to be told what to do and did not expect consultation, so task-oriented leadership worked best.

Unfavourable leadership situations comprised:

- unstructured task;
- little position power;
- poor leader–member relationships.

Here again, the group expected to be told what to do and did not expect consultation, so (again) task-oriented leadership worked best. Only in moderate situations – which sat between the favourable and unfavourable so that leaders had moderate power, moderate support, and a complex task – was consultation necessary to secure buy-in, and here, and only here, relationship-oriented leadership was best.

So what happens when leaders find themselves in the 'wrong' situation? Well, since leaders cannot change their orientation – according to Fieldler – all they could do was attempt to change the situation. And why was this? Why should followers need task leadership when the situation was either favourable or unfavourable? Fieldler's response was that not all of this was explicable; there was indeed a 'black box' at work, so that we did not know why it worked but it worked. Well, it worked up to a point: at least the situation was now in the spotlight – so we had a pond for our koi carp – and it implied that perhaps it was difficult for leaders to be successful in all situations. But it isn't clear that a personality profile can predict behaviour, let alone leadership success, and we still do not seem to be too concerned with the nature of the followers or their relationship with the leaders. Moreover, as we saw in Chapter 2, part of the success of leaders is rooted in their ability to reframe 'situations' so that they appear differently and are thus open to different approaches.

Hersey and Blanchard's 'situational leadership theory' certainly acknowledged that multiple variables do exist in leadership, but argued that leaders could not possibly hope to cope with such a high level of complexity. Therefore they should concentrate on the most important one – the relationship between leader and followers – because if the followers decide not to follow, everything else is irrelevant. This then led them to suggest that the leader's behaviour should be adjusted to the maturity level of the followers – which changes over time and tended to proceed along the following trajectory:

1) *Unable and unwilling* – least mature: telling/directing leadership style.
2) *Unable but willing*: selling/coaching leadership style.
3) *Able but unwilling*: participating/supporting leadership style.
4) *Able and willing* – most mature: delegating leadership style.

This has proved to be one of the most successful models in the executive market: it is intuitive, simple, and easy to understand – but again, it has very little empirical support for its validity. One reason is that the model implies a concern for an aggregate level of follower maturity that perhaps does not exist; in other words, that followers embody different levels of responsibility and do not merely reflect a composite norm. Another is that it isn't really clear what they mean by 'maturity' – does that relate to confidence, skill, effort, motivation, quiescence? And if so, what are the weights attached to these variations? Moreover, whose interpretation of follower maturity are we using here: leaders' or followers'? And what about leaders' (im)maturity – who said they were outside this equation?

For 'leader–member exchange theory' (LMX), or as it was originally and enticingly labelled, 'vertical linkage dyad (VLD) theory', leaders don't develop an 'average' relationship with followers, instead they establish different relationships with each subordinate, but over time these fall into two distinct groups, each formed through the initial action of the leader. For the in-group, the leader provides increased autonomy and responsibility on unstructured tasks, and if the group responds positively, then further reciprocal action confirms this group as the equivalent of the sheriff's 'deputies'. But if the leader does not offer similar possibilities to other subordinates, or if they are perceived by the leader to respond unconstructively, over time they become an 'out-group', the equivalent of 'hired hands' rather than deputies. This group relates to the leader on a purely contractual (or transactional) basis: they turn up at work, do the minimum, get paid, go home, and forget about work. However, if they lose the stress of responsibility at work that falls upon the in-group, they nevertheless suffer from stress via the uncertainty of their employment – since they will be the first to lose their jobs.

Once more, an intuitive approach has, as yet, only marginal empirical support for its claims, and it may be that resentment of those in the out-group cancels out the benefits of developing a better relationship with the in-group. Moreover, as we saw in the previous chapter, the constructing of an out-group that embodies few of the characteristics associated with the prototyping of the in-group, while often counter-productive for the effectiveness of the overall organization, might actually be a 'normal' response of groups, if not an inevitable aspect of social life. So, for leaders, is the real trick to try to tip-toe around all these problem areas while at the same time mobilizing as many of the group members as possible?

Possibly, and perhaps the most sophisticated of contingency approaches is that associated with the path–goal theory of Robert House. Here, the leader's task was to smooth the followers' path to the collective goal by removing roadblocks and facilitating motivation using one of four leader behaviour styles:

1) Directive leaders, who would communicate expectations and require rule following to complete scheduled work to clear performance standards.
2) Supportive leaders, who expressed concern for followers' needs and welfare and created a climate that demonstrated support and generated mutual respect.
3) Participative leaders, who shared decision-making authority with followers.
4) Achievement–oriented leaders, who set challenging goals and expected very high levels of performance.

In turn, the leader's influence was contingent upon two sets of variables: the work environment (situation), comprising the task structure, the work group, and the authority system; and the followers, comprising their ability level (and perceptions of these), their attitude towards authoritarianism, their need for affiliation, their need for structure, and their locus of control (those with a strong internal locus of control believe that events are controlled by themselves and prefer participative leadership; those with a strong external locus of control believe that events are determined by fate or luck or others and prefer directive leadership).

The model's causal explanation was derived from expectancy theory which perceived motivation as a rational choice on the effort level given:

1) the likelihood of achieving task (expectancy),
2) the likelihood of receiving beneficial reward (valence), and
3) the likelihood of avoiding undesirable outcome.

In this approach, any leader could exhibit any style, or combination of styles – so it is not a trait approach but an adaptive behavioural approach. However, there is an assumed tendency – most people have preferred styles that may, or may not, fit the requirements of the situation. If, by now, you are starting to drown in the number of variables involved, a diagrammatic lifebelt is given in Figure 17.

The implication of all this is that the leader's behaviour should match the requirements of the follower and situational characteristics, and he or she should select the appropriate leader behaviour style to help followers achieve their goals. Thus:

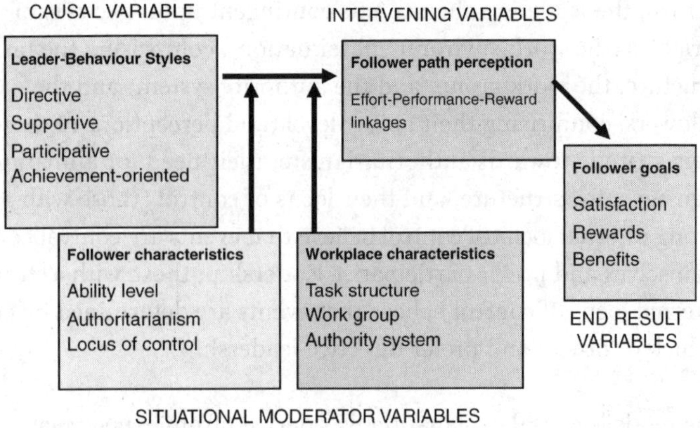

17. Path–goal theory

- ambiguous tasks require directive leadership to reduce uncertainty and to increase the probability and desirability of the outcome;
- stressful, boring, tedious, or dangerous environments require supportive leadership, which increases self-confidence and reduces anxiety so as to increase the probability and desirability of the outcome;
- when followers were ready for empowerment, then participative leadership was required; and
- when followers had high achievement-orientations, then achievement-oriented leadership was appropriate.

This seems relatively intuitive – so what's the catch? Well, the catch is threefold. First, the accumulation of so many variables renders the task virtually impossible: if we were able to obtain an objective score for each of the variables involved, by the time we had accumulated the data, the situation would probably have changed beyond recognition. Second, even this implies that we can secure a degree of objectivity in the measurement of human behaviour, but that seems to have eluded us. Third, it may be that followers actually want very similar things from their leaders – they want to be recognized and protected. The problem is that leaders – and of course almost all leaders are also followers at different levels in the hierarchy – recognize a different 'reality'. Leaders tend to realize that completion of the task is critical and, while leaders may be concerned for followers, the leaders' upward-looking (task-related) gaze is perceived by followers as disinterest in them. And the irony is that these very same 'disinterested' leaders often believe their own leaders exhibit a similar lack of interest in their followers. Does this general tendency also explain why followers respond differently to charismatic leaders?

Charismatic leadership

Charisma is a 'divinely bestowed power or talent' and its etymological origins lie in the Greek word *Kharisma*, from *kharis:* 'divine grace' or 'favour'. In fact, most people now use the term to mean someone extraordinary, with a quality or authority that influences or inspires large numbers of people. For Max Weber, the German sociologist who wrote the seminal text on charisma, these were people whose authority was beyond the understanding of most people and who were very rare. Hence Weber's version of charisma – what I shall call 'strong charisma' – is not about people with strong personalities but people who can mobilize their followers in some magical way. It was fundamentally an irrational and emotional phenomenon and its bearers had a 'calling', a ruthless dedication to achieve a goal. That might also explain why charismatic leaders are predominantly men – because times of crisis, often associated with war of some kind, usually favour those in command of the military, who have been and still are predominantly men. Of the well-known female charismatics – Boudicca, Jean d'Arc, and Elizabeth I, for example – all are associated with military combat. Jean d'Arc, for example, is not only associated with the military defeat of the English but also with a masculine appearance.

Weber carved out a conceptual space for charismatic leadership by differentiating power from authority – the latter was always legitimate in the eyes of the followers, the former need not be – and by distinguishing three different kinds of authority. Traditional authority occurred when followers followed because they had always done so – perhaps the followers of monarchs represent this best; rational-legal authority, best known as bureaucracy, where followers followed because it was rational for them to do so, rather than because they had always done so; and charismatic authority. But charismatics were unique in the ability to attract followers who were devoted to the person's transcendent powers that seemed to provide the possibility of a radical and hitherto unknown solution to some kind of social crisis. In fact, Weber's examples are almost all religious leaders, and he makes great play of their calling, their destiny, which is manifest in the display of miracles and in their fulfilment of prophecies. For Weber, charismatic leadership was the only form of 'non-coercive authority' – though it is questionable to assume that the choice between heaven and everlasting hell is a non-coercive choice. Moreover, because the charisma was embodied within an individual, it usually died out with that individual or became routinized through an institution, such as the Church.

Just because Weber's charismatics were extraordinary mobilizers of followers did not mean they were necessarily revolutionary, indeed, they could be reactionary, seeking to return a society to a previous state, but more often than not they were both – they tried to regain the past but only by proceeding to a new future. There is an important lesson in here for change leadership. So often we assume that change is about going forward and leaving the past behind, but Weber's account implies that success relates to a Janus-like ability to do both. Take the 1933 German election as an illustration. While the conservative parties harked back to the good old days, the ruling social democrats ran the equivalent of an 'it doesn't get any better' campaign, and the communists looked steadfastly towards the utopian future. Only the Nazis combined all three perspectives: Germany could regain the glory of before, but not by going backwards, not by staying put, and certainly not by abandoning the past for some mystical communist alternative future. Instead, this would require rejecting the present, avoiding the communist future, and reigniting the past glories by bringing their essence into an alternative Nazi future. Thus Weber's charismatics – and he had warned that a charismatic might well undermine the rational legal German world – were often conservative revolutionaries, intent on 'reclaiming the past from the present during moments of distress'.

This emotional groundswell of supporters also implies that charisma was a deeply destabilizing and itself unstable force. To some degree, followers could share their leader's charisma by joining his or her organization – though how long this would last depended upon whether the charismatic could continue to pull off notable miracles at will. We can see precisely this characteristic when we consider how political leaders, celebrities, football managers, radio presenters, and so on are hailed as god's gift one day and then condemned to symbolic (and occasionally actual) death the next day.

It's also worth considering how desperately people want to believe in the ability of charismatic leaders to save them in times of acute distress, and how, when we do not have such crises to hand, we invent them in films and novels (such as the *Harry Potter* series, *The Lord of the Rings*, and suchlike), as if our own existence is not just mundane but unbearably ordinary. For these very same reasons, many people who are involved in military combat often hark back to their 'glory days' when the 'sting of battle' literally enthralled them. Perhaps for these reasons, charismatics often believe themselves to be the bearers of a destiny designed by others. As Churchill noted on taking office in 1940: 'This cannot be accident, it must be design. I was kept for this job.' Charisma might also explain Lord Acton's dictum, in a letter to Bishop Mandell

Creighton (1887), that 'Power tends to corrupt, and absolute power corrupts absolutely. Great men are almost always bad men.'

If Weber concentrated upon the extraordinary nature of what I have called 'strong' charisma, many scholars since have argued that his concepts cannot be operationalized and are used in a binary format – either you are charismatic or you are not, and there is no argument about the categorization. Instead, many have opted to see charisma as a continuum that is closer to extrovert personality rather than the superhumans that Weber was concerned with. In these accounts of (weak) charisma, the relationship between individual (leader) and followers is based upon deeply held and shared ideological (not material) values, where the charismatics accomplish unusual (rather than miraculous) feats through followers who are exceptionally loyal to, and have a high degree of trust in, their leader. In these circumstances, the followers are willing to make personal sacrifices in the interests of the collective vision, and permanent crises are as unnecessary as permanent miracles.

This bears an uncanny resemblance to transformational leadership, as originally developed by MacGregor Burns, who differentiated this from both charismatic and transactional leadership. For MacGregor Burns, transactional leadership was restricted to an exchange relationship between leader and follower – though whether that exchange was economic (such as wages), or social (such as promotion), or psychological (such as friendship), was less relevant than that it was an exchange, it was very common, and it was very limited in its effects. In contrast, transformational leadership was not an exchange process at all but occurred when transformational leaders appealed to followers' values beyond their personal interests. Of course, it may be that charismatics also have an exchange relationship with their followers but one based on an exchange of identity. However, this ability to lift the vision of followers from the everyday to the extraordinary required charisma, but not all charismatics were transformational. For

MacGregor Burns, charismatics who were not transformational were 'power-wielders', that is, leaders who secured a commitment from followers that satisfied the leaders', rather than the followers', interests. Finally, power-wielders tended to induce high levels of dependency amongst their followers, while transformational leaders appeared to operate along the reverse principle, empowering not disempowering their followers; securing adherence to a body of ideals not allegiance to an ideal body.

Many have followed in MacGregor Burns's footsteps, with Zaleznik differentiating between psychologically 'healthy' and 'unhealthy' leaders, while Howell preferred to differentiate between 'socialized' and 'personalized' leaders, and Bass contrasted 'authentic' with inauthentic, or 'pseudo-transformational', leaders. The problem seems to me that all of these divisions are rooted in the subjective ethics of the observer – since we don't approve of particular leaders, we label them as unhealthy or inauthentic and so on. But this is to miss the point of charisma: it doesn't matter whether academic observers are unswayed by the siren calls of religious fanatics or political monsters, what matters is whether followers are swayed by them. Under these circumstances, the point is not to ignore the ethical dimension of charismatic leadership, but to ask ourselves whether followers believe their charismatic leader is acting ethically.

This also means we need to be very wary of charismatic leaders. They may be important in a crisis, but may be impelled to maintain the crisis if resolving it undermines their authority. They may achieve extraordinary levels of mobilization – but it may not always be for causes with which we might agree. And they may prove critical in breaking the logjam of indecision – but when they have gone, are their achievements sustainable or do their very actions as gifted individuals undermine the possibility of sustainable action by the many? In the next chapter, I want to look at the latter, the followers – do they have a role in all this, and if so, what is it?

Chapter 7

What about the followers?

The English word 'follower' is derived from the Old English word *Folgian* and the Old Norse *Fylgja*, meaning to accompany, help, or, ironically, to lead. These first three definitions are relatively positive:

1) An ordinary person who accepts the leadership of another.
2) Someone who travels behind or pursues another.
3) One who follows; a pursuer, an attendant, a disciple, a dependent associate, a retainer.

However, the negative images of 'follower' are more clearly visible in these definitions:

4) A person or algorithm that compensates for lack of sophistication or native stupidity by efficiently following some simple procedure shown to have been effective in the past.
5) A sweetheart, a Trollope.
6) (Steam engine) The removable flange of a piston.
7) The part of a machine that receives motion from another.
8) Gaelic: Surname ending in 'agh' or 'augh' = 'follower of' – Cavanagh = 'follower of Kevin'.

Those readers familiar with the British comedian Harry Enfield's character 'Kevin' – a teenage nightmare of sullenness and irresponsibility – will note the diminution of the role of follower in the light of the superordinate 'leader'. Indeed, when listing the traits required by formal leaders, it is usual for a class to come up with any number of characteristics: charisma, energy, vision, confidence, tolerance, communication skills, 'presence', the ability to multi-task, listening skills, decisiveness, team-building, 'distance', strategic skills, and so on and so forth. No two lists constructed by leadership students, or leaders, ever seems to be the same, and no consensus exists as to which traits or characteristics or competencies are essential or optional. Indeed, the most interesting aspect of list-making is that by the time the list is complete, the only plausible description of the owner of such a skill base is 'god'. Irrespective of whether the traits are contradictory, it is usually impossible for anyone to name leaders who have all these traits, at least to any significant degree; yet it seems clear that all these traits are necessary to a successful organization. Thus we are left with a paradox: the leaders who have all of these – the omniscient leaders – do not exist, but we seem to need them. Indeed, complaints about leaders and calls for more or better leadership occur on such a regular basis that one would be forgiven for assuming that there was a time when good leaders were ubiquitous. Sadly, a trawl through the leadership archives reveals no golden past, but nevertheless a pervasive yearning for such an era. An urban myth like this 'romance of leadership' – the era when heroic leaders were allegedly plentiful and solved all our problems – is not only misconceived but positively counter-productive because it sets up a model of leadership that few, if any of us, can ever match, and thus it inhibits the development of leadership, warts and all. It should be no surprise, then, to see, for example, the continuous re-advertising of vacancies for head teachers when the possibilities of success are either beyond the control of individuals or so clearly defined by comparative reference to Superman and Wonderwoman that only those who can walk on water need apply: not for these leaders the Roman warning: *nemo sine vitio est* (no-one is without fault).

The traditional solution to this kind of recruitment problem, or the perceived weakness of contemporary business chief executives or directors of public services or not-for-profit organizations, is to demand better recruitment criteria so that the 'weak' are selected out, leaving the 'strong' to save the day. But this is to reproduce the problem not to solve it. An alternative approach might be to start from where we are, not where we would like to be: with all leaders – because they are human – as flawed individuals, not all leaders as the embodiments of all that we merely mortal and imperfect followers would like them to be: perfect. The former approach resembles a 'white elephant' – in both dictionary definitions: as a mythical beast that is itself a deity, and as an expensive and foolhardy endeavour. Indeed, in Thai history, the king would give an albino elephant to his least favoured noble because the special dietary and religious requirements would ruin the noble.

The white elephant is also a manifestation of Plato's approach to leadership, for to him the most important question was 'Who

18. The white elephant

should lead us?' The answer, of course, was the wisest amongst us: the individual with the greatest knowledge, skill, power, resources of all kinds. This kind of approach echoes our current search criteria for omniscient leaders and leads us unerringly to select charismatics, larger-than-life characters, and personalities whose magnetic charm, astute vision, and personal forcefulness will displace all the bland and miserable failures that we have previously recruited to that position – though strangely enough using precisely the same selection criteria. Unless the new leaders are indeed Platonic philosopher-kings, endowed with extraordinary wisdom, they will surely fail sooner or later, and then the whole circus will start again, probably with the same result.

Of course, for Plato, it was more than likely that the leaders would be men; after all, Greek women were not even citizens of their own city-states, though Plato did admit that it was theoretically possible that a woman might have all the natural requirements of leadership. Since Plato's time, assumptions about the role of gender in leadership have varied enormously, even if the presence of women as leaders has proved remarkably limited and remarkably stable (see Chapter 5).

An alternative approach is to start from the inherent weakness of leaders and work to inhibit and restrain this, rather than to assume it will not occur. Karl Popper provides a firmer foundation for this in his assumption that, just as we can only disprove rather than prove scientific theories, so we should adopt mechanisms that inhibit leaders rather than surrender ourselves to them. For Popper, democracy was an institutional mechanism for deselecting leaders, rather than a benefit in and of itself, and, even though there are precious few democratic systems operating within non-political organizations, similar processes ought to be replicable elsewhere. Otherwise, although omniscient leaders are a figment of irresponsible followers' minds and utopian recruiters' fervid imaginations, when subordinates question their leader's direction or skill these (in)subordinates are usually replaced by those 'more aligned with the current strategic thinking' – otherwise known as 'yes-people'. In turn, such subordinates become transformed into irresponsible followers whose advice to their leader is often limited to destructive consent: they may know that their leader is wrong, but there are all kinds of reasons not to say as much, hence they consent to the destruction of their own leader and possibly their own organization too.

Popper's warnings about leaders, however, suggest that it is the responsibility of followers to inhibit leaders' errors and to remain as constructive dissenters, helping the organization achieve its goals but not allowing any leaders to undermine this. Thus constructive dissenters attribute the assumptions of Socratic ignorance rather than Platonic knowledge to their leaders: they know that nobody is omniscient and act accordingly.

Of course, for this to work, subordinates need to remain committed to the goals of the community or organization (and of course, there are often good reasons not be committed to an organization that has no reciprocal commitment to you) while simultaneously retaining their spirit of independence from the whims of their leaders. It is this paradoxical combination of commitment

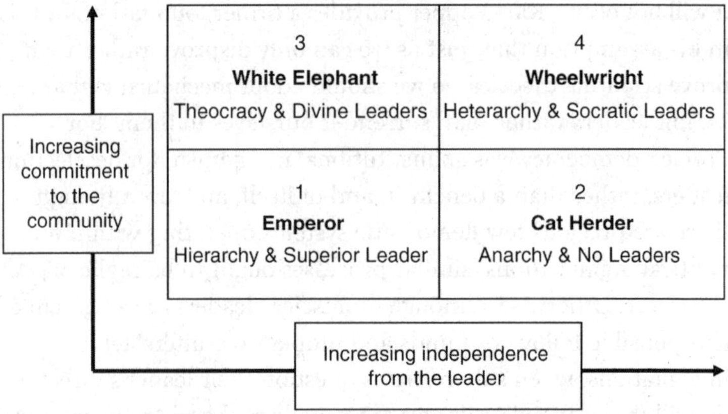

19. Leadership, followership, commitment, and independence

and independence that provides the most fertile ground for responsible followers. Figure 19 outlines the possible combinations of this mix of commitment and independence. Again, this is for illustrative purposes and generates a series of Weberian 'ideal types' that are neither 'ideal' in any normative sense nor 'typical' in any universal sense. On the contrary, these types are for heuristic purposes, designed to flag up and magnify the extreme consequences of theoretically polar positions.

Despite these reservations, Box 1 – the hierarchy – probably contains the most typical form of relationship between leaders and followers, wherein a conventional hierarchy functions under a leader deemed to be superior to his or her followers by dint of the conducive *personal* qualities of intelligence, vision, charisma, and so on and so forth, and thus to be responsible for solving all the problems of the organization. Such imperial ambitions resonate with the label for this form of leader: the emperor. In turn, that generates followers who are only marginally committed to the organization's goals – often because these are reduced to the personal goals of the leader – and hence the followers remain literally 'irresponsible' through the destructive consent that is associated with the absence of responsibility.

Box 2 is rooted in a similar level of disinterest in the community but, combined with an increase in the level of independence from the leader, the consequence is a formal 'anarchy' – without leadership – and without the community that supporters of anarchism suggest would automatically flow from the absence of individual leaders. The result is a leader who resembles a 'herder of cats' – an impossible task. We will return to anarchism in the final chapter.

Box 3 – the theocracy – generates that community spirit in buckets but only because the leader is deemed to be a deity, a divine leader whose disciple followers are compelled to obey through religious requirement: the white elephant described above. That consent remains constructive if – and only if – the leader is indeed divine, a god whose omniscience and omnipotence are unquestionably present. However, it is clear that although many charismatics generate cults that would ostensibly sit within this category, the consent often becomes destructive because the leader is in fact a false god, misleading rather than leading his or her disciples.

The final category, Box 4 – the heterarchy – denotes an organization in which the leaders recognize their own limitations, in the fashion of Socrates, and thus leadership is distributed according to the perceived requirements of space and time (a rowing squad is a good example of a heterarchy in which the leadership switches between the cox, the captain, the stroke, and the coach depending on the situation). That recognition of the limits of any individual leader generates a requirement for responsible followers to compensate for these limits, which is best served through constructive dissent, in which followers are willing to dissent from their leader if the latter is deemed to be acting against the interests of the community.

Perhaps an ancient Chinese story, retold by Phil Jackson, coach of the phenomenally successful Chicago Bulls basketball team, makes this point rather more emphatically. In the 3rd century BC, the Chinese Emperor Liu Bang celebrated his consolidation of China with a banquet where he sat surrounded by his nobles and military and political experts. Since Liu Bang was neither noble by birth nor an expert in military or political affairs, one of the guests asked one of the military experts, Chen Cen, why Liu Bang was the emperor. Chen Cen's response was to ask the questioner a question in return: 'What determines the strength of a wheel?' The guest suggested the strength of the spokes, but Chen Cen countered that: 'Two sets of spokes of identical strength did not necessarily make wheels of identical strength. On the contrary, the strength was also affected by the spaces between the spokes, and determining the spaces was the true art of the wheelwright.' Thus, while the spokes represent the collective resources necessary to an organization's success – and the resources that the leader lacks – the spaces represent the autonomy for followers to grow into leaders themselves.

In sum, holding together the diversity of talents necessary for organizational success is what distinguishes a successful from an unsuccessful leader: leaders don't need to be perfect but, on the contrary, they do have to recognize that the limits of their knowledge and power will ultimately doom them to failure unless they rely upon their subordinate leaders and followers to compensate for their own ignorance and impotence. Real white elephants – albinos – do exist, but they are so rare as to be irrelevant for those who are looking for them to drag us out of the organizational mud; far better to find a good wheelwright and start the organizational wheel moving. In effect, leadership is the property and consequence of a community rather than the property and consequence of an individual leader. Moreover, whereas white elephants are born, wheelwrights are made. In fact, the analogy is useful in distinguishing between the learning pedagogies of both, for while those who believe themselves born to rule need no teachers or advisers, but merely supplicant followers, those who are wheelwrights have to serve an apprenticeship in which they are taught how to make the wheel and in which trial and error play a significant role.

Leadership as the god of small things

Another resolution of this paradox is that the focus should be shifted from the leader to leader*ship* – such that, as a social phenomenon, the leadership characteristics may well be present within the leadership team or the followers even if no individual possesses them all. Thus it is the crew of the metaphorical 'ship', not the literal ship's 'captain', that has the requirements to construct and maintain an organization; hence the need to put the 'ship' back into 'the leadership'. In other words, rather than leadership being restricted to the gods, it might instead be associated with the opposite. As Arundhati Roy remarks about her own novel, 'To me the god of small things is the inversion of God. God's a big thing and God's in control.' Here, I want to suggest that leadership is better configured as the 'god of Small Things'.

The Big Idea, then, is that there isn't one; there are only lots of small actions taken by followers that combine to make a difference. This is not the same as saying that small actions operate as 'tipping points', though they might, but rather that big things are the consequence of an accumulation of small things. An organization is not an oil tanker which goes where the captain steers it, but a living and disparate organism, a network of individuals – its direction and speed are thus a consequence of many small decisions and acts. Or, as William Lowndes (1652–1724), Auditor of the Land Revenue under Queen Anne, suggested, 'Take care of the pence and the pounds will take care of themselves.' This has been liberally translated as 'Take care of the small things and the big things will take care of themselves', but the important thing here is to note the shift from individual heroes to multiple heroics. This doesn't mean that CEOs, head teachers, chief constables, army generals, and so on are irrelevant; their roles are critical – as we shall see in the final chapter – indeed, their own preparation for the 'big' decision that may derive from the accumulation of many small acts and decisions.

Another way of putting this is that the traditional focus of many leadership studies – the decision-making actions of individual leaders – is better configured as the consequence of 'sense-making' activities by organizational members. As Weick suggests, what counts as 'reality' is a collective and ongoing accomplishment as people try to make sense of the 'mess of potage' that surrounds them, rather than the consequence of rational decision-making by individual leaders. That is not to say that sense-making is a democratic activity, because there are always some people more involved in sense-making than others, and these 'leaders' are those '*bricoleurs*' – people who make sense from the variegated materials with which they are faced and manage to construct a novel solution to a specific problem from this assembly of materials. Because of this, success and failure are often dependent upon small decisions and small acts – both by leaders, and by 'followers' who also 'lead'. This implies not that we should abandon Plato's question, 'Who should rule us?', but focus more on Popper's question, 'How can we stop our rulers ruining us?' In effect, we cannot secure omniscient leaders, but because we concentrate on the selection mechanism, those who become formal leaders often assume they are omniscient and are therefore very likely to make mistakes that may affect all of us mere followers and undermine our organizations.

Take, for example, the infamous British Vice-Admiral Sir George Tryon whose actions on 22 June 1893 off the coast of Syria caused the loss of his own flagship, the *Victoria*, after he insisted that the British fleet, then split into two columns, turn towards each other in insufficient space. Despite being warned by several subordinates that the operation was impossible, Tryon insisted on its execution and 358 sailors were drowned – including Tryon. At the subsequent courts martial of Rear Admiral Markham on the *Camperdown* that rammed the *Victoria*, he was asked, 'if he knew it was wrong why did he comply?' 'I thought' responded Markham, 'Admiral Tryon must have some trick up his sleeve.' The court found Tryon to blame but accepted that it 'would be fatal for the Navy to encourage subordinates to question superordinates'. Thus, to misquote Burke, it only takes the good follower to do nothing for leadership to fail.

Nor are attributions of omniscience limited to national military or political leaders alone. For example, when the Air Florida 90 ('Palm 90') flight crashed on 13 January 1982 in poor weather conditions, it is apparent from the conversation between Captain Larry Wheaton and the 1st Officer Roger Pettit that the latter was unconvinced that the plane was ready for lift-off, yet his failure to stop Wheaton from going ahead inadvertently led to the crash. Precisely the same thing occurred in the Tenerife air crash where the co-pilot thought that there was a problem but failed to prevent the pilot from taking off in a dangerous situation because his warnings were too 'mitigated' (another plane was taking off directly in front of them and, unbeknown to the co-pilot, his own pilot did not have permission to take off). In fact, the British Royal Air Force has a 'failsafe' mechanism within their Crew Resource Management System which effectively allows any member of a plane's crew – at any rank – to demand the captain abandons the take-off or landing, in the same way that the British Army and Navy have 'stop-fire' systems that allow juniors to override their seniors when live firing is underway and the junior recognizes a danger that their senior cannot see.

Alfred Sloan, president of General Motors, faced a similar problem with his board but was able to recognize the manifestations of destructive consent:

> 'Gentlemen, I take it we are all in complete agreement on the decision here?'
>
> [Consensus of nodding heads.]
>
> 'Then I propose we postpone further discussion of this matter until our next meeting to give ourselves time to develop disagreement and perhaps gain some understanding of what the decision is all about.'

Three hundred years earlier, the Japanese samurai Yamamoto Tsunetomo recalled an equivalent:

> Last year at a great conference there was a certain man who explained his dissenting opinion and said that he was resolved to kill the conference leader if it was not accepted. This motion was passed. After the procedures were over the man said, 'Their assent came quickly. I think that they are too weak and unreliable to be counsellors to the master.'

What can be done about this problem? Clearly the provision of honest and timely advice to leaders – constructive dissent – provides an appropriate solution, but it is equally clear, first that leaders tend to discourage this by recruiting and appointing subordinates who are 'more aligned with the official line' – that usually means sycophants who provide destructive consent. Moreover, leaders' unwillingness to admit to mistakes reinforces followers' attribution of omniscience. Historically, only the royal 'fool', or court jester, could provide constructive dissent and survive, primarily because the advice was wrapped up in humour and therefore could be publicly dismissed by the monarch, even if privately he or she could then reconsider it rather more carefully. There is, perhaps, no better example of the difficulty and importance of this role than the Fool in Shakespeare's *King Lear*.

Lear, having given away his kingdom to his daughters in a show of bravado and omnipotence, is warned first by his loyal follower, Kent, that the action is foolhardy, but Kent is exiled for his honesty. Then the Fool attempts the same advice but does so through a series of riddles that, unfortunately, Lear begins to understand only when it is too late:

Fool: That lord that counsell'd thee
To give away thy land,
Come place him here by me,
Do thou for him stand:
The sweet and bitter fool
Will presently appear;
The one in motley here,
The other out there
Lear: Dost thou call me fool, boy?
Fool: All thy other titles thou hast given away; that thou wast born with.

(*King Lear*, Act 1, Scene 1, 154–65)

It is possible to recreate the role of honest advisor played by Shakespeare's Fool without the 'motley' clothes and perhaps with more success, either by leaders relying on one or more individuals whose position cannot be threatened by the advice proffered, and it may also be possible to institutionalize the role by requiring all members of a decision-making body to enact the role of 'devil's advocate' in turn. In this way, the advice is required by the role and not derived from the individual, and hence should provide some degree of protection from leaders annoyed by the 'helpful' but perhaps embarrassing advice of their subordinates.

Nevertheless, the contested nature of charisma – both in terms of its origins and existence – leaves unresolved the yearning for perfection in leaders that perhaps also reflects our collective dissatisfaction with the lives of unacknowledged followers – the gods of small things. As Albert Schweitzer in his autobiography *Out of My Life and Thought* remarked:

> Of all the will toward the ideal in mankind only a small part can manifest itself in public action. All the rest of this force must be content with small and obscure deeds. The sum of these, however, is a thousand times stronger than the acts of those who receive wide public recognition. The latter, compared to the former, are like the foam on the waves of a deep ocean.

This is a critical assault upon the idea that leadership can be reduced to the personality and behaviour of the individual leader and implies that we should recognize that organizational achievements are just that – achievements of the entire organization rather than merely the consequence of a single heroic leader. Yet, although it is collective leaders and collective followers who move the wheel of history along, it is often their formal or more Machiavellian individual leaders who claim the responsibility, leaving most people to sink unacknowledged by history, nameless but not pointless. George Eliot makes this poignantly clear at the end of her novel *Middlemarch* in her description of Dorothea:

> Her full nature, like that river of which Cyrus broke the strength, spent itself in channels which had no great name on the earth. But the effect of her being on those around her was incalculably diffusive: for the growing good of the world is partly dependent on unhistoric acts; and that things are not so ill with you and me as they might have been, is half owing to the number who lived faithfully a hidden life, and rest in unvisited tombs.

Leaders are important – and we shall consider their role in the final chapter – but there are whole rafts of other elements that are also important, and it is often these that make the difference between success and failure. Perhaps the least understood or evaluated of these other elements is the role of the followers, without whom leaders cannot exist. But this does not mean that we can abandon the individual leader and rely upon the spontaneous leadership of the collective – as we shall see in the final chapter.

Chapter 8
Can we do without leaders?

> Cut doors and windows for a room;
> It is the holes which make it useful.
> Therefore profit comes from what is there;
> Usefulness from what is not there.
>
> (*Tao Te Ching*, Verse 11)

In Chapter 7, I suggested that we needed to put the 'ship' back into leadership if we were to understand how leadership actually worked – in effect, we needed to bring the collective back into leadership. But there is an equivalent danger of eliminating leaders from collaborative or distributive leadership to the point where – if we only just collaborated with each other more – we could resolve the world's problems collectively and without recourse to leaders. In this final chapter, I want to suggest that this is as mistaken as the assumption that leaders don't need to think about followers, but in this case I want to put the leader back into leadership.

In an era of global problems – whether they are financial, environmental, religious, social, or political – the calls for post-heroic leadership have come ever thicker. The alternatives to heroic leadership (for there are several varieties) imply that leadership is unnecessary, or that it can be distributed equally amongst the collective, or that once the cause of conflict – whether that is private property, as Marx suggested, or religion – is removed, it becomes unnecessary, or that heroic leadership is the consequence rather than the cause of organization. In attempting to escape from the clutches of heroic leadership, we now seem enthralled by its apparent opposite – distributed leadership: in this post-heroic era we will all be leaders so that none are.

The idea that leadership could be an unnecessary aspect of society or organization, or that it should be 'distributed', either moderately (so that leadership is shared) or radically (so that, because everyone is a leader, no-one is), has long antecedents. In practice, many hunter-gatherer societies – such as the Hadza of Tanzania – operate without a single formal leader, and leadership tasks are distributed so that any individual can 'lead' a hunt or suggest a move to new territory and so on. Many such hunter-gatherer societies adopt formal leadership systems only when coerced by colonizing forces – as did many American Indian tribes, for example. But even those cultures without institutionalized leaders still retain elements of leadership: hence the Comanche, while embodying the most mobile and anti-authoritarian culture of all American Indians, followed temporary leaders when war, hunting, or their religion required. Similarly, the Nuer followed what Evans-Pritchard described as a 'segmentary' system – a mobile mix of family-based groups that would constantly align and realign themselves to other family groups, but without institutional leadership.

Such limited manifestations of leadership are even rarer in the West, and as we have moved from hunter-gatherer societies through the so-called 'warlord era' (roughly from the end of the last ice age to the industrial era), associated with the development of settled agriculture to the large-scale industrial societies, the form of leadership has apparently changed to the point where institutional and administrative forms of democracy and bureaucracy have displaced the warlord with temporary networks of political, business, cultural, and military leaders that many would argue mirrored the alpha-males of the warlord era.

However, in the 21st century, when wicked problems appear to prevail, the world might be better served through collaborative leadership that displaces the 20th-century warlords with a governance system more suited to those who conventionally suffer from the acts of warlords.

The link between warlords (including absolute monarchies and political dictatorships) and their various supportive priesthoods has often been used to defend leadership on the basis of its sacred link with a god of some variety. Whether that link is the 'divine right' of monarchs, or the representation of secular leaders as demi-gods in their own right, or even the attribution of divine status by followers to their leaders, it is clear that leadership has some connection to the realm of the sacred. But how important is the connection, and what does it imply for redistributing authority away from formal and individual leaders?

It might have been thought that the secularization of the West which began with the Enlightenment would have undermined the sacred aspect of leadership through the separation of the state from the church. Nietzsche certainly suggested in *The Gay Science* that the metaphorical death of god might act as a release on humanity, providing the open sea as a canvas upon which to paint new beginnings, so one might conclude that the secularization of society could initiate a new approach to leadership bereft of its adulation of god-like leaders. But Nietzsche had other questions to ask:

> God is dead. God remains dead. And we have killed him. How shall we comfort ourselves, the murderers of all murderers? What was holiest and mightiest of all that the world has yet owned has bled to death under our knives: who will wipe this blood off us? What water is there for us to clean ourselves? What festivals of atonement, what sacred games shall we have to invent? Is not the greatness of this deed too great for us? Must we ourselves not become gods simply to appear worthy of it?
>
> (1991, section 125)

The return of religious fundamentalism of all varieties has rudely shattered the assumption that the metaphorical god is dead, but for Karl Popper this question could only be answered with another question: if god is dead – then 'Who is in his place?' This reconstruction – or perhaps 'reconsecration' is a better word – of the leader implies that perhaps leadership is inescapably locked into the realm of the sacred, and if it is, does that have implications for a radical redistribution of authority?

The issue appears to be less about the sacred nature of leadership – because if there is a way of living without leadership, then its sacred nature cannot be a pre-requisite for organization – and more about how social life can be coordinated. Yet ironically, the constant refrain in 'alternative' communities is one usually enshrined in the sacred nature of the community or the 'sanctity' of freedom. The form of the sacred may well be transformed and be infinitely open to interpretation – but it remains quintessentially sacred. In effect, the denial that anyone else should have authority over oneself – because that would undermine one's integrity – generates a resistant sanctity in the sacredness of the individual or that of the community. Or, as Jo Freeman (one of the leading American feminists of the 1970s) put it, the consequence of structurelessness is not freedom from structure or authority (patriarchal or any other variety) but a shift from formal to informal structure – with all the potential for tyranny that informal groups and militant sects can muster. Freeman suggested that democratic structuring would be preferable to structurelessness because at least then the structure is more transparent and open to change. But again, the delegation and distribution of authority and the rotation of tasks requires all participants to be willing and able to make significant contributions in terms of time and effort. For some, that effort may be displaced: for instance, Fletcher suggests that the new post-heroic models, despite being ascribed as more feminine models, are still essentially rooted in masculine organizations where collaboration, relationship-building, and humility are regarded as symptoms of weakness not leadership. Indeed, the top echelons of organizations remain predominantly in the hands of men, so that post-heroic models of leadership are simply models of post-heroic heroes.

For some, the issue is not so much 'leadership', but what kind of 'leadership', and in particular those aspects of leadership relevant to the development of distributed leadership in which leadership resides in the collective. Raelin attempts to contrast the distributed or leaderful organization with the traditional organization by suggesting that in leaderful organizations leadership is concurrent and collective rather than serial and individual – lots of people are engaged in it rather than just those in formal positions; that leadership is collaborative rather than controlling; that leadership is compassionate rather than dispassionate; and that this generates a community rather than simply an organization. The apparent consequences of distributive leadership, according to Gronn, are threefold: first, 'concertive action' – or leadership synergy in which the whole of distributive leadership is greater than the sum of its parts; second, the boundaries of leadership become more porous, encouraging many more members of the community to participate in leading their organizations; third, it encourages a reconsideration of what counts as expertise within organizations and expands the degree of knowledge available to the community. In sum, leadership becomes not a property of the formal individual leader, but an emergent property of the group, network, or community.

Without wishing to defend 'heroic leadership', there is a conundrum here: if heroic leaders have been with us for aeons – and have been responsible for most of the tragedies that have befallen the human race since records began – why have we only just recognized their fallibility? And if we have known about their fallibility for as long as they have existed, why has no effective long-term, and large-scale, alternative been developed? In other words, is the hypothetical post-heroic leadership alternative really a viable alternative?

Of course, this may be a very Western representation, and it clearly is the case that notions of leadership and concepts of the sacred are often radically different in different cultures – a topic too broad to be covered in this book. Indeed, what counts as leadership and the sacred in the USA often seems to be markedly different from their equivalents in the UK. Satirizing, nay lampooning, religious leaders may be *de rigueur* in many North European societies, but it obviously is not in either Iran or the USA. My concern, then, is not to suggest that either Western or British accounts of the link between the sacred and leadership are valid everywhere, but that there probably is a significant link between the two phenomena in different cultures, though the specific nature of the concepts and the links may be dramatically different across the globe. I will also suggest that the sacred is less the elephant in the room – the thing which dare not be mentioned – and more the room itself – the space within which leadership works. That is one reason why it is seldom raised – because it forms the framework within which leadership works.

The etymology of the term 'sacred' offers clues as to its nature without providing an explanation for it (*Collins English Dictionary*, 2005; *Oxford Dictionary of English Etymology*, 1966). 'Sacred' comes from the Latin *sacer* meaning 'sacred or holy or untouchable', which itself came from the Latin *sancire* – 'consecrate, dedicated to a religious purpose, reverenced as holy, secured against violation; to set apart'. Thus one element of the sacred lies in the distance or difference between the sacred and the profane. 'Sacrilege' – which comes from a Latin compound meaning 'to steal holy things' – transcends this boundary and pollutes the sacred. Indeed, the original meaning of 'hierarchy' was 'holy sovereignty': *arkhos* means 'sovereignty or ruler' and *hierós* means 'holy or divine' in the original Greek. *Hierarkhíā* was a sacral ranking, and thus the concept of 'hierarchy' is the sacred organizational space that facilitates god's (or the priesthood's) leadership. The Latin *sacerdos* means 'priest', and 'sacrifice' is derived from a Latin compound meaning 'to make holy', thus a second element of the sacred relates to the essential issue of sacrifice by those deemed closest to god – the priesthood: sacrifice is what makes something sacred – it performs leadership. Finally, 'sacred' refers to 'an attitude of reverence or awe', 'a silence in the presence of the divine'. That silence seems to imply a silencing of the fears of believers as their god, or their god's representatives, displace any existential anxieties, or in the Ancient Greek version, where the gods themselves played out the existential fears of mere mortals.

The etymology, then, suggests that the sacred aspect of leadership involves at least three qualities that pertain to the debate about leadership: 'setting apart' – the division between the holy and the profane; 'sacrifice' – the act that makes something holy; and 'silencing' by the religious or secular leaders of both followers' fears and their dissent. Let us proceed briefly through this sacred grove of leadership before considering whether the sacred aspect is necessary and whether this has implications for working without leaders.

Separation

There is a long historical association between separation, proximity, and leadership. Take, for instance, the 'little touch of Harry in the night' that settles the English army of Shakespeare's *Henry V* on the eve of Agincourt: this is considered significant precisely because followers so rarely get close to their leaders, let alone touch them. Monarchs, of course, commonly legitimated their rule through their links with god, and were therefore only responsible to god, so the assumption that their touch was sacred followed logically from the assumption that their whole being was sacred. These differences – the separation between the profane and the sacred – must be protected through monitoring of the boundary, and this may be achieved through preventing direct or unmediated access to the leader, or by the leader displaying specific clothing or other signs of difference. Of course, different cultures embody different distancing mechanisms, indeed different notions of acceptable distance, but some distancing – whether symbolic or material, and whether we are looking at task-oriented or people-oriented leadership – appears universal. For example, Hitler was noted for the plainness of his uniform, which differentiated him from other Nazi leaders in their heavily bemedalled and ostentatious clothes, but connected him to the 'common people' – though he could never be 'one of them'.

The idea that leadership involves some mechanism of 'distance' between leader and follower is commonplace, especially the belief that proximate leaders are significantly better than distant leaders. In contrast, Machiavelli was keen to note that distance was a useful device for preventing followers from perceiving the 'warts-and-all' nature of leaders, for:

> men in general judge more by their eyes than their hands; for everyone can see but few can feel. Everyone sees what you seem to be, few touch upon what you are, and those few dare not to contradict the opinion of the many who have the majesty of the state to defend them.

This has profound implications for those seeking to become leaders because the ability to control distance, especially to keep others at bay and yourself beyond their gaze, is critical to maintaining the mystique of leadership – as the Wizard of Oz found to his cost after the veil hiding his 'ordinary' nature was drawn away.

Distancing is also a device for facilitating the execution both of distasteful but necessary tasks by leaders and of generating the space to see the patterns that are all but invisible when very close to followers or the action – an issue Heifetz and Linsky capture well with their metaphor of 'getting on the balcony' to see the patterns created by the (organization's) dancers.

While distancing may have been critical to leadership in previous times, the contemporary move in Western democracies, under the glare of 24-hour mass media at least, is to generate an image of leadership that minimizes social distance – hence Tony Blair would speak to the media outside his official residence in Downing Street wearing a pullover and holding a mug of tea – as if he were 'one of us' – though few of us would do that in front of the world's press, and even fewer would call him 'Tony' to his face, whether we were friend or foe.

Nevertheless, Collinson suggests that the over-concentration on charismatic leaders overlooks the possibility that distance also provides significant opportunities for followers to 'construct alternative, more oppositional identities and workplace counter-cultures that express scepticism about leaders and their distance from followers'. This is particularly apparent in the way that humour is used to distance followers from leaders, though again that can also encourage followers to acquiesce to the leadership of their leaders by a functional venting of their frustration rather than organizing their resistance.

The separation of leaders and followers also throws into stark relief the nature of inequality that underpins leadership, despite all the obfuscation about empowerment, distributed, democratic, or participative leadership. Indeed, Harter and colleagues suggest that this inegalitarianism is both legitimate and necessary, generating mutually beneficial inequality – providing certain safeguards are maintained. That the inequality at the heart of leadership *needs* to be legitimated – while equality is often regarded as legitimate in and through itself – might also explain why we seem to have a sacred regard for leadership – because it has to be treated as sacred to maintain its legitimacy.

This might also account for the degree of violence used against those with the temerity to challenge leadership overtly considered sacred, for the sacred can only be maintained if those who act to abuse it – those who commit sacrilege – are severely treated. Hence the gruesome execution meted out to the would-be regicide Damiens as recounted at the beginning of Foucault's book *Discipline and Punish.* Sacrilege – the transcendence of the separation of the sacred from the profane; indeed, the pollution of the sacred – plays a critical role in the construction of leadership as well as being perceived as an assault upon it. For instance, Gorbachev's criticisms of the Soviet Communist Party – his sacrilege – opened the floodgates that eventually sank the Soviet Union. Until his very public verbal assaults, few had dared to speak ill of the Party, but once he had given permission for others to engage in critique the Communist Party's sacred integrity was irretrievably damaged. The same might be said of Tony Blair, whose denunciation of Clause IV (common ownership of the means of production, distribution, and exchange) in the Labour Party Conference of 1994 began the process of transforming the Labour Party to New Labour.

So a critical aspect of the sacred is that it necessarily involves a division between the sacred and the profane; there must be a distance between the two for the division to make sense, though of course the precise nature of the division is very flexible and likely to vary with different cultures. In fact, 'difference', rather than 'distance', might be a better way of comprehending the importance of distinction here. The physical or symbolic distance between leader and led may be great or small, but the difference between the two might be the key to success. In other words, might it be that where difference is removed, so that there are no leaders because all – or none – are leaders, there is no leadership? This is not to suggest that some organizational forms under certain circumstances cannot persist without leadership, but rather that leadership cannot survive without difference. Difference is a performative element of leadership, not a trivial embellishment of status.

Sacrifice

The use of sacrifice in ancient societies is, of course, as commonplace as it is offensive to many contemporary eyes. While the Aztecs were sacrificing hundreds to their sun god and wearing the skins of their victims, Romans, Ancient Greeks, Celts, Carthaginians, Africans, Asians, and seemingly everyone else, were similarly soaked in human and animal blood to appease their gods, to protect the tribe, to ensure fertility or food supplies, to ensure the dominant tribe did not devastate your land or just to ensure your subjugated followers were kept in line. The Ancient Greek tradition of the *pharmakos* involved the ritualized scapegoating – expulsion or perhaps execution – of human victims by a community under threat from war or famine.

Scapegoating

The ritual necessity of scapegoating forms an essential core of René Girard's work and relates to the role of mimesis – the desire of all humans to imitate each other. This appropriation of others eventually leads to expropriation of others, an inevitable rivalry, an aggressive response, and a consequential generalized social violence. Girard suggests that across thousands of years, humans have managed to contain this 'natural' propensity to social violence by the sacrifice of individuals. In effect, the primal murder of scapegoats cleanses the community of greater social violence and generates a temporary peace – until the next cycle of mimetic rivalry and violent contagion required the next scapegoat. Thus the only solution to the Hobbesian 'war of all against all' was to narrow the focus down to the 'war of all against one'. And Kristeva is surely right, very often it is women who are sacrificed to maintain the leadership of men – as so-called 'honour killings', for example, usually imply. Often, of course, the sacrificer becomes the sacrificed, most notably if we think of monarchs, such as Charles I of England and Louis XVI of France, but also some leaders whose very policy had been to overthrow such people – for example, Robespierre, or even Cromwell, who died of natural causes but was then disinterred and his body hung in chains while his head was displayed on a pole outside Westminster.

But we do not need to restrict ourselves to physical death to admit that sacrifice still plays a prominent part in leadership, especially in scapegoating of leaders or followers: democratic regimes frequently scapegoat their political leaders for policy failures, and CEOs frequently scapegoat a section of their own workforce when problems emerge or they themselves are scapegoated by the shareholders. Scapegoats that escape the ultimate sacrifice have traditionally been exiled, shunned, tarred and feathered, had their heads shorn, been demoted, sacked, or imprisoned, and many of these actions have been preceded by a show trial of some form, so that the sacrifice encompasses the widest possible public arena: the sacrifice must not just be done but be seen to be done. Again, non-blood sacrifice may also be the self-sacrifice of the leader. For example, Ford's CEO in 2009, Alan Mulally, promised to run Ford for $1 a year if Congress would provide a financial bailout in 2009.

Of course, we all make sacrifices all the time – we sacrifice a lunch break to clear the email backlog, we sacrifice a lie-in on Sunday morning to get the grass cut, and so on, but the kind of sacrifice I am referring to here is for the collective good – however that is defined. Thus our mundane personal sacrifices that do not involve any effect upon the relationship between leaders and followers are not included in this category. Forgoing a cream cake for the good of your health is not the same as sacrificing the baker to improve collective morale in the bakery. And sacrifice is not an unfortunate and embarrassing aspect of some immoral or psychopathic dictator, but an essential mechanism for the performance of all forms of leadership. Sacrifice constructs the sacred space without which leadership cannot occur.

Silence

The sacred aspect of silence involves several principles beyond that of providing space for reflection: the silencing of opposition and the silencing of anxiety. The former is a role that is well documented (for example, by Collinson and Ackroyd, listed in the further reading section) and need not delay us here.

In principle, the notion that leadership is related to the sacred runs directly counter to existentialism, which operates from the opposite end of the philosophical spectrum: we are not the result of god's plan but our own conscious free acts. However, this approach implies that the anxiety generated by the uncertainty and purposelessness of existence is precisely why the burden of responsibility is so great. Were we to believe in fate ordained by a god, then the burden of responsibility is lifted from our shoulders, since all that we do is already inscribed by whichever god is purported to be responsible. But if all that we do is a result of free will floating without moral precept derived from god, then we appear to be both responsible for our decisions and cast adrift from any foundational moral compass with which to make these decisions. Absoluteness and absolution are the twin promises of this fabled leadership land and this double Faustian pact. For leaders, the pact exchanges privilege and power now in exchange for sacrifice later; for followers, the pact secures a security blanket against 'bad faith' – Jean-Paul Sartre's 'exposure of freedom' that underlies even the most desperate decision between two alternative evils. In effect, leadership silences the anxiety of followers.

Erich Fromm suggested that the fear of freedom was also an essential explanation for our almost compulsive submission to authority. For Fromm, modernity had uprooted people from communal relationships with others, and it was this intolerable loneliness and consequent weight of responsibility that drove us to

20. **The dilemma of freedom**

seek solace in the protective arms of authority – leaders who were fascist or democratic – for only that way could we avoid the fear generated by personal responsibility.

Where does this leave leadership? On the one hand, we can do without leaders if we want to organize social life through very small-scale and temporary networks, but anything larger or longer-lived seems to require some form of institutionalized leadership. The good news is that we now need to concentrate on mechanisms for holding such individual and collective leaders accountable and on creating a more responsible citizenship that is more willing to engage in acts of leadership. The bad news is that the assumption that somehow collaborative leadership is not as open to manipulation and corruption as individual leadership is highly suspect. We cannot achieve coordinated responses to collective wicked problems simply by turning our backs upon individual leadership – even collaborative leadership requires individuals to make the first move, to assume responsibility, and to mobilize the collective leadership. In effect, the members of the collective must authorize each other to lead because collectives are notoriously poor at decision-making. Leadership is not, then, the elephant in the room that many would rather not face up to; it is the room itself – which we cannot do without. This, in another word, is what Bauman calls, 'the unbearable silence of responsibility'. And this is our collective and individual challenge.

References and further reading

Chapter 1

An extended discussion of some the ideas in this chapter can be found in my *Leadership: Limits and Possibilities* (Basingstoke: Palgrave/ Macmillan, 2005).

M. Alvesson and S. Sveningsson, 'Managers Doing Leadership: The Extraordinarization of the Mundane', *Human Relations*, 56(12) (2003): 1435–59.

J. S. Chhokar, F. C. Brodbeck, and R. J. House (eds.), *Culture and Leadership Across the World: The GLOBE Book of In-Depth Studies of 25 Societies* (London: Psychology Press, 2007).

W. B. Gallie, 'Essentially Contested Concepts', *Proceedings of the Aristotelian Society*, 56 (1955–6): 167–98.

R. A. Heifetz and M. Linsky, *Leadership on the Line* (Cambridge, MA: Harvard University Press, 2002).

P. Rosenzweig, *The Halo Effect* (London: Simon & Schuster, 2007).

K. E. Weick, *Making Sense of the Organization* (Oxford: Blackwell, 2001).

Chapter 2

An extended version of the ideas in this chapter can be found in my article 'Wicked Problems and Clumsy Solutions', in *Clinical Leader* 1:2.

M. Douglas, *Natural Symbols* (London: Routledge, 2003).

M. Douglas, *Purity and Danger* (London: Routledge, 2008).

A. Etzioni, *Modern Organizations* (London: Prentice Hall, 1964).

A. Jones, *The Innovation Acid Test* (London: Triarchy Press, 2008).
S. Milgram, *Obedience to Authority: An Experimental View*, 2nd edn. (London: Printer and Martin, 2005).
H. Rittell and M. Webber, 'Dilemmas in a General Theory of Planning', *Policy Sciences*, 4 (1973): 155–69.
M. Stein, 'The Critical Period of Disasters: Insights from Sensemaking and Psychoanalytic Theory', *Human Relations*, 57(10) (2004): 1243–61.
M. Sternin, J. Sternin, D. Marsh, and A. Rapid, 'Sustained Childhood Malnutrition Alleviation Through a "Positive Deviance" Approach in Rural Vietnam: Preliminary Findings', in *Health Nutrition Model: Applications in Haiti, Vietnam and Bangladesh*, ed. O. Wollinka, E. Keeley, B. R. Burkhatler, and N. Bashir (Arlington, VA: Basic Books, 1997).
M. Verweij and M. Thompson (eds.), *Clumsy Solutions for a Complex World: Governance, Politics and Plural Perception* (Basingstoke: Palgrave/Macmillan, 2006).
P. G. Zimbardo, *The Lucifer Effect: How Good People Turn Evil* (London: Rider, 2009).

Chapter 3

An extended version of some of the ideas in this paper can be found in 'Leadership, 1965–2006: Forward to the Past or Back to the Future?', in *Mapping Management Studies*, ed. S. Dopson and M. Earl (Oxford: Oxford University Press, 2007).
L. H. Keeley, *War Before Civilization: The Myth of the Peaceful Savage* (Oxford: Oxford University Press, 1996).
D. McGregor, *The Human Side of Enterprise* (New York: McGraw-Hill, 1960).
A. Maslow, 'A Theory of Human Motivation', *Psychological Review*, 50 (1943): 370–96.
T. Peters and R. H. Waterman, *In Search of Excellence* (London: Harper and Row, 1982).

Chapter 4

C. Boehm, *Hierarchy in the Forest* (Boston: Harvard University Press, 2001).

L. L. Carli and A. H. Eagly, 'Gender and Leadership', in *The Sage Handbook of Leadership*, ed. A. Bryman, D. Collinson, K. Grint, B. Jackson, and M. Uhl Bien (London: Sage, 2011).
T. Carlyle, *On Heroes, Hero Worship and the Heroic in History* (London: Echo Library, 2007).
K. Grint, *Leadership: Limits and Possibilities* (Basingstoke: Palgrave/ Macmillan, 2005).
G. Knopp, *Hitler's Children* (London: Sutton, 2002).
D. Lewis, *The Man Who Invented Hitler* (London: Headline Books, 2004).
N. Nicholson, *Managing the Human Animal* (London: Texere Publishing, 2003).
G. Sheffield, *Leadership in the Trenches* (Basingstoke: Macmillan, 2000).
F. De Waal, *Chimpanzee Politics: Power and Sex Among Apes* (Baltimore: Johns Hopkins University Press, 2000).
L. S. Warner and K. Grint, 'American-Indian Ways of Leading and Knowing', *Leadership*, 2(2) (2006): 225–44.
E. Wenger, *Communities of Practice: Learning, Meaning, and Identity* (Cambridge: Cambridge University Press, 1999).

Chapter 5

M. Alvesson and Y. D. Billing, *Understanding Gender and Organizations* (London: Sage, 1997).
B. Anderson, *Imagined Communities* (London: Verso, 1983).
P. Backé, 'The Role of Fashion "Supermodels" in Advertising', unpublished D.Phil, Oxford University, 2000.
M. Gladwell, *Blink* (London: Penguin, 2006).
M. A. Hogg and D. J. Terry, *Social Identity Processes in Organizational Contexts* (London: Psychology Press, 2002).
S. M. Kaplan, M. M. Klebanov, and M. Sorensen, 'Which CEO Characteristics and Abilities Matter?, Swedish Institute for Financial Research, Conference on the Economics of the Private Equity Market; AFA, 2008, New Orleans Meetings Paper. Available at SSRN: <http://ssrn.com/abstract=972446> accessed 6 April 2010.
N. Keohane, 'On Leadership', *Perspectives on Leadership*, 3(4) (2005): 705–22.

I. Pears, 'The Gentleman and the Hero: Wellington and Napoleon in the Nineteenth Century', in *Leadership: Classical, Contemporary and Critical Approaches*, ed. K. Grint (Oxford: Oxford University Press, 1997).

N. Smith, V. Smith, and M. Verner, 'Do Women in Top Management Affect Firm Performance? A Panel Study of 2500 Danish Firms', Institute for the Study of Labour, Bonn, Discussion Paper 1708 (2005).

Chapter 6

B. M. Bass, *Leadership and Performance Beyond Expectations* (New York: Free Press, 1985).

R. R. Blake and J. S. Mouton, *The Managerial Grid* (Houston: Gulf, 1964).

J. Bratton, K. Grint, and D. Nelson, *Organizational Leadership* (Mason, OH: Thomson-South-Western, 2005).

J. MacGregor Burns, *Leadership* (New York: Harper and Row, 1978).

R. Cowsill and K. Grint, 'Leadership, Task and Relationship: Orpheus, Prometheus and Janus', *Human Resource Management Journal*, 18(2) (2008): 188–95.

R. J. House, 'A Path–Goal Theory of Leader Effectiveness', *Administrative Science Quarterly*, 16 (1971): 321–38.

J. M. Howell, 'Two Faces of Charisma: Socialized and Personalized Leadership in Organizations', in *Charismatic Leadership: The Elusive Factor in Organizational Effectiveness*, ed. J. A. Conger and R. N. Kanungo (San Francisco: Jossey-Bass, 1988).

B. Jackson and K. Parry, *A Very Short, Fairly Interesting and Reasonably Cheap Book about Studying Leadership* (London: Sage, 2007).

M. Weber, *Economy and Society* (Berkeley: University of California Press, 1978).

A. Zaleznik, 'Charismatic and Consensus Leaders: A Psychological Comparison', *Bulletin of the Meninger Clinic*, 38 (1974): 22–38.

Chapter 7

K. Grint, *Leadership: Limits and Possibilities* (Basingstoke: Palgrave/ Macmillan, 2005).

B. Kellerman, *How Followers Are Creating Change and Changing Leaders* (Boston: Harvard Business School Press, 2008).
R. E. Riggio, I. Chaleff, and J. Lipman-Blumen, *The Art of Followership: How Great Followers Create Great Leaders and Organizations* (San Francisco: Jossey Bass, 2008).

Chapter 8

Some of the ideas in this chapter are covered at greater length in my article 'Leadership and the Sacred', *Organization Studies* (2010): 89–107.
Z. Bauman, *Postmodern Ethics* (Oxford: Blackwell, 1993).
D. D. Chrislip and C. E. Larson, *Collaborative Leadership: How Citizens and Civic Leaders Can Make a Difference* (San Francisco: John Wiley, 1994).
D. Collinson, 'Questions of Distance', *Leadership*, 1(2) (2005): 235–50.
D. Collinson and S. Ackroyd, 'Resistance, Misbehaviour and Dissent', in *The Oxford Handbook of Work and Organization*, ed. S. Ackroyd, P. Thompson, R. Batt, and P. Tolbert (Oxford: Oxford University Press, 2005).
W. Draft, *The Deep Blue Sea* (San Francisco: Jossey Bass, 2001).
E. E. Evans-Pritchard, *The Nuer* (Oxford: Oxford University Press, 1940).
J. K. Fletcher, 'The Paradox of Post-Heroic Leadership: An Essay on Gender, Power and Transformational Change', *Human Relations*, 15(5) (2004): 647–61
M. Foucault, *Discipline and Punish* (Harmondsworth: Penguin, 1991).
J. Freeman, 'The Tyranny of Structurelessness', *Berkeley Journal of Sociology*, 17 (1970): 1972–3.
P. Froese, *The Plot to Kill God: Findings from the Soviet Experiment in Secularization* (Berkeley: University of California Press, 2008).
E. Fromm, *The Fear of Freedom* (London: Routledge, 2001).
G. Gemmil and J. Oakley, 'Leadership: An Alienating Social Myth?', in *Leadership: Classical, Contemporary and Critical Approaches*, ed. K. Grint (Oxford: Oxford University Press, 1997).
R. Girard, *Violence and the Sacred* (Baltimore: Johns Hopkins University Press, 1972).
P. Gronn, *The New Work of Educational Leaders* (London: Sage, 2003).
N. Harter, F. J. Ziolkowski, and S. Wyatt, 'Leadership and Inequality', *Leadership*, 2(3) (2006): 75–94.

R. A. Heifetz and M. Linsky, *Leadership on the Line* (Cambridge, MA: Harvard University Press, 2002).
J. Kristeva, 'Logics of the Sacred and Revolt', in *After the Revolution: On Kristeva*, ed. J. Lechte and M. Zournasi (Sydney: Artspace, 1998).
N. Machiavelli, *The Prince* (Oxford: Oxford University Press, 1998).
F. Nietzsche, *The Gay Science* (London: Random House, 1991).
A. J. Polan, *Lenin and the End of Politics* (San Diego: University of California Press, 1984).
J. Raelin, *Creating Leaderful Organizations: How to Bring Out Leadership in Everyone* (San Francisco: Berrett-Koehler, 2003).
Sartre, J.-P., *Existentialism and Humanism* (London: Methuen, 1973).
L. S. Warner and K. Grint, 'American-Indian Ways of Leading and Knowing', *Leadership*, 2(2) (2006): 225–44.

Glossary

authority: legitimate power

bad faith: Jean-Paul Sartre's term for decision-making that denies responsibility

***bricoleur*:** a do-it-yourself pragmatic experimenter

calculative compliance: Etzioni's term for compliance rooted in rational behaviour

charisma (strong): Weber's original term for the supernaturally gifted individuals destined to save us in crises

charisma (weak): the subsequent watering down of Weber's original sense to imply strong character

clumsy solutions: an approach to problem-solving rooted in transgressing elegant cultural boundaries

coercive compliance: Etzioni's term for compliance rooted in force

command: a decision-style associated with crisis

community of fate: a community bound together by a shared fate

community of practice: Wenger's original model of learning rooted in collective practice not individual cognition

competence: a discrete skill or trait

concertive action: distributive leadership whereby the whole is greater than the sum of the parts

constructive dissent: a form of follower dissent intended to protect the collective and prevent leaders from taking erroneous decisions

contingency theory: a model of leadership that relates an understanding of the situation to a form of leadership behaviour

cosmology episode: a critical point in a situation that threatens the sense-making of the individuals involved

critical problems: a problem defined by the commander as a crisis

destructive consent: a form of follower assent that threatens the collective by acquiescing to an erroneous decision by its leaders

devil effect: the assumption that a bad first impression (dis)colours all subsequent impressions

distancing: a mechanism by which leaders and followers keep each other apart physically and/or symbolically

distributed leadership: a form of collective leadership

egalitarianism: a political and cultural model rooted in equality and shared decision-making

elegant solutions: solutions that appear consistent with the cultural environment from which they appear

empathy: the ability to see the world through somebody else's eyes

essentially contested concept: Gallie's original term for a concept that would remain without consensus

fatalism: a cultural approach whereby resignation and acquiescence prevail

fatalist community: a community that has collectively given up its ability to resist or change

golden bridge: Sun Tzu's term for the device that enables 'the other' to save face and avoid further conflict

Great Man theory: Carlyle's original model for explaining the development of history through the actions of a tiny number of extraordinary men

grid/group: Douglas's terms for constructing her cultural heuristic

halo effect: the assumption that a first positive impression colours all aspects of 'the other'

hard wiring: the assumption that behaviours are genetically coded into humans and therefore beyond change

heterarchy: a mobile hierarchy in which decision-making changes with the situation

hierarchy: a model of organizational coordination and decision-making in which inequalities of power and knowledge increase with ascendant position

hierarchy of needs: Maslow's original model that suggests that lower (physiological) needs take priority over higher (cognitive) needs

ideal types: Weber's original methodological device for comparing organizational forms by reference to a theoretically perfect (but non-existent) model

individualism: the cultural model that explains the world by reference to individual economically rational action and logical patterns of behaviour

institutional sclerosis: Olsen's claim that over time organizations became more rigid and inefficient

inverse learning: the assumption that learning to lead derives from responding to cues from followers

irresponsible followership: a model of followership that attributes all responsibility for all decisions to the leadership

leaderful organizations: the claim that organizations can have multiple leaders rather than either being led by a leader or being leaderless

leadership: the art of engaging a group or community into facing its wicked problems

LMX: leader–member exchange theory

Machiavellian: a model of behaviour that implies leaders should do whatever is necessary to achieve the public good

management: the science of directing the appropriate process to solve tame problems

mundane activities: the assumption that leadership is actually rooted in the rather humdrum activities of everyday discussions and social exchanges rather than the extraordinary aspects of charismatic leadership

negative capability: Keats's claim that the ability to remain comfortable with uncertainty was extraordinarily important in decision-making

***nemo sine vitio est*:** 'no-one is without fault'

New Public Management: the Thatcher/Reagan/Blair model of public governance rooted in a combination of markets, targets, and customers

normative compliance: Etzioni's term for compliance rooted in followers wanting to follow a leader of their own volition

path–goal theory: House's contingency model of leadership rooted in the relationship between various variables

permission-giving: a model of leadership that suggests that in the absence of formal or informal permission from leaders, followers tend not to take risks

political nous: the ability to read organizational situations

positive deviance: the group of individuals in organizations whose deviation from the rules and norms enables them to achieve what others who comply cannot

power: the ability to get someone to do something they wouldn't otherwise have done

prototypes: a model of leadership that suggests the most likely candidates for leadership are those who embody the most extreme forms of the cultural norms

responsible followers: followers who accept responsibility for the fate of their organization rather than attribute it to the formal leaders

reverse dominance hierarchies: the organizational collection of individuals formed to resist the dominance of an unpopular individual leader

romance of collaborative leadership: the assumption that distributive leadership can solve all organizational problems

romance of leadership: the assumption that organizational success or failure is the direct result of the leader's actions

scapegoating: a form of collective response in times of crisis that allows the collective to remain 'innocent'

scientific management (Taylorism): Taylor's model for increasing the productivity of industry through the application of scientific methods

social capital: the accumulation of social networks that build up effective organizations

social identity theory: a model of leadership rooted in collective identity as the primary source of collective mobilization

tame problems: problems that are commonly solved by the application of standard operating procedures

Theory X: McGregor's original model (close to Hobbes) whereby 'human nature' suggests people are fundamentally lazy and selfish and need to be coerced into productive work

Theory Y: McGregor's original term (close to Rousseau) whereby 'human nature' suggests people are fundamentally responsible and selfless and need to be freed from coercion if they are to engage in productive work

THWαMPs: tall handsome white alpha-males of privilege

traits: patterns of behaviour or personal characteristics

transactional leadership: a model of leadership that takes the exchange process as critical

transformational leadership: a model of leadership that attempts to lift followers beyond their self-interests

wheelwright leadership: a model of leadership whereby success does not relate to the expertise of the individual leader but to the ability of that leader to engage a team of experts

white elephant: a model of leadership whereby only god-like individuals can succeed

wicked problems: problems that are either new or recalcitrant for which there are no apparent answers, and which require collaborative effort to address

zeitgeist: the 'spirit of the times'

“牛津通识读本”已出书目

古典哲学的趣味
人生的意义
文学理论入门
大众经济学
历史之源
设计，无处不在
生活中的心理学
政治的历史与边界
哲学的思与惑
资本主义
美国总统制
海德格尔
我们时代的伦理学
卡夫卡是谁
考古学的过去与未来
天文学简史
社会学的意识
康德
尼采
亚里士多德的世界
西方艺术新论
全球化面面观
简明逻辑学
法哲学：价值与事实
政治哲学与幸福根基
选择理论
后殖民主义与世界格局

福柯
缤纷的语言学
达达和超现实主义
佛学概论
维特根斯坦与哲学
科学哲学
印度哲学祛魅
克尔凯郭尔
科学革命
广告
数学
叔本华
笛卡尔
基督教神学
犹太人与犹太教
现代日本
罗兰·巴特
马基雅维里
全球经济史
进化
性存在
量子理论
牛顿新传
国际移民
哈贝马斯
医学伦理
黑格尔

地球
记忆
法律
中国文学
托克维尔
休谟
分子
法国大革命
民族主义
科幻作品
罗素
美国政党与选举
美国最高法院
纪录片
大萧条与罗斯福新政
领导力
无神论
罗马共和国
美国国会
民主
英格兰文学
现代主义
网络
自闭症
德里达
浪漫主义
批判理论

德国文学
戏剧
腐败
医事法
癌症
植物
法语文学
微观经济学
湖泊
拜占庭
司法心理学
发展
农业
特洛伊战争
巴比伦尼亚
河流
战争与技术
品牌学
数学简史
儿童心理学
时装
现代拉丁美洲文学
卢梭
隐私
电影音乐
抑郁症
传染病
希腊化时代
知识
环境伦理学
美国革命
元素周期表
人口学
社会心理学
动物
项目管理
美学
管理学
电影
俄罗斯文学
古典文学
大数据
洛克
幸福
免疫系统
银行学
景观设计学
神圣罗马帝国
大流行病
亚历山大大帝
气候
第二次世界大战
中世纪
工业革命
传记
公共管理
社会语言学